Bartolomé Hidalgo

Un patriota de las dos Bandas

OBRA COMPLETA
del primer poeta gauchi-político rioplatense

Edición crítica
Olga Fernández Latour de Botas
Selección iconográfica
Carlos Dellepiane Cálcena

Hidalgo, Bartolomé
    Obra completa : un patriota de las dos Bandas / Bartolomé Hidalgo ; edición literaria a cargo de: Olga Elena Fernández Latour de Botas - 1a ed. - Buenos Aires : Stock Cero, 2007.
    364 p. ; 22x15 cm.

    ISBN 978-987-1136-65-0

    1. Poesía Gauchesca. I. Fernández Latour de Botas, Olga Elena, ed. lit. II. Título
    CDD 861

Copyright Prefacio y Notas © Olga Fernández Latour de Botas
de esta edición © Stockcero 2007
1º edición: 2007
Stockcero

ISBN: 978-987-1136-65-0
Libro de Edición Argentina.

Hecho el depósito que prevé la ley 11.723.
Printed in the United States of America.

Ninguna parte de esta publicación, incluido el diseño de la cubierta, puede ser reproducida, almacenada o transmitida en manera alguna ni por ningún medio, ya sea eléctrico, químico, mecánico, óptico, de grabación o de fotocopia, sin permiso previo del editor.

stockcero.com
Viamonte 1592 C1055ABD
Buenos Aires Argentina
54 11 4372 9322
stockcero@stockcero.com

Bartolomé Hidalgo

Un patriota de las dos Bandas
Obra Completa
*del primer poeta
gauchi-político rioplatense*

Cielito (detalle), litografía incluída en el álbum *Recuerdo del Río de la Plata*, editado por Carlos Enrique Pellegrini, la Litografía de las Artes (1841)

Índice general

A.- Palabras Liminares. 9

B.- «Introducción biográfica» por Fernando Octavio Assunção (1989) 13

C.- «Trascendencia de Bartolomé Hidalgo en la literatura rioplatense» por Olga Fernández Latour de Botas (1988) 19

D.- Notas al texto anterior
    D.I.– Aspectos históricos y geopolíticos 37
    D.II.– Costumbres y tradiciones populares en la Argentina y en el Uruguay 48
    D.III.– Otros intentos de aproximación al gaucho. 65
    D.IV.– Lo musical y lo escénico en la primera literatura de tema rioplatense. 70
    D.V.– Más datos y pistas sobre la vida de Bartolomé Hidalgo. 76
    D.VI.– Apuntes antológicos sobre su obra. 95
    D.VI.1.– Composiciones en lengua y formas de norma culta. 97
    D.VI.1.1.– Épico-líricas. 100
    D.VI.1.2.– Melodramáticas 110
    D.VI.1.3.– Circunstanciales 114
    D.VI.2.– La obra progresivamente «gauchesca» de Bartolomé Hidalgo. 116
    D.VI.2.1- Composiciones en metros y formas estróficas de uso popular tradicional. Cielitos. La décima. 116
    D.VI.2.1.1.– Cielitos. 117
    D.VI.2.1.2.– La Décima. 136
    D.VI.2.2.– Diálogos. 136

E.- Obra poética de Bartolomé Hidalgo Corpus textual

E.1.- Composiciones en lengua y formas de norma culta.

E.1.1.- Épico-líricas

E.1.1.1.– Octavas Orientales (1811) 147

E.1.1.2.– Marcha Nacional Oriental (1816) 149

E.1.1.3.– Inscripciones colocadas en los frentes de la pirámide erigida en la plaza de la ciudad de Montevideo, en las celebraciones del aniversario del 25 de mayo, realizadas en el año 1816 (1816) 151

E.1.2.– Melodramáticas

E.1.2.1.– unipersonal sentimientos de un patricio [1816] 153

E.1.2.2.– La libertad civil. Pieza nueva en un acto. (1816) 159

E.1.2.3.– El Triunfo unipersonal con intermedios de música. Dedicado al Exmo. Supremo Director. (1818) 169

E.1.3.– Circunstanciales.

E.1.3.1.– A D. Francisco S. De Antuña en su feliz unión (1818) 175

E.1.3.2.– Oda (1818) 175

E.1.3.3.– Soneto contra el autor de la critica a la oda de la Secretaria de la Asamblea cantando los triunfos de la patria por la acción de Maipo. (1818) 177

E.2.– La obra progresivamente «gauchesca» de Bartolomé Hidalgo

E.2.1.– Composiciones en metros y formas estróficas de uso popular tradicional. Cielitos. La décima.

E.2.1.1.– Cielitos.

E.2.1.1.1.– Cielito en versos de norma culta. Cielito de la Independencia. (1816) 181

E.2.1.1.2.– Cielito en lengua con palabras de isofonía portuguesa. Cielito Oriental (1816]) 183

E.2.1.1.3.– Cielitos en lengua con isofonía rústica rioplatense. 185

E.2.1.1.3.1.– Cielito que con acompañamiento de guitarra cantaban los patriotas al frente de las murallas de Montevideo (1812) 185

E.2.1.1.3.2.– Los víveres de los godos... Cielito (1812) 186

E.2.1.1.3.3.– No hay miedo, pues los macetas... Cielito. (1814) 186

E.2.1.1.3.4.– Cielito a la aparición de la escuadra patriótica en el puerto de Montevideo. (1814) 187

E.2.1.1.3.5.– Cielito patriótico que compuso un gaucho para cantar la acción de Maipú (1818) 187

E.2.1.1.3.6.– Cielito a la venida de la expedición (1819) 191

E.2.1.1.3.7.– Un gaucho de la Guardia del Monte contesta al manifiesto de Fernando VII y saluda al Conde de Casa Flores con el siguiente Cielito, escrito en su idioma (1820) 195

E.2.1.1.3.8.– Cielito patriótico del gaucho Ramón Contreras, compuesto en honor del ejército libertador del Alto Perú (1821]) 200

E.2.1.1.3.9.– Al triunfo de Lima y el Callao. Cielito patriótico que compuso el gaucho Ramón Contreras (1821) 204

E.2.1.2.– La Décima

E.2.1.2.1.– Décima en lengua de norma culta. Décima a un elogio del decreto de erección del Cementerio del Norte (1822) 209

E.2.2.– Diálogos

E.2.2.1.– Diálogo patriótico interesante entre Jacinto Chano, capataz de una estancia en las Islas del Tordillo, y el gaucho de la Guardia del Monte (1821) 211

E.2.2.2.– Nuevo Diálogo patriótico entre Ramón Contreras, gaucho de la Guardia del Monte, y Jacinto Chano, capataz de una estancia en las Islas del Tordillo [1821] 221

E.3.3.– Relación que hace el gaucho Ramón Contreras a Jacinto Chano, de todo lo que vio en las fiestas mayas en Buenos Aires, en el año 1822 [1822] 228

F.– Apéndice. Piezas contemporáneas de Hidalgo de atribución dudosa o continuadoras de su obra, posteriores a 1822. 237

F.1.– Romancillo monorrimo (norma culta). 239

F.2.– Cielitos

F.2.1.- Cielito de Maypo (1818) 242

F.2.2.- Cielito del Bañado. 245

F.2.3.- Cielito del Blandengue Retirado (1821 ?) 249

F.3.- Décimas

F.3.1.- Décimas en lengua de norma culta (glosas) 256

F.3.1.1.- Amorosas quejas de la Banda Occidental a la Oriental. 256

F.3.1.2.- La Patria está al expirar... 259

F.3.2.- Décima en lengua de isofonía rústica rioplatense (glosa) De San Martín valeroso 262

F.4.- Sainete (Presentación y fragmentos). El detall de la acción de Maypú 263

F.5.- Diálogos.

F.5.1.- Graciosa y divertida conversación que tuvo Chano con señor Ramón Contreras con respecto a las fiestas mayas de 1823 289

G.4.2.- Graciosa y divertida conversación que tuvo Chano con señor Ramón Contreras en la que detalla el primero las batallas de Lima y Alto Perú, como asimismo las de la Banda Oriental; habiendo estado cerca de ambos gobiernos con carácter de Comisionado 307

Glosario de voces gauchescas 339

Documentación y bibliografía 345

A.– Palabras Liminares.

Muda la vana esperanza
Muda el mar en lo profundo
Y es así que en este mundo,
Todo presenta mudanza.
Muda el fiel de la balanza,
Muda el clima, con los años;
Muda el agua de los baños
En su corriente menuda...
Y así como todo muda
Que yo mude no es extraño.
(Del cancionero popular anónimo.)

El tema de las «mudanzas del tiempo» no solamente se encuentra entre los predilectos de los cantores populares sino que se instala como una realidad insoslayable y, con frecuencia, dolorosa, para todos cuantos transitamos el camino de la vida.

Cuando el editor don Pablo Agrest me invitó a publicar un tomo dedicado a la personalidad y a la obra de Bartolomé Hidalgo (Montevideo, 1788- Morón, Buenos Aires, 1822), pensé que, por varios motivos, me gustaría volver –para ampliarlo– sobre un ensayo mío aparecido en Montevideo en 1989. Lo escribí como esquema para una conferencia pronunciada el año anterior, al cumplirse 200 años del nacimiento del poeta, en el Instituto Histórico y Geográfico del Uruguay, por invitación de quien fue uno de sus más esclarecidos miembros y, hasta mayo de 2006, su Presidente: el profesor Fernando Octavio Assunção. En cuanto a mantenerlo como base para esta nueva edición, me llevaba el deseo de reeditar la «Introducción biográfica» que, con marcado sesgo de patriota uruguayo, escribió Assunção, y rendir homenaje así a este eminente estudioso, miembro correspondiente de nuestra Academia Nacional de la Historia, embajador honorífico del mejor espíritu de su Patria, publicista fecundo, coreólogo distinguido, poeta y pintor, a quien la muerte sorprendió el 3 de mayo de 2006 en el aeropuerto de San Pablo (Brasil) cuando regresaba a su solar montevideano tras participar brillantemente de un congreso organizado por la UNESCO en Portugal, tierra de sus antepasados por vía paterna.

Esta pérdida, tan sentida, en general, por todos quienes conocieron la personalidad y la obra de Fernando O. Assunção y su gravitación en el panorama de los estudios rioplatenses, y por mí, en particular, por el alto lugar que ocupaba en el selecto núcleo de mis amigos más entrañables, me alienta, sin embargo, a continuar con la tarea de celebrar y difundir la figura de quien nos unió en aquellas jornadas de su bicentenario: **el poeta montevideano Bartolomé Hidalgo, un patriota de las dos Bandas.**

Bartolomé Hidalgo –instruido hombre de ciudad cuya azarosa y breve vida lo muestra como funcionario administrativo y como soldado voluntario en la Banda Oriental, como director teatral y como autor de versos épico-líricos, marchas patrióticas y piezas escénicas en Montevideo, declinando el ofrecimiento de un cargo público y escribiendo letras para que se vendieran por las calles en Buenos Aires, patriota siempre, ocioso nunca y que, no obstante, murió, según se dice, en la pobreza –, entró en la historia literaria no por sus composiciones de escuela neoclásica sino como **el más perdurable rumbeador en un género literario originalísimo.** Fue Hidalgo el **Homero de la poesía gauchesca,** según lo estableció Bartolomé Mitre, **el primero de los poetas gauchi-políticos** del Río de la Plata como lo calificó Domingo Faustino Sarmiento, y un **paradigma del arte de cantar opinando en la piel de algún gaucho** que fue cultivado después por muchos otros autores con desigual talento y consagrado por José Hernández en su culminante *Martín Fierro*.

Lamentablemente, la voz de aquellos jinetes de la pampa que, por obra de Hidalgo, reclamaban para todos, a principios del siglo XIX, derechos y justicia, práctica pública y privada del cumplimiento de deberes y desprecio por toda forma de discriminación, resulta familiar al lector de nuestros días y sus clamores, actualizados, son aplicables no sólo en el Río de la Plata sino en muchos otros ámbitos de la sociedad mundial.

Más humanitario, y acaso más justo que los de guerreros y estadistas, el ideario de Bartolomé Hidalgo debería ser considerado un símbolo de la unión permanente entre ambas Naciones del Plata y como un ejemplo moderador universal de todo desborde generado por el poder.

La bibliografía existente sobre Bartolomé Hidalgo es ya bastante vasta. No obstante ¡qué poco sabemos en realidad sobre todo ello! Su vida y su obra nos plantean incógnitas de tiempo y de espacio imposibles de despejar con los datos conocidos. ¿Cuándo pudo Hidalgo compenetrarse tan profundamente con la existencia, la circunstancia y la esencia cultural del gaucho rioplatense y con el bonaerense, en particular? ¿Cuáles fueron sus fuentes para narrar sucesos que apenas se reflejan en los periódicos de la época? ¿Cómo podemos aceptar su muerte en 1822 cuando al año siguiente y también después, otra voz, que sólo por imperio de la razón debemos descartar que sea suya, siguió diciendo la continuación de nuestra historia del mismo modo que él lo había hecho con originalidad reconocida por sus contemporáneos? Así como no ha quedado ninguna imagen de su rostro – aunque circule alguna ilegítima-

el misterio envuelve íntegramente la figura de Hidalgo, como un poncho tejido con las fibras del tiempo.

La publicación de la *Obra completa* de Bartolomé Hidalgo que manifiesta, desde este título, más una expresión de deseos que una certeza documentada en cuanto a la autoría de algunas de sus piezas y a la no inclusión de otras que acaso le pertenezcan, constituye –aquí sin ninguna duda – un homenaje a quien puede considerarse **paradigma de la cultura criolla rioplatense en su conjunto, como suma de elementos originales de una y otra Banda de nuestro ancho río.**

Por ello:
- Mantengo el texto prologal de Fernando O. Assunção –síntesis biográfica admirable – que corresponde al año 1988 en que se cumplió el bicentenario del nacimiento del poeta;
- Transcribo sin cambios el texto de mi discurso del mismo año, impreso en la *Revista del Instituto Histórico y Geográfico del Uruguay* en 1989 y nunca publicado hasta ahora en la Argentina ;
- Ofrezco a continuación una serie de Notas críticas, historiográficas y culturológicas, con especial énfasis en el sesgo que he elegido para mi abordaje de lo que Pedro Luis Barcia, con lúcida aplicación de teorías muy en boga en nuestros días, ha denominado «sistema gauchesco» (Barcia, 2001) . Por mi parte volví a lo que, en trabajos anteriores. (Fernández Latour de Botas, 1959, 1960, 1962, 1972, 1977) he considerado la «prehistoria» de la poesía gauchesca, es decir a sus raíces en el cancionero popular caracterizado por la tradicionalidad, la oralidad y la anonimia, y, para hacerlo, creí necesario ubicar dichas especies en un panorama sintético de enfoque integralista (Cortazar, A.R., 1949) del folklore rioplatense, lo cual facilita al lector la comprensión de los textos «gauchescos», que reflejan el folklore gaucho con sus voces y expresiones características.
- Propongo, en cuanto al *Corpus* textual, una inédita clasificación de las piezas.
- Incluyo en dicho *Corpus* las versiones más autorizadas de las composiciones poéticas reconocidas generalmente por la crítica como obras de Hidalgo y también otras que le son atribuidas no unánimemente. Como elementos de atribución incierta a Bartolomé Hidalgo, pero no definitivamente descartables en tal sentido, incluyo también, en un *Apéndice,* varias piezas de autor desconocido. A título comparativo, y para afianzar mi tesis de la **trascendencia de la obra de Hidalgo en la literatura rioplatense**, repito la transcripción de la *Graciosa y divertida conversación que tuvo Chano con señor Ramón Contreras con respecto a las Fiestas Mayas de 1823,* Buenos Aires, impreso de Expósitos de autor

anónimo, que he dado a conocer en 1968 y publicado en contexto crítico diez años después y también copio la composición que fue librada a la crítica por el investigador Félix Weinberg en el mismo año, titulada *Graciosa y divertida conversación que tuvo Chano con señor Ramón Contreras en la que detalla el primero las batallas de Lima y Alto Perú, como así mismo las de la Banda Oriental; habiendo estado cerca de ambos gobiernos con el carácter de Comisionado, y ahora acaba de llegar de chasque del Sarandí,* impreso de 1825.

—Aspiro a que la contribución bibliográfica que ofrezco – sin ser exhaustiva– contenga, para el lector, elementos de su interés.

Mi tesis actual sobre el material analizado puede consolidarse en las siguientes afirmaciones que **no son exactamente iguales** que las que hasta ahora se han vertido sobre el mismo tema:

El poeta montevideano Bartolomé Hidalgo es el primer autor de obras literarias, explícitamente protagonizadas por gauchos que hablan «en su idioma», por lo que han recibido y merecen el calificativo de «gauchescas».

La «poesía gauchesca», por obra de Hidalgo y en la voz de personajes gauchos «porteños», nació en Buenos Aires, en 1818, con el primer Cielito del ciclo de Chano y Contreras.

* * *

B.– «Introducción biográfica» por Fernando Octavio Assunção (1989)

El Instituto Histórico y Geográfico del Uruguay no podía estar ajeno a las conmemoraciones de los 200 años del nacimiento del Bartolomé Hidalgo, prócer puro, cristiano patriota de la patria vieja, de la patria hispanoamericana, esa que hoy seguimos buscando a tientas con más discursos que voluntad. Bartolomé Hidalgo, el verdadero creador de una forma literaria única, original, que nos individualiza y nos distingue como nación cultural, verdadero rasgo subyacente con trascendencia universal, de esos que no nos sobran en nuestro carácter de país de frontera y de posterior aluvión migratorio. Y dándose la feliz coincidencia que me tocó el honor de presentar en el acto de su evocación a la distinguida colega argentina, Prof. Olga Fernández Latour de Botas, invitada especial del Instituto a tales efectos, y que pocos días antes había pronunciado una alocución sobre el mismo Hidalgo en A.U.D.E. (Asociación Uruguaya de Escritores), se me encomendó escribir esta breve nota preliminar sobre la obra del poeta montevideano, a modo de introducción biográfica de la misma.

La referencia va a ser, naturalmente a lo que hemos podido documentar sobre su vida. Que no es mucho, con alguna referencia necesaria al más o menos frondoso disparatario interpretativo que muchos autores han compuesto sobre su condición física o étnica, sobre sus orígenes, sobre su quehacer diario, sus estudios, etc.

Nació Bartolomé Hidalgo en Montevideo el 24 de agosto de 1788. Hijo legítimo (y el menor) del matrimonio formado por Juan Hidalgo, natural de la Puebla del Prior, en Extremadura, España, y Catalina Ximénez y Figueroa, natural de San Juan de la Frontera, en el Reino de Chile (sic) (hoy Argentina). Que fue bautizado por el Cura y Vicario, Presbítero Juan José Ortiz, con los nombres de Bartolomé José (segundo nombre que nunca usó), siendo su padrino don Antonio de Castro.

Tuvo, con certeza, Bartolomé, tres hermanas mujeres, mayores que él, que vivieron hasta edad adulta, pues alguna otra al parecer murió párvula, como se decía por entonces. Fueron a saber: Tomasa Hidalgo y Ximénez, natural de Buenos Aires, casada con Francisco Rubio, natural de Puerto Real (España), viuda y vuelta a casar, en Montevideo el 19 de junio de 1797, con Miguel Villapando, también natural de Puerto Real. Catalina Hidalgo y Ximénez, natural de Buenos Aires, que casó en Montevideo el 23 de agosto de 1802, con Fernando Chavarría, gallego, natural de Vigo. Esta Catalina falleció en Montevideo el 13 de enero de 1812. Y María Rosa Hidalgo y Ximénez, nacida en Montevideo el 16 de diciembre de 1778 (nueve años mayor, pues, que Bartolomé), que contrajo matrimonio, igualmente, en nuestra ciudad, el 3 de febrero de 1803, con Martín Gutiérrez, también montevideano.

Esos son todos los rastros fehacientes del hogar natal, al parecer pobre, ciertamente mucho más pobre por la muerte del padre cuando Bartolomé Hidalgo era poco mas que un niño, pero como el propio poeta señaló alguna vez, «de gente honrada».

El nombre de Bartolomé lo recibió por su abuelo paterno.

Según han señalado varios autores, desde Falcao Espalter a Praderio, Hidalgo, como la mayoría de los niños varones de familias montevideanas de la época, habría concurrido a las clases de los frailes de la Orden de San Francisco, y ellos le dieron, al parecer, por razones que desconocemos, una muy esmerada instrucción. En buena parte tal vez fruto de su precoz y despejada inteligencia y facilidad para los números. Lo cierto es que al llegar a la adolescencia su instrucción estaba por encima del nivel normal en aquel medio del Montevideo del último tercio del siglo XVIII. Culto en letras y, como acabamos de decir experto en números.

Igualmente sabemos que Hidalgo entró, muy joven, huérfano de padre como era y único varón de la familia, a trabajar en el almacén de ramos generales de don Martín José Artigas, regidor en el Cabildo de Montevideo y capitán de milicias, hijo del también capitán de milicias, poblador-fundador de la ciudad y ex -cabildante, don Juan Antonio Artigas, y padre de José, que llegaría a ser el Padre de la Patria Oriental y con quien Bartolomé tuvo mucho trato y amistad. No pueden caber dudas, por lo que sabemos, que Bartolomé fue tratado por la familia Artigas no como un simple empleado, sino como uno de los suyos. De la confianza que les mereció dicen a las claras las dos representaciones de doña Francisca Artigas (tía y suegra del prócer, a quien éste en sus correspondencia llama siempre «madre»), *para ante la Junta de Monte Pio Real, ambas redactadas por puño y letra de Hidalgo. Igualmente, Hidalgo sirve de testigo, el 13 de agosto de 1805, en la licencia de matrimonio otorgada para el casamiento de José Artigas y su prima hermana (hija de la recién citada Francisca), Rosalía Rafaela Villagrán y Artigas. Del mismo modo, al día siguiente es testigo de la escritura mediante la cual don Martín José Artigas deposita la cantidad de 3000 pesos fuertes de ocho reales de plata, como dote de su hijo José, y el 4 de noviembre, en la escritura por la cual se deposita la dote de la novia, la que también fue, en realidad, dada por Martín José, su tío y futuro suegro.*

No sabemos con exactitud de donde pudo salir la noticia de que Hidalgo, hombre de letras y de números, apoderado y procurador, fuera también por entonces, barbero. Rapabarbas, como le llaman, cuasi despectivamente, Ricardo Rojas y Leopoldo Lugones, con indisimulado clasismo.

No hay más noticias de ello, que sepamos, que lo afirmado por Don Andrés Lamas en una nota, que luego repite (o corrobora) Ángel Justiniano Carranza (nieto de José Ambrosio, que fuera jefe y amigo de Hidalgo en la primera etapa de la revolución oriental de 1811). No nos convence tal afirmación, pues la profesión de barbero conllevaba, en la época, otras habilidades u oficios, como los de sangrador y sacamuelas. Si ello fuera cierto, el propio espíritu chocarrero de Hidalgo o la inquina de sus detractores en vida, hubieran dejado alguna referencia el respecto y nada conocemos, o tales habilidades hubieran sido destacadas en su breve participación como soldado revolucionario o antes, en las invasiones inglesas, y tampoco existe nada al respecto.

Algo que resulta indudablemente una creación es la de ser Hidalgo un mestizo étnico o mulato. Según sus antecedentes familiares no podía serlo, tal vez, por rama materna, sí tuviera acaso alguna sangre indígena americana.

Tan arbitrarias son dichas atribuciones reseñadas, como las que le endilgara el ya mencionado don Ricardo Rojas, cuando en un rapto literario imaginativo dice: «Tal se nos aparece la figura de Hidalgo, al entrar en la historia de la literatura nacional: vestido de chiripá, sobre su calzoncillo abierto en cribas; calzadas las espuelas en la bota sobada del caballero gaucho; terciada al cinturón de fernandinas, la hoja labrada del facón; abierta sobre el pecho la camiseta oscura, henchida por el viento de las pampas; sesgada sobre el hombro la celeste (sic) golilla, destinada a servir de banderola sobre el enhiesto chuzo de lancero; alzada sobre la frente el ala del chambergo, como si fuera siempre galopando la tierra natal: ennoblecida la cara barbuda por su ojo experto, en las baquías de la inmensidad y de la gloria. Una guitarra trae en la diestra que tiempo atrás esgrimiera las armas de la epopeya americana».

A un lado los errores y anacronismos en el vestir, como el uso del chiripá, en tiempos en que gentes como Hidalgo, aún en el campo usaban calzón a la española, que son «cribos» y no cribas, que lo que tiene labrado el facón es la vaina y no la hoja; que la golilla jamás sirvió de banderola y más que celeste, en aquel entonces, por un seguidor de Artigas, debió ser colorada; que se dice chuza y no chuzo, es necesario subrayar, para acabar con tales legendarias interpretaciones sobre la personalidad de Hidalgo, descrito como una especie de Santos Vega. Hidalgo fue, como lo pintaron sus detractores coetáneos de intramuros de Montevideo, en 1811, con mucho mayor acierto que el gran escritor argentino, un «cultilatiniparlo». Es decir un pueblero, muy lector por añadidura y muy dado a los clásicos, casi me animo a decir, ilustrado y atildado, en la modestia de una relativa pobreza, siempre muy digna. Hombre de casacón y no de poncho terciado, de calzón corto, media y zapato con hebilla y no de chiripá y bota de potro. De gabinete o, por mejor decir, de escritorio, pues de números y letras fueron siempre su oficio y su exiguo beneficio, y su vocación la poesía y el teatro, nunca el rudo galopar por las abiertas pampas y cuchillas patrias, a la caza de las reses cimarronas como era el quehacer de los gauchos por entonces. Aunque ciertamente dominara el manejo del caballo como todos sus coetáneos pueblerinos de aquel entonces en el país. Pero ciertamente un maturrango en las baquías naturales de los gauchos. Y, muy probablemente, como ocurrió más de medio siglo más tarde, con los criollistas y nativistas finiseculares, admiradores de las hazañas gauchas cuando la figura del arquetipo de la cultura rural perimía ante el cambio socio-cultural y económico, Hidalgo fue el lógico cantor de esa misma figura del gaucho en su épico amanecer, cuando se erguía como símbolo autóctono, como paradigma el valor libertario, como lo esencialmente nacional, al despuntar el momento de la independencia patria. Además, seguramente, por la época, lugar de nacimiento y condición social y cultural, fue Hidalgo, no hombre de melena tendida y barba hirsuta, sino de cabellos prolijamente peinados hacia atrás, en coleta y cara rasurada, como su amigo coetáneo, Artigas. Y de camisa con volantes y corbatón y chaleco de raso. Nada de todo lo que le inventó la imaginación literaria de Rojas. Esto bastará para tener una idea de la persona física y de la personalidad de Hidalgo, que al parecer, tampoco tocó la guitarra, aunque fuera poeta, que no cantor y llegara a ser un cuasi dramaturgo y en eficiente director del Teatro de Comedias de Montevideo.

Volviendo a lo estrictamente biográfico, posiblemente por recomendación de don Martín José Artigas, pasó Hidalgo de su comercio a las oficinas de Real Hacienda, como meritorio. Poco después, con motivo de las invasiones inglesas, participó, como miliciano, en la defensa de Montevideo e intervino en el famoso Combate del Cardal, y habiendo resultado ileso, se mantuvo en la ciudad hasta el fin de la ocupación británica.

Desde entonces parece que, entre otros, ejerció oficio de procurador, lo que, una vez más, confirma su más que mediana instrucción y capacidad intelectual.

En 1811 se une a los revolucionarios de Artigas y al primer sitio de Montevideo, después de la victoria de Las Piedras. De su actuación de entonces surgen las primeras acidas críticas de sus adversario «godos», a su condición de «cultiparlo». Marchó luego a Mercedes a ponerse a órdenes del capitán José Ambrosio Carranza, a cuyo lado estuvo casi todo el año, hasta unirse a Artigas, ya en el Éxodo del Pueblo Oriental, al que acompaño hasta 1812. Al iniciarse aquella marcha sin parangón en nuestro continente, Hidalgo escribió a Carranza, en el mes del octubre, una notable carta describiendo el inicio del éxodo, de dramático contenido y hermoso estilo, carta que tanto Becco como Praderio denominan «desconocida» o «perdida», que perteneció al archivo particular de mi padre, Octavio C. Assunção y está en la Cabildo de Montevideo (Museo Histórico Municipal), desde 1963.

Hidalgo estuvo luego en el 2º Sitio de Montevideo, después de pasar a Buenos Aires, regresando a órdenes de Sarratea, quien lo hizo Administrador de Postas y Correos de la Banda Oriental. Entró luego (año 1814) en su ciudad natal con las tropas de Alvear, quien lo confirma como Administrador de Correos de Montevideo, y por entonces es designado Secretario Interino del Cabildo.

Al actuar Otorgués, con las tropas artiguistas la ciudad, en 1815, nombra a Hidalgo Ministro Interino de Hacienda y, luego, como oficial del mismo Ministerio, junto al nuevo Ministro, don Jacinto Acuña de Figueroa. Más tarde el Cabildo patriota le nombra Director de la Casa de Comedias.

Al comenzar la nueva invasión portuguesa (1816), se dirige al este del país, a reclutar tropas y reunir fondos para la causa oriental. Por entonces escribe su famosa «Marcha Oriental», que es, sin duda, el primer antecedente de nuestro Himno Nacional (lógicamente con referencia al texto poético).

Cuando ya la situación de la Provincia se hacía insostenible, junto a Francisco Bauzá forma parte de la segunda embajada enviada a Buenos Aires en procura de auxilio.

Consumada la invasión portuguesa, Hidalgo queda en Montevideo por unos meses, del año 1817 al 18, ocupando su cargo en el Teatro y haciendo una vida muy recoleta. En el año 1818 se traslada a Buenos Aires y allí producirá lo mayor y mejor de su obra poética.

En dicha ciudad, casó el 26 de marzo de 1820, con la joven porteña Juana Cortina.

Hasta que, en 1822, estando en gran pobreza, muy avanzada la tuberculosis que minaba su físico, fallece, en la localidad de Morón, sitio entonces de su resi-

dencia, el 27 o 28 de noviembre. En el cementerio local se pierden sus restos, ciertamente en el osario común.

Así de breve, sin grandes luces de felicidad y muchas sombras, fue la vida del primer poeta rioplatense, creador o, si se prefieren quién definió o fijó para siempre los parámetros, del auténtico estilo gauchesco.

En el trabajo que sigue, la Prof. Olga Fernández Latour de Botas, con particular erudición y en real tarea de investigación de esa obra poética de Hidalgo nos dará razón del carácter y vigencia de la misma.

Fernando O Assunção
(Montevideo, 1989)

C.– «Trascendencia de Bartolomé Hidalgo en la literatura rioplatense» por Olga Fernández Latour de Botas (1988)

El canto de dos pueblos. Bartolomé Hidalgo: poeta rioplatense. Lo «gauchesco y lo dialectal». El gaucho en la obra de Bartolomé Hidalgo. La obra de Hidalgo desde un enfoque comunicacional. El ciclo de Chano y Contreras. La «resurrección de Hidalgo». Obras citadas.

El canto de dos pueblos

Unidas por el Río de la Plata- nombre de acentuada denotación sonora, como lo es «argentino»- y el Río de los Pájaros –que por suerte llamamos con la dulce palabra aborigen Uruguay-, las dos repúblicas hermanas, Uruguay y Argentina, parecen destinadas a renovar eternamente su abrazo de agua y su diálogo de trinos.

Entre ambas, constituidas en estados soberanos y libres, se afianzan cada día los vínculos fraternos que hacen tan grato el reconocimiento mutuo de compartir lo que constituyen las más caras herencias, los gestos familiares, las costumbres mas típicas.

Y si algo hay que puede considerarse para las dos repúblicas como símbolo de esa entrañable unión y de ese patrimonio cultural compartido, ese algo es la personalidad y la obra de Bartolomé Hidalgo, el poeta de cuyo nacimiento, en agosto de este año, se han cumplido dos siglos .

Es sin duda un alto honor el que me depara el Instituto Histórico y Geográfico del Uruguay el invitarme a hacer uso de la palabra en tan ilustre recinto y, al mismo tiempo, es severo el compromiso académico que para mi ello implica.

Bartolomé Hidalgo, nacido en Montevideo y muerto en Morón, Provincia de Buenos Aires, constituye una de las figuras mejor estudiadas por los investigadores orientales y se que, en el seno de esta misma institución, se han dado a conocer, en el transcurso de este año, fundamentales descubrimientos sobre sus ancestros y sobre su propia vida.

También en la Argentina, Bartolomé Hidalgo esta ubicado en el sitial de los grandes de la literatura y nuestros más destacados críticos le han dedicado múltiples trabajos referidos a su obra y a su vida.

Por ello, antes de abordar mi tema de hoy, «Trascendencia de Bartolomé Hidalgo en la literatura rioplatense», quisiera se me permita rendir homenaje a todos los estudiosos, críticos literarios e historiadores que, en ambas bandas del Plata y en ambas orillas del Uruguay, han iluminado con sus investigaciones la personalidad y la obra del preclaro poeta.

Vaya pues mi homenaje para los orientales, simbolizados en los nombres de aquellos cuya obra he tenido más cerca de mi mesa de trabajo: Lauro Ayestarán, Mario Falcao Espalter, Nicolás Fusco Sansone, Juan E. Pivel Devoto, Walter Rela, Eneida Sansone de Martínez; para mi admirado y querido amigo Fernando Assunção –cuyas precisiones reveladoras sobre la vida de Bartolomé Hidalgo nos han enriquecido hace poco, en ocasión de una brillante conferencia pronunciada en el Museo «Mitre» de Buenos Aires-; para María Olivera-William en representación de las mas jóvenes generaciones de estudiosos «serios» dedicados al tema de la poesía gauchesca, con el lindo recuerdo de nuestro encuentro en la universidad de Wisconsin-La Crosse, en abril de este año, y una mención especial para don Antonio Praderio, compilador y erudito prologuista de la *Obra Completa* de Bartolomé Hidalgo, a quien tuve el privilegio de conocer en Buenos Aires y cuya desaparición tanto lamento.

Sea también mi recuerdo reconocido para los argentinos Juan María Gutiérrez, Ángel Justiniano Carranza, Martiniano Leguizamón, Ricardo Rojas, Eleuterio Tiscornia, Jorge Luis Borges y Augusto Raúl Cortazar, entre los primeros que profundizaron en la vida y la obra del autor de los *Diálogos* y de los *Cielitos*.

Bartolomé Hidalgo: Poeta Rioplatense.

Lo rioplatense se afirma, conceptualmente, mediante la conciencia de lo «otro», de los extraño o ajeno.

En los años en que vivió Bartolomé Hidalgo, y desde antes que el poeta cantara por primera vez, la naciente literatura definía ciertos rasgos de su identidad mediante la denotación de los opuestos. Lo más interesante es la importancia que, en ese intento, se le asigna al lenguaje.

Parece que en el Río de la Plata, las gentes instruidas tuvieron tan clara idea de hallarse en posesión de la norma culta, que todo desajuste idiomático fue señalado y remedado con burlesca gracia. Por ello la fórmula de identificar como portador natural de rasgos de alteridad lingüística al enemigo político tuvo tan buen éxito y multiplicó sus versiones de esa situación de enfrentamiento durante muchos años, con referencia a adversarios diversos .

Las guerras de la independencia tuvieron, en esta sensibilidad idiomática, un aliado estupendo.

Valen aquí, por ejemplo, las graciosas parodias de la lengua portuguesa trasplantada que aparecen en el sainete *El amor de la estanciera* (anónimo, *circa* 1785), donde se asignan al personaje de Marcos Figueira, enamorado no correspondido, parlamentos enteros en dicho idioma; valen también las variadas referencias a rasgos indeseables en la poesía, atribuidos a los limeños, que introduce Manuel José de Labardén en su famosa *Sátira* escrita en ocasión del tumulto que ocasionaron unos versos del padre Juan Baltasar Maciel, pocos años antes de producirse la Revolución de Mayo, donde, entre otras cosas, se expresa:

> Ocurrieron lectores a manadas,
> como en noche de viernes cercar suelen
> la que en la esquina fríe las pescadas.
> Uno dijo al oírlas: «Como huelen
> las coplas a carnero de la tierra;
> si no son peruleras que me enmielen»
>
> Hallábase junto a él un estudiante
> y respondió de pronto: «Yo me abismo
> que aun estéis del autor tan ignorante:
> Hartas muestras nos da su estilo mismo,
> la mestiza dicción poco sonora,
> porque el "donde un enfermo" es cholinismo».

Remedos de discursos en portugués y en español peninsular se encuentran en los *Cielitos* de Hidalgo, como sabemos y hemos de recordar luego.

En aquel ambiente sensibilizado a las variables lingüísticas se fue gestando, en los primeros años posteriores al «grito de la Patria», una expresión diferenciada, cuyo uso se prolongó en la poesía hasta nuestros días, mientras que, en la prosa, sólo alcanzó desarrollos menores —pero de mucho interés— en textos periodísticos de los años veinte del siglo pasado. Estos textos están siendo estudiados por quien les habla para publicarlos en edición crítica, y de entre ellos hemos anticipado fragmentos correspondientes al periódico editado por Pedro Feliciano Sáenz Cavia en Buenos Aires, año de 1821, bajo el título de *Las Cuatro Cosas, o El anti fanático: el amigo de la ilustración, cuya hija primogénita es la tolerancia: el glosador de los papeles públicos internos y externos; y el defensor del crédito de Buenos Aires y demás provincias hermanas*. Es muy importante considerar, en cuanto al tema que nos ocupa, las varias menciones que Cavia hace de Bartolomé Hidalgo en las notas al pie de página y hasta en el mismo texto donde, por una parte le reconoce cierto conocimiento máximo del habla de los paisanos y, por otra, compite con él. Esto último doblemente, ya que lo hace como broma, en cuanto al aspecto lingüístico, pero no tan así en lo que se refiere a la reanudación de relaciones si no amistosas al menos sí corteses, entre Hidalgo y el Padre Francisco de Padua Castañeda, a quien Cavia lanzaba sus despiadadas invectivas —acordes con las que recibía, a su vez del franciscano a quien llamó Arturo Capdevila «el padrecito de la santa furia».

Los textos del número 4 del periódico, particularmente, son de gran interés para nuestro tema porque aportan datos no consignados por los biógrafos de Hidalgo. Aparecido el sábado 17 de febrero de 1821, el referido número de *Las Cuatro Cosas* /.../ es sólo once días posterior a la aparición del texto de Hidalgo titulado: «*El autor del "Diálogo entre Jacinto Chano y Ramón Contreras", contesta a los cargos que se le hacen por "La comentadora"*», que sí es conocido y ha sido reimpreso en las páginas finales de la edición de la *Obra Completa* que estuvo al cuidado de Antonio Praderio.

Entre otros descargos dirigidos a acusaciones del Padre Castañeda contra él, decía en el citado impreso Bartolomé Hidalgo:

> Sé también que se hacen formales empeños para persuadir de la intervención que tengo en el periódico de D. Pedro Cavia titulado «Las cuatro cosas», llegando a decirse que me da 20 pesos por mi trabajo: este es otro informe parecido a los anteriores; es una atroz calumnia, pues no solamente no escribo, ni esa es mí ocupación, ni Cavia necesita de mi triste pluma, sino que yo he sido uno de los pocos que concurrieron a decirle que si escribía procurase absolutamente no mezclarse en cuestiones que lo llevasen a una guerra personal, porque así se desatendería por ambas partes el asunto principal; ni el idioma de los paisanos, que poco tiene que saber, es reservado a mis conocimientos: lo sabe Cavia, lo saben muchos que pudiera citar, y desde ahora desmiento públicamente a cualquiera que así lo haya asegurado, pues si fuese cierto tendría bastante carácter para confesarlo, como lo he tenido para decir que el diálogo es obra mía, mala o buena.

Aparentemente esta contestación, tan firme como prudente de nuestro poeta, le valió una reconciliación con el pintoresco periodista teofilantrópico-místicopolítico y por ello despierta algo así como los celos de Cavia que, a juzgar por el estilo de estos fragmentos que damos como primicia, era avezado y ducho en las lides del verbo gauchipolítico: «Eche arrayán, mi P. Pr. Francisco y siga la taba», dice la oración inicial, y en nota al pie aclara:

> Creo que ni el mismo señor Chano ha de saber esta frase. Cuando los paisanos están por el campo en la cocina de jarana, y la conversación es interesante al gusto de ellos, dicen esas expresiones, que significan el que se atice el fuego echándole un poco de sebo, y que siga la broma.

En otra parte expresa (y otra vez son cuestiones lingüísticas):

> /.../ Dicen que V.P. tiene el poder de hacer que las palabras tengan otro

sentido del que tenían hasta agorita poco. Por ejemplo, que aunque V.R. llame toro, carnero, consentido, cornudo y cabrón á un marido, esto no perjudica en modo alguno a su consorte, porque esas palabras ya quieren decir otra cosa muy diferente. Lo mismo debe entenderse, cuando S.P. pone *faltas a las personas en su linaje*, pues con decir luego que *les deja en su buena reputación*, está todo remediado

Y explica en nueva nota al pie:

> Con este motivo recordamos haber sabido que V.P. se ha compuesto con ñor Chano. Que les haga provecho a los dos. En cuanto a mí y al Imparcial, no espere compostura. Nuestro desafío no es: primera sangre, como dicen los currutacos, sino hasta echarnos el mondongo afuera. Con que así no hay que andar reculando, sino *tirar puñalada en barba, que cante misterio.*

Y, ya en el final del texto lo siguiente:

> / ... / Ya hemos salido de este *laborinto*, y ahora vamos a entrar en otro berengenal más espeso que los *macigales* que hay por estos campos de Dios. Digo que me queda el rabo por desollar, pero no el rabo de Lobera, sino esos cartapacios que V.P. ha escrito de algún tiempo acá. Ya he visto algunos, y en realidad de verdad que están más llenos de inmundicia que el arroyo de mi pago cuando vienen rebosando de menestra» / hay una nota lingüística / . «Por lo pronto tengo que pedirle un favorcito y es que no me lastime a mí impresor. Tíreselas conmigo y deje en paz al otro, al cual, por si acaso pega bien, ya cornamenteó. V.R. caiga quien caiga. Sepa su caridad que Arzac tiene en *Cuatro cosas* la misma parte que el gaucho Chano. No hay que andar *cabresteando*. / ... /»

Como agregado respecto del valor documental de los textos de Cavia, al margen ahora de su relación directa con Hidalgo, recordamos que en ese mismo número 4 es donde hallamos la mención más antigua que se conoce de la palabra *chamamé* relacionada con el hecho de bailar («váyase a bailar un chámame en la cabeza de alguno / ... /») tema del cual nos hemos ocupado en otras publicaciones y conferencias.

Lo «Gauchesco» y lo dialectal.

Frente a las producciones de Bartolomé Hidalgo y a los textos que, como ejemplos, hemos transcripto más arriba, cabe preguntarse —¡una vez más!— si estamos en presencia de un «dialecto gauchesco». Creo que esta es una excelente oportunidad para dejar sentados algunos conceptos unificadores.

El nombre de «gauchescos» para los autores que, culturalmente ciudadanos, eligieron voluntariamente el habla rústica del campo rioplatense para su obra literaria —o para parte de ella—, fue introducido por Ricardo Rojas en las primeras décadas de nuestro siglo como tecnicismo. Antes de esa fecha y también después, se ha hablado de lo gauchesco —extendiendo el término a toda entidad que se conectara con la cultura del gaucho—, pero muchas veces esta extensión pierde de vista la «convención» aludida por Borges y el mensaje resulta vago o confuso.

Las palabras de Jorge Luis Borges son clarísimas al respecto:

> La poesía gauchesca, desde Bartolomé Hidalgo hasta José Hernández, se funda en una convención que casi no lo es a fuerza de ser espontánea. Presupone un cantor gaucho, un cantor que, a diferencia de los payadores genuinos, maneja deliberadamente el lenguaje oral de los gauchos y aprovecha los rasgos diferenciales de este lenguaje, opuestos al urbano. Haber descubierto esta convención es el mérito capital de Bartolomé Hidalgo, un mérito que vivirá más que las estrofas redactadas por él y que hizo posible la obra ulterior de Ascasubi, de Estanislao del Campo, de Hernández». (*El «Martín Fierro»*. 1960).

Las grandes afirmaciones de Borges contenidas en este y otros párrafos del trabajo citado, son, sin duda, irrebatibles y casi todas ellas resultaron, en el momento en que se publicaron, de notable originalidad. Nadie había notado antes que él, en efecto, el hecho capital de la «convención» aludida, sólo posible para quienes tuvieran lo que he llamado «opción cultural», que nunca se produce en el individuo auténticamente folk, para quien lo que entendemos por folklore es su única posibilidad como cultura. El fenómeno es semejante a otro, advertido por folkloristas, que ocurre en la poesía nativista influenciada por ideas románticas con la incorporación de elementos ajenos a la temática folklórica, esencialmente humanista. Tales temas (añoranza del pago y de la niñez en él pasada, descripción poética) necesitan, para surgir, de un poeta que conozca y ame la cultura popular tradicional, pero cuya propia cultura lo mantenga suficientemente alejado de ella como para advertir sus rasgos diferenciales y destacarlos en su evocación.

Aceptada la conceptualización de «lo gauchesco» dentro de un marco convencional, surge la evidencia de que el lenguaje «gauchesco» no es un *dialecto*, porque no es un *habla*, sino una *proyección* del habla del campesino rioplatense en *expresiones literarias*, las cuales, a su vez recogieron y remitieron esquematizada, la imagen del gaucho.

Porque ¿quién es el gaucho? ¿Es o fue?

La definición del tipo gaucho debe tan eminentes y definitivos aportes a la obra de los estudiosos uruguayos del pasado y del presente que mí planteo no avanzará más sobre el particular en este punto. Lo haría sí en otro medio, donde tras referirme insoslayablemente a los magnos tratados de Fernando Assunção, tal vez recurriría también a alguna síntesis personal para destacar que el ser gaucho se refiere exclusivamente a un estilo de vida, una Imago Mundi que trasciende lo racial, lo económico, lo nacional e integra lo cultural por la fuerza de asimilación funcional que posee. El ser gaucho es asumir la plenitud del espíritu criollo y ejercerlo como modalidad existencial, en esta parte de América.

El Gaucho en la obra de Bartolomé Hidalgo.

En *Prehistoria de Martín Fierro* he planteado el estudio del poema de Hernández a partir de la consideración de mundos concéntricos: el macrocosmos del hombre folk, de donde surge el héroe, y el microcosmos del cantor. Creo que la metodología es válida para el abordaje de toda la literatura gauchesca.

El macrocosmos del hombre folk, que resulta coincidente con el extremo rural del continuo folk-urbano de su tiempo, nos obliga a encarar, aquí muy brevemente, la visión que, del gaucho, tenía en tiempos de Hidalgo el otro extremo, el de la ciudad.

Los documentos, los libros de viajeros, el periodismo, abundan en conocidas expresiones para definirlo: «muchacho vago y malentretenido», "changador", «camilucho» que se «conchaba en la hierra» y vuelve luego a la existencia casi nómada, al errante destino de andar *«de rancho en rancho / y de tapera en galpón»*, según la perdurable expresión usada por nuestro poeta.

El lexema *gaucho*, que puede funcionar como nombre o como adjetivo, lleva en su misma configuración una calidad connotativa. El *cho* desinencial, que lo incorpora al universo de vocablos que poseen la combinación gráfica *ch-vocal* —preferencia afectiva que he señalado en otro estudio como característica del léxico regional en vastas áreas de Iberoamérica—, puede tanto acentuar esa afectividad (cosa evidente en los hipocorísticos) como denotar desprecio. Y este último matiz era corriente cuando Hidalgo tomó su tiple por primera vez.

Bartolomé Hidalgo fue el primero en colocar al gaucho en el sitial de héroe patriótico, elevarlo del plano del costumbrismo escénico al de vocero de la independencia americana, enfrentarlo a los ejércitos europeos con valor atrevido y, en juvenil arranque de coraje, cantar su himno de guerra con un aire de danza.

Los Cielitos Patrióticos constituyen, a mi entender, la máxima expresión de la poesía de Bartolomé Hidalgo.

«*Cielito de la Independencia*» (1816), «*Cielito Oriental*» (1816), «*Cielito Patriótico que compuso un gaucho para cantar la acción de Maipú*» (1818), «*A la venida de la Expedición. Cielito*» (1819), «*Un «Gaucho de la Guardia del Monte contesta al manifiesto de Fernando Vil y saluda al Conde de Casa Flores con el siguiente Cielito, escrito en su idioma*» (1820), «*Cielito patriótico del gaucho Ramón*

Contreras compuesto en honor del Ejército Libertador del Alto Perú» (1821) y «*Al triunfo de Lima y el Callao. Cielito patriótico que compuso el gaucho Ramón Contreras*» (1821) configuran un brillante testimonio poético de la participación que le cupo al gaucho en la gestación de las repúblicas del Plata. La primera muestra impresa del «cantar opinando», al modo popular.

Después de los Cielitos pudo el poeta identificarse con el gaucho de los *Diálogos* y / presumiblemente / de la *Relación* . Ya el gaucho había cambiado a los ojos de todos en el Río de la Plata y su influencia, llevada por Güemes a Salta como estandarte para su guerra en la frontera, cambió también allí el sentido general que se daba a su nombre genérico en todo el resto del territorio argentino. En el Río de la Plata, y en la Salta de Güemes, «gaucho» es, después de Hidalgo, símbolo de libertad, sinónimo de patriotismo. En las demás áreas de la Argentina la palabra continuará – y hasta hoy continúa- cargada con la acepción de «bandolero».

La extraordinaria importancia de la obra de Bartolomé Hidalgo estriba, pues, sobre todo, en haber elevado al gaucho rioplatense al plano de los símbolos.

La obra de Hidalgo desde un enfoque comunicacional

Que Bartolomé Hidalgo era un hombre ilustrado ha sido bien demostrado por todos sus biógrafos. Nacido en Montevideo el 24 de agosto de 1788, de padre español, Juan Hidalgo, y madre oriunda de San Juan de la Frontera –según hemos sabido por Fernando Assunção recientemente-, durante casi toda su vida adulta desempeñó empleos públicos con ejemplar honradez, cuando no se hallaba guerreando por la causa patriótica. Su existencia transcurrió alternativamente en ambas bandas del Río de la Plata y sus condiciones intelectuales lo llevaron a ser designado en cargos que las requerían, como el de Director de la Casa de Comedias de Montevideo, en 1816, donde, además, fue encargado de la corrección de los textos de las obras que allí se representaban. Escribió obras de distintos géneros, líricas como sus *Octavas Orientales*, y la *Marcha Nacional Oriental*, Inscripciones patrióticas que se colocaron en la Pirámide de Montevideo el 25 de mayo de 1816, Odas, Sonetos y una *Décima* laudatoria; dramáticas como sus «melólogos», el unipersonal *Sentimientos de un patriota*, *La libertad civil*, pieza teatral en un acto y *El triunfo*, unipersonal con intermedios de música, tal vez algunas otras piezas cuya paternidad se discute y el alegato titulado *El autor del «Diálogo entre Jacinto Chano y Ramón Contreras» contesta a los cargos que se le hacen por "La Comentadora"*», antes mencionado, que es la única obra del poeta que ha sido firmada con sus iniciales «B. H.» .

Por referencias comunicadas a Lauro Ayestarán por el historiador Juan

E. Pivel Devoto, sabemos que la Gazeta de Montevideo del 24 de abril de 1811 lo tildaba de «cultolatiniparlo» lo que completa la imagen de un hombre instruido y no de un campesino de cultura oral. No obstante, Hidalgo percibió el acento, la entonación, el ritmo, las formas y el carácter del discurso del gaucho.

Al elegir la cuarteta romanceada como estrofa para sus *Cielitos* y, en general el octosílabo, para toda su poesía gauchesca, Hidalgo inaugura una corriente metapoética que había de tener inmensa repercusión tanto en el Uruguay como en la Argentina.

Se trata del reconocimiento por parte del poeta urbano de la existencia no sólo de un tipo humano característico de las praderas rioplatenses, el gaucho, sino también de que éste poseía una literatura de transmisión oral y, como parte de ella, una poesía.

Desde el punto de vista idiomático, los Cielitos de Hidalgo no son todos «gauchescos», pero todos son una proyección de un bien cultural del Río de la Plata, la contradanza acriollada, hermana del Pericón y de la vivaz Media Caña: el Cielito.

Así, la entonación del Cielito de la Independencia es una lógica transición entre esta composición y las Octavas, Odas y obras teatrales que lo precedieron. Escuchemos lo consabido, por el mero placer de reavivar su fuego:

>   Si de todo lo criado
>   Es el cielo lo mejor,
>   El cielo ha de ser el baile
>   De los Pueblos de la Unión.
>
>   Cielo, cielito y más cielo,
>   Cielito siempre cantad
>   Que la alegría es del cielo.
>   Del cielo es la libertad.
>
>   Hoy una nueva Nación
>   En el mundo se presenta,
>   Pues las Provincias Unidas
>   Proclaman su independencia.
>
>   Cielito, cielo festivo,
>   Cielo de la libertad,
>   Jurando la independencia
>   No somos esclavos ya.
>
>   Los del Río de !a Plata
>   Cantan con aclamación,
>   Su libertad recobrada
>   A esfuerzos de su valor.

> Cielito, cielo cantemos,
> Cielo de la amada Patria,
> Que con sus hijos celebra
> Su libertad suspirada.
> ....

Con el *Cielito Oriental*, Hidalgo ensaya la graficación de la fonética de un habla diferenciada. Pero esa habla no es la del gaucho sino la del portugués, estableciendo así una continuidad con el sainete *El amor de la estanciera*. Es el que comienza:

> El portugués con afán
> Dicen que viene bufando;
> Saldrá con la suya cuando
> Veña o rey D. Sebastián.
>
> Cielito, cielo que sí.
> Cielito locos están,
> Ellos vienen rebentando,
> Quien sabe si volverán.

y dice por ejemplo,

> Vosa señora Carlota
> Dando pábulo a su furia
> Quiere faceros injuria
> De pensar que sois pelota.
>
> Cielito, cielo que sí
> ¿Nao' conocéis majadeiros,
> Que en las infelicidades
> Vosotros sois os primeiros?

El *Cielito patriótico que compuso un gaucho para cantar la acción de Maipú* es la primera composición «gauchesca» de Bartolomé Hidalgo. Aparece allí el primer «gaucho cantor» particularizado, portador individual del mensaje colectivo como todo protagonista de epopeya. Y aparece con él su instrumento de cuerdas —aún no nominado—, objeto intermediario al que el gaucho parece considerar animado o mágico puesto que pide favor a sus cuerdas.

> No me neguéis este día
> Cuerditas vuestro favor,
> Y contaré en el CIELITO
> De Maipú la grande acción.

> Cielo, cielito que sí,
> Cielito de Chacabuco,
> Si Marcó perdió el envite,
> Osorio no ganó el truco.

Por momentos se confunde con la más pura corriente de la poesía tradicional como en la cuarteta

> Cielo, cielito que sí,
> La sangre amigo corría
> A juntarse con el agua
> Que del arroyo salía.

si pensamos en esta otra anónima y popular:

> Ese Río de las Palmas,
> un día de tanto espanto,
> si sangre hubiera llovido,
> no hubiera crecido tanto.
>
> *(Cepedita. Encuesta 1921, Leg. 61, San Luis).*

Y, en el final, el cantor vuelve a tomar cuerpo individual, «yo» diferenciado, cuando exclama:

> Viva el Gobierno presente,
> Que por su constancia y celo
> Ha hecho florecer la causa
> De nuestro nativo suelo.
>
> Cielito, cielo que sí,
> Vivan las Autoridades,
> Y también que viva yo,
> Para cantar las verdades.

La modalidad «gauchesca» del texto anterior se afirma y fortalece en *A la venida de la Expedición. Cielito.* El cantor —que deja constancia de ser el mismo *«que en la acción de Maípú / supo el cielito cantar»*— retoma su instrumento —que ahora nombra «tiple»— y vuelve a alzar su voz ante nuevas circunstancias críticas. El enemigo es ahora la armada española, por eso refuerza en su discurso el empleo de voces y expresiones criollas y las formas de tratamiento locales —particularmente el empleo del «usted» y el «ustedes» en la segunda persona, con giros como «agarrelá», «apartesé»— frente a la imitación de la lengua española europea que emplea cuando se dirige a los peninsulares, aunque sólo en dos estrofas:

> Cielito, cielo que sí,
> Por él habéis trabajado,
> Y grillos, afrenta y muerte
> Es el premio que os ha dado.

> Si de paz queréis venir
> Amigos aquí hallaréis,
> Y comiendo carne gorda
> Con nosotros viviréis.

En el texto que sigue cronológicamente, el poeta continúa diseñando el perfil del cantor. El «gaucho» es ahora «*Un gaucho de la Guardia del Monte*» que «*Contesta al manifiesto de Fernando VII y saluda al Conde de Casa Flores con el siguiente Cielito escrito en su idioma*».

En ese título y en su continuación, la primera estrofa del Cielito, se muestra plenamente un momento de transición en el proceso creativo de Bartolomé Hidalgo. La intención de ir puliendo y completando progresivamente la imagen del gaucho cantor —que, creo, no ha sido señalada, antes de nuestro trabajo de 1987, por otros críticos— es evidente, como también lo es la lenta aproximación con que nos conduce hasta las situaciones en que acontece el canto y los nombres del instrumento musical que utiliza para acompañarse. Todo ello configura un cuadro de ficcionalidad que aceptamos junto con la convención idiomática «gauchesca», pero la coherencia de esta fantasía —¿acaso la fantasía no debe tenerla?— parece quebrarse cuando Hidalgo menciona en el título «/.../ cielito escrito en su idioma», tal vez porque habíamos entrado con demasiada fascinación en el juego que creíamos advertir en la intención del poeta, en la complicidad de su humor socarrón y juvenil. Y de pronto la realidad irrumpió en el sueño, como ocurre en la vida. El mismo Hidalgo se encargaría de mostrarnos que aquella presunta transgresión no existe.

El texto es lindísimo. Aparece en él el voseo y nada menos que como modalidad elegida para comunicarse —bien criollamente— con el rey de España:

> Cielito, cielo que sí,
> Lo que te digo, Fernando,
> Confesá que somos libres,
> Y no andés remoloneando.

Las expresiones gauchas son explicadas por el mismo Hidalgo en notas de pie de página y varios de los versos de esta pieza son tan recordados que cuesta mucho, o es decididamente imposible, saber si son fruto de su capacidad para crear imágenes o si han sido recogidos de la musa popular. El cantor, ya más aplomado, siente que le sobran méritos pero aparenta «achicarse», con el gesto modesto que es la elegancia de su empaque viril:

> Cielito, cielo que sí,
> Ya he cantado lo que siento,
> Supliendo la voluntad
> La falta de entendimiento.

El «*Cielito patriótico del gaucho Ramón Contreras, compuesto en honor del ejército libertador del Alto Perú*» revela el nombre del cantor, Ramón Contreras, e inaugura el primer ciclo de la literatura gauchesca rioplatense, al cual, naturalmente, también pertenecen las composiciones anteriores, pero en virtud de la revelación que se hace en ésta del nombre del protagonista y de la continuidad que ese nombre va a tener en la producción posterior.

A partir de este Cielito, Hidalgo no volvería a introducir alusiones a la escritura en el título de sus composiciones. De aquí en adelante hablaría de «cielitos compuestos», y después de «Diálogos» y de «Relación». No obstante, en la pieza que nos ocupa, parece insistir, desde las dos últimas estrofas, en que aceptemos a la escritura como un elemento naturalmente implícito en el proceso del «canto», pues dice:

>   Hasta que entremos en Lima
>   El tiple vuelvo a colgar,
>   Y desde hoy iré pensando
>   Lo que les he de cantar.
>
>   Cielito, digo que sí,
>   Iré haciendo mis borrones
>   Para cantarles un cielo
>   En letras como botones.

Tal vez lo que ha ocurrido es que el autor, Hidalgo, ha entrado íntegramente en el mundo ficcional que creara y, de modo irreversible, él es, ahora, «el cantor». Las biografías de Bartolomé Hidalgo lo muestran, al final de sus días, dedicado a la venta de sus poemas impresos, es decir, ejerciendo la antiquísima profesión de «versero» o «versista», receptor, intérprete, recreador, productor y expendedor de las letras de sus cantos, como lo requiere la alternancia propia del circuito «oralidad-escritura» clave de la perduración de la literatura gauchesca desde el punto de vista comunicacional.

Ese aserto se confirma frente al último Cielito de Bartolomé Hidalgo, «*Al triunfo de Lima y el Callao, Cielito patriótico que compuso el gaucho Ramón Contreras*», donde desembozadamente se llama payadores (primera mención, que sepamos, en la poesía rioplatense) a poetas urbanos como Luca, Lafinur, López y Várela, según nota de Hidalgo, y, si el que canta con su *changango* es el gaucho Ramón Contreras debemos aceptar que éste es el *alter ego* de nuestro poeta. Lo dice así:

>   Estaba medio cobarde
>   Porque ya otros payadores
>   Y versistas muy sabidos
>   Escribieron puras flores.

> Allá va cielo y más cielo,
> Cielito de la mañana...
> Después de los ruiseñores
> Bien puede cantar la rana.

Bartolomé Hidalgo, hombre de teatro, había estado rondando la expresión dialógica en toda su obra poética hasta ahora comentada. Por eso no es extraño que, en 1821 aparezca un segundo gaucho, desdoblamiento del primero, como Cruz lo es de Fierro, y también identificable con el poeta hasta tal punto que se lo nombraba por ese apelativo en el periodismo de la época: Chano.

Chano (hipocorístico de Juan utilizado en función de apellido) aparece en el *Diálogo patriótico interesante entre Jacinto Chano, capataz de una estancia en las islas del Tordillo y el gaucho de la Guardia del Monte*, en el *Nuevo diálogo patriótico entre Ramón Contreras, gaucho de la Guardia del Monte y Jacinto Chano, capataz de una estancia en las islas del Tordillo,* cuando Ramón Contreras visita al capataz Jacinto Chano, y en la última obra de Hidalgo la *Relación que hace el gaucho Ramón Contreras a Jacinto Chano de todo lo que vio en las fiestas Mayas en Buenos Aires, en el año 1822.*

La tal vez presentida muerte cercana - que hizo decir a Hidalgo, por boca de su Chano, en el final de la *Relación*

> Ni oírlo quisiera, amigo,
> Como ha de ser, padezcamos
> A bien que el año que viene,
> Si vivo he de acompañarlo... -

impidió al poeta continuar su obra y lo arrebató a la vida cuando sólo contaba 34 años, en 1822.

Pero Hidalgo habría de vivir por obra de algunos misteriosos y aún no identificados continuadores que fueron sus contemporáneos y por otros muchos que lo siguieron aún hasta nuestros días, en la vida ficcional de los personajes de su creación. En haber dado vida a esos personajes está el germen de la mayor trascendencia de la obra de Bartolomé Hidalgo en la literatura rioplatense: su condición generadora de ciclo

El ciclo de Chano y Contreras

No hemos de abordar aquí, por no abusar de la benevolencia del público presente, un pormenorizado análisis de este ciclo literario ni de las características que lo identifican.

Lo más impresionante ha sido la reveladora aparición, en 1968, de un texto con todas las características de los reconocidos como suyos por Hidalgo, un impreso de Expósitos, que no había sido nunca mencionado en las bibliografías. Tuve la suerte de ser la descubridora de esa pieza, que se encontraba erróneamente fichada como de Hidalgo en la Biblioteca Nacional de Buenos Aires; su título es *Graciosa y divertida conversación que tuvo Chano con señor Ramón Contreras con respecto a las fiestas mayas de 1823*, y aún permanece como de autor desconocido.

Poco después Félix Weinberg anunció sus estudios sobre otro impreso aparentemente de la misma procedencia ignorada del nuestro, que se titula *Graciosa y divertida conversación- que tuvo Chano con señor Ramón Contreras, en la que detalla él primero las batallas de Lima y Alto Perú, como asimismo las de la Banda Oriental; habiendo estado cerca de ambos gobiernos con- carácter de comisionado, y ahora acaba de llegar de chasque del Sarandí* (Buenos Aires, Imprenta de la Independencia, 1825). Este ya aparecía en la bibliografía de la obra *La imagen en la poesía gauchesca* de Eneida Sansone de Martínez, y yo obtuve las copias del texto por gentileza del señor Antonio Praderio. Tanto Weinberg como yo publicamos más adelante los textos completos en Buenos Aires, mientras que Ricardo Rodríguez Molas lo hizo en Montevideo, posteriormente a la aparición de nuestros artículos iniciales, y aparentemente sin conocerlos.

Mas no termina aquí el ciclo de Chano y Contreras.

Un examen medianamente minucioso nos muestra a Chano:
— incorporado a la representación del sainete *Las bodas de Chivico y Pancha*, Buenos Aires, a partir de 1821;
— en el Comunicado aparecido en el *Observador Oriental /* ..., Montevideo 26 de nov. de 1828 (junto con Tío Molina y Contreras):
— en *El Torito de los Muchachos*, periódico de Luis Pérez, Buenos Aires, 1830;
— en *Carta del paisano Chano a su esposa Goya al irse de la Capital para el ejército defensor* (*El Universal,* Montevideo, 17 de febrero de 1838);
— en múltiples obras de Hilario Ascasubi, entre 1839 y 1850.

Treinta años después de muerto Hidalgo estas y sin duda muchas otras manifestaciones literarias, en ambas bandas del Río de la Plata trataban de encadenar su mensaje al vigoroso lazo tendido por el poeta entre lo tradicional y lo actualizado, entre el campo y la ciudad.

Una investigación más detenida, seguramente podría aproximar mucho más esa fecha. Con carácter de homenaje al poeta, valga aquí la inclusión del último Cielito que, con motivo del bicentenario de su nacimiento, le dedicara Fermín Chavez (En: *Clarín,* Buenos Aires, jueves 25 de agosto de 1988) cuyo texto es el que sigue:

Homenaje a Bartolomé Hidalgo, dos siglos después

Cielo del '88

Al tranco o al trotecito
Dos siglos cumplió el paisano,
Un barbero, comediante
Y encima montevideano.

    Cielito, cielo que sí,
Cielo del Ochenta y Ocho,
Lo celebramos saltando
Como frito maíz morocho.

Bartolomé le pusieron
En la pila bautismal.
Con el agua de un cielito
Fue cristiano ese oriental.

    Cielo, cielito y más cielo,
Sube su luz en Morón,
Si Hidalgo no está vivito
Más sabio es mi mancarrón.

El gauchipoeta pega
La vuelta de su destierro,
Del olvido y de un galope
Lo mismo que el gaucho Fierro.

    Cielito, cielo que sí,
Como rezaba San Pablo,
Cielo peludito y fresco
Igual que la Uña del Diablo.

Diz que el artiguista andaba
Chusco de la poesía
Y que «la primera patria»
Queriendo lo distraía.

    Cielito, cielo y más cielo,
Clarito y bicentenario,
Lo festejamos aquí
Con mate amargo y rosario.

Sus huesos se han extraviado
Pero no su alma bendita

Que enciende vela y guitarras
Y que nunca se marchita.
   Cielo, cielito que sí
Como dijo don Laguna:
Aquí en Morón no hace frío
Ni entra en menguante la Luna.

Con Hidalgo hace calor
Lo dice esta copla oncena.
Y ya me despido andando
Parejo como patena.

Fermín Chávez*, 24 de agosto de 1988.
(«A Roberto Airala y José Curbelo, dos almas que se prodigan en el espacio gauchipoético.»)

La «resurrección de Hidalgo»

Un enigmático artículo que, por desventura mía no he podido hasta ahora consultar, y no he visto transcripto por nadie, es el que, bajo el título de *La resurrección de Hidalgo,* publicó Ángel Justiniano Carranza en *El Plata Literario,* Buenos Aires, 1876, (citado por Martiniano Leguizamón en *El primer poeta criollo del Río de la Plata,* Buenos Aires, 1917, p. 15) y éste incluido en su bibliografía por Lauro Ayestarán en *La primitiva poesía gauchesca en el Uruguay. 1812-1838,* p. 26.

Ante la sorprendente identidad de estilo de las «*Graciosas y divertidas conversaciones...*» de 1823 y 1825 con los *Diálogos* y la *Relación* del poeta fallecido en 1822, hemos llegado a pensar si no en una «resurrección» en una errónea atribución de muerte, sí no fuera que los archivos parroquiales de Morón, que consultamos, son claros al respecto. De todos modos, el mismo poeta montevideano había mencionado la existencia de otros con sus mismos conocimientos acerca del gaucho y hasta nombrado a Cavia como ejemplo de ellos.

Tal vez, al margen del tema puntual de sus continuadores y de sus émulos, debamos concentrarnos en aspectos más profundos de la trascendencia histórica del poeta.

Si los personajes de Bartolomé Hidalgo siguieron siendo elegidos como protagonistas de poemas gauchescos, si los ecos de muchas de sus expresiones, como aquel famoso «*andando de rancho en rancho / y de tapera en galpón*» que emerge en el *Santos Vega* de Mitre, en el *Facundo* de Sarmiento y puede rastrearse en textos de Lugones y de Lussich —sea por influencia del poeta de los Cielitos, sea por identidad de fuentes populares de todos conocidas—, es

---

.*   El escritor, periodista e investigador Fermín Chávez, nacido el 13 de julio de 1924, falleció en Buenos Aires el 28 de mayo de 2006.

porque Hidalgo logró cargar de un singular potencial de vida a sus gauchos y que éste llegó a constituirlos en nexos simbólicos para una sociedad signada por el sino de la desintegración.

Un paralelismo entre el acontecer histórico rioplatense y la evolución de la literatura gauchesca –que desde variados enfoques ideológicos, muchos críticos han realizado contemporáneamente con lucidez– nos muestra, en general, que a medida que en la historia política pugnan los grandes personalismos que conducen a los pueblos a luchas internas y estériles, la figura del gaucho desdibuja cada vez más su perfil para acallar aquella voz bravía de los Cielos de Hidalgo y reemplazarla por otra, mítica y fantasmal, artísticamente muy bella, que representa realmente lo que William Katra llama «el canto de los vencidos»: la voz de Santos Vega.

José Hernández, que ha llevado la literatura gauchesca a su máxima expresión estética, con el mensaje universal de su *Martín Fierro* no logró, sin embargo, recuperar la entonación de Hidalgo. Una feliz expresión de Borges –referida a otro asunto / Ascendencias del tango / – se presta para éste: «una conciencia adulta del tiempo carga sobre él».

Es lícito, no obstante, desandar los caminos.

No se trata, por cierto de reivindicar para el tiempo actual la posible, necesaria o deseable perduración del gaucho de hace casi dos siglos. Enfrentar cambio y tradición no conduce a un juego limpio desde el punto de vista de la dinámica social.

Lo que puede recuperarse del gaucho es su espíritu. El espíritu criollo que en la adversidad máxima –la guerra interna y exterior, la lucha de padres contra hijos por causas que ambos creían justas–, encontró fuerzas para mantener su decorosa imagen ante el mundo y hacer de las Repúblicas del Plata una tierra plena de hospitalidad generosa, anhelante de paz, justicia y libertad.

Hoy, a doscientos años del nacimiento de Bartolomé Hidalgo, lo evocamos con emoción profunda. Tras la aproximación a su obra nos parece que Chano ha vuelto a ser joven y creemos oír su voz audaz y esperanzada que, uniendo a nuestras patrias con el canto incesante de sus ríos, nos impulsa a seguir adelante. Argentina y Uruguay, juntas en su vocación de soberanía nacional y de fraternal unión.

D.– Notas al texto anterior

D.I.– Aspectos históricos y geopolíticos

La historia de Bartolomé Hidalgo constituye un segmento paradigmático de la del territorio sudamericano bañado por el Río de la Plata en las primeras décadas del siglo XIX. Hidalgo encarna las aspiraciones, las vacilaciones, los triunfos, las desilusiones y las sostenidas esperanzas de una generación de súbditos de un gran reino decadente, la España de Fernando VII que, aún sin clara conciencia de organización nacional, aspiraba a la libertad como máximo bien. Una generación con vocación heroica que no llegó a ver totalmente maduros los frutos de los sacrificios realizados para alcanzar las metas de su idealismo: la libertad, consolidada en la independencia política, para todos los hijos y habitantes del suelo patrio en un clima de paz y de armonía con el país interior y con el mundo entero.

Las siguientes referencias históricas, fragmentarias y por lo tanto en gran parte inconexas, apuntan a facilitar al lector de la obra de Hidalgo una guía respecto de los sucesos que la inspiraron y de la situación geopolítica en que se encontró el poeta a partir de sus orígenes, de su nacimiento y de sus opciones de vida.

Tras la creación del Virreinato del Río de la Plata fundado en 1776, que comprendía las antiguas gobernaciones de Buenos Aires, Tucumán y Paraguay, con más el llamado Corregimiento de Cuyo –que fue separado de Chile en ese mismo año– y la del Alto Perú (hoy Bolivia) –que entonces tenía salida al Pacífico– ese vasto territorio fue dividido en ocho *intendencias* y cuatro *gobiernos*. Las *intendencias* eran Buenos Aires, Córdoba del Tucumán, Salta del Tucumán, Paraguay, Potosí, Cochabamba, la Paz y Chuquisaca (o Charcas). Los *gobiernos*, que tenían carácter eminentemente militar por hallarse en zonas fronterizas, eran Montevideo, Misiones, Moxos y Chiquitos. La capital del Virreinato era la ciudad de Buenos Aires, que lo era también de su intendencia homónima, la cual comprendía las actuales provincias de Buenos Aires, Santa Fe, Entre Ríos, Corrientes, La Pampa, Neuquén y todo el sur argentino, incluyendo Tierra del Fuego y las Islas Malvinas. En cuanto al proceso de emancipación, los territorios que ahora constituyen las dos Naciones del Plata se declararon libres e independientes en fechas distintas. La Banda Oriental rioplatense, por su contacto con el Brasil, fue siempre objetivo de la corona portuguesa y de allí que en su historia tenga tanta relevancia la fundación por los portugueses de la Colonia del Santísimo Sacramento, frente a Buenos Aires, en 1680, su conquista por las armas españolas en tiempos del virrey Ceballos y las sucesivas reconquistas, canjes, negociaciones que ambos gobiernos europeos, y más tarde los criollos, produjeron en esa ciudad durante un siglo y medio de su historia. La necesidad de custodiar la entrada al Río de la Plata fue lo que dio origen, en 1726, al poblamiento efectivo de San Felipe y Santiago de Montevideo como ciudad amurallada y plaza fuerte, lo cual se hizo con vecinos de Buenos Aires (entre ellos los ancestros del prócer oriental José Artigas), ante la tardanza de las gentes de Galicia y de Canarias que España había prometido enviar.

Dentro de la etapa en la que Buenos Aires y Montevideo pertenecían a una misma «patria» –el Virreinato del Río de la Plata–, es importante destacar, el proceso que desembocó en la invasión inglesa al Río de la Plata de los años 1806 y 1807, porque fue circunstancia que ayudó a madurar las ideas de independencia que existían en patriotas porteños y porque en algunas de las acciones libradas entonces en la Banda Oriental participó el joven Bartolomé Hidalgo. Para ello deben tenerse en cuenta las fluctuaciones diplomáticas y bélicas que caracterizaron las relaciones exteriores entre España e Inglaterra a fines del siglo XVIII y principios del XIX.

Montevideo, en cumplimiento de la función para la cual había sido creada, fue dotada de un regimiento de caballería análogo al que existía en la frontera bonaerense, los Blandengues (1796) y se dispuso el traslado a la Banda Oriental, en agosto de 1797, de doscientos hombres de la guarnición de Buenos Aires al mando del Comandante Nicolás de la Quintana. Este procedimiento de reforzar las milicias de ambas bandas del río como rutina estratégica, hizo que en 1805, ante el anuncio de que naves de la beligerante Inglaterra se dirigían al Río de la Plata, el virrey Rafael de Sobre Monte envió quinientos hombres a Montevideo, en la errónea creencia de que Buenos Aires no sería asaltada por los invasores. De allí que, como devolución, la presencia de tropas orientales en la capital del Virreinato en 1806 fue, al margen del valiente comportamiento de sus integrantes y de los heroicos voluntarios montevideanos al mando de don Santiago de Liniers, una maniobra programada por la estrategia militar del gobierno español que estaba en falta, ciertamente, con la ciudad de la Santísima Trinidad, por el comportamiento relajado y crédulo de quien había sido un excelente gobernante en Córdoba: el virrey Sobre Monte. La invasión inglesa, tanto en 1806 como en 1807, mostró la importancia estratégica que podría tener una acción coordinada entre Buenos Aires y Montevideo como custodias del estuario y «puerta de la tierra». **Bartolomé Hidalgo no dejó nunca de alentar este mismo espíritu de unión y esta voluntad de lograr la inteligencia entre las dos orillas,**

Las Provincias Unidas del Río de la Plata, de las cuales, como se ha visto, Montevideo formaba parte, instalaron su primer Gobierno Patrio – la luego llamada Primera Junta– en Buenos Aires, el 25 de mayo de 1810, por lo que la misma fecha fue conmemorada oficialmente también en la capital oriental como lo demuestran numerosos testimonios documentales, hemerográficos y bibliográficos especializados. Para ilustrar lo dicho es particularmente accesible, por sus cuidadas reediciones, *La Lyra Argentina o Colección de las piezas poéticas, dadas a luz en Buenos Aires durante la guerra de su independencia* (Paris, 1824) compilada por el porteño Ramón Díaz (1796-1824) en la que se incluyen, bajo los números XLVI y XVLII, dos composiciones del poeta oriental Francisco Araúcho, editadas en Montevideo, en 1816, en el folleto titulado *Descripción de las fiestas cívicas celebradas en la capital de los pueblos orientales, el 25 de Mayo de 1816.*

Los antecedentes de estos hechos son importantes para el marco histórico que procuro trazar.

Montevideo tardó en sumarse a la Revolución de Mayo de 1810. Habían llegado a esa ciudad dos bandos a la vez: el enviado por la Junta de Buenos Aires para su reconocimiento y el enviado por el virrey Baltasar Hidalgo de Cisneros para desconocerla. El Cabildo Abierto de Montevideo, en principio reconoció a la Junta pero, luego de enterarse de que se había formado en la Península el Consejo de Regencia, decidió esperar órdenes de España. Juan José Paso, Secretario de la Junta de Mayo, enviado a Montevideo, fue tratado con desconsideración, y cuando, a principios de 1811 llegó a Montevideo Javier de Elío, gobernador designado por el Consejo de Regencia, declaró a esta ciudad «capital del virreinato». Naturalmente esto fue desconocido por las autoridades de Buenos Aires que consideraron estos hechos como ofensivos, por lo que se decretó el bloqueo del puerto de Montevideo y se lo cañoneó dos veces.

Pero la campaña de la Banda Oriental estaba a favor del «Grito de la Patria». Bajo el mando del caudillo José Artigas, se reunieron gauchos y estancieros y, el 28 de febrero de 1811, resolvieron reconocer a la Junta de Buenos Aires en el eco oriental de Mayo que se conoce como "Grito de Asensio", por el nombre del río a cuya vera se realizó la citada reunión. Este hecho marca el comienzo de la llamada «revolución oriental» con un levantamiento de la campaña que, – según lo explica el historiador uruguayo Fernando Assunção (1963)– no fue tanto «con Buenos Aires» como «contra Montevideo», y de cuya repercusión social expresa:

> Las consecuencias más inmediatas y las más fáciles de prever, de la revolución iniciada en 1811, en lo que respecta a nuestra vida rural, fueron,

naturalmente y en forma principal, un verdadero torna-atrás. Es decir el regreso más o menos rápido al estado anterior y más primitivo de barbarie: a la depredación masiva del ganado, pero ahora sin siquiera un resto de concepto comercial, sin respetar ni marca ni sexo; a la desaparición de la idea de propiedad; a la anarquía libertaria; a la guerrilla continua contra la autoridad. Pero todo esto agravado, dislocado, hipertrofiado.

El gaucho no es ya un faenero errático en lo habitual y un guerrillero ocasional; es un guerrillero habitual y un faenero ocasional. La organización de la estancia prácticamente desaparece por completo. / ... /.

Por otra parte, en lo político, dice el mismo Assunção:

Perico Viera, abrasileñado, hijo de aquellos gauderios del este, gran baqueano y bailarín consumado de pericones, como lo dibujara con mano maestra Eduardo Acevedo Díaz uno de los auténticos grandes de la novelística nacional, y Venancio Benavídez, joven gauchito de pura cepa, vagabundeador, de los que cuando precisan una camisa nueva se conchavan y cuando la tienen se pasean, revoltoso y pendenciero; decidor y valiente; son ellos los encargados de dar en la hermosa mañana de Asencio, el primer grito de libertad.

Detrás de ellos vendrán otros, pero sobre todo vendrá el elegido, el prototipo, el que encarnaba mejor en su actividad pasada y en su eidética a esa realidad rural que estaba reclamando un guía, un aglutinador de voluntades. Vino José Artigas.

Mientras Artigas afianzaba su liderazgo, el gobierno de Buenos Aires envió fuerzas para apoyar este movimiento de los orientales y tratar de terminar con el dominio español en todo ese territorio y puso ese ejército a las órdenes de Manuel Belgrano, pero a raíz de las convulsiones internas que se sufrían en Buenos Aires (asonada del 5 y 6 de abril) este jefe delegó el mando en el coronel de Dragones José Rondeau. La acción de Artigas se destacó netamente en esta campaña y con la ayuda de los jefes locales Viera y Benavídez —mencionados por Assunção — y de las fuerzas de Rondeau, el dominio español pronto se redujo a Montevideo y Colonia. Los triunfos de San José y especialmente del Molino de Las Piedras o simplemente Las Piedras contra la división del coronel español Posadas (el 18 de mayo) afirmaron el liderazgo de Artigas quien, con el apoyo de Rondeau, puso sitio a Montevideo.

Una alianza entre las coronas de España y Portugal amenazó entonces con ocupar todo el Río de la Plata, por lo que el gobierno de Buenos Aires, ante el avance de los portugueses que al mando de Diego de Souza cruzaron la frontera el 17 de julio, y sin posibilidad de presentar batalla a una fuerza unida de ambas potencias, por el debilitamiento de sus otros frentes, optó por pactar con España, reconocer la soberanía de Fernando VII y la autoridad de Elío y ordenar el retiro de las tropas patriotas del territorio oriental y de parte del litoral fluvial argentino. La historia entiende que este fue un grave error del Triunvirato ya que prolongó por varios años la permanencia de los españoles en el Río de la Plata y alimentó la enemistad manifiesta de Artigas con el gobierno de Buenos Aires. En efecto, Rondeau y Artigas obedecieron la orden, pero este último, disgustado, arrastró en un éxodo a más de 11.000 personas de toda la Banda Oriental, excepto Montevideo: familia enteras de blancos, indios y negros que lo siguieron hacia el norte, al lugar llamado Salto Oriental, dejando el territorio virtualmente vacío mientras él establecía su campamento en el río Ayuí Grande, cerca de Concordia, provincia de Entre Ríos.

Este acontecimiento, al que se denomina el Éxodo del Pueblo Oriental o también La Redota (metátesis por *derrota, derrotero, camino*) ha motivado singulares reflexiones de Sarmiento sobre su génesis:

> El sistema / ... / de los éxodos para escapar a las violencias de mamelucos (el enemigo) y de españoles –dice Domingo Faustino Sarmiento (*Conflicto y armonías* / ... /, Cap. IX)– tenía modelos en la tradición religiosa y jesuítica. La condición de las tribus salvajes sujetas como rebaños a las especulaciones de los conquistadores o de los jesuitas, se presta mucho a esos éxodos de pueblos en busca de tierras de promisión, como los hebreos escapados de Egipto, o como los judíos llevados en cautiverio a Babilonia.

Agreguemos que, en la cosmovisión guaranítica, el cultivo de la tierra mediante el procedimiento de la roza o milpa, quema del monte para dejar el terreno apto para los cultivos, era ancestral, y que el aspecto sacral de estos ritos agrarios era la creencia en que el pueblo debía buscar «la tierra sin mal» y peregrinar así hasta encontrarla. Además, en la historia de nuestra Guerra de la Independencia hay otro éxodo muy poco posterior: el Éxodo Jujeño, que tuvo lugar cuando Manuel Belgrano, que había sido nombrado jefe del Ejército del Norte, viéndose apremiado por las tropas realistas, retrocedió hacia Córdoba y fue acompañado por los paisanos, que se llevaron todo lo que pudieron, especialmente ganado y alimentos para dificultar el aprovisionamiento del enemigo. En plena retirada, Belgrano logró triunfar en el combate de Las Piedras, lo que avivó el entusiasmo patriota, hasta llegar a la ciudad de San Miguel donde el Ejército del Norte obtuvo, el 24 de septiembre de 1812, una de las más importantes victorias de las armas argentinas: la batalla de Tucumán.

El Éxodo del pueblo oriental tuvo consecuencias sociales y políticas importantes: demostró el acatamiento a la autoridad del caudillo montevideano entre el pueblo de la campaña y comenzó a extenderlo del otro lado del Río Uruguay. En junio de 1812, Manuel de Sarratea se trasladó al campamento de Ayuí, y fue su influencia lo que, según parece, incidió en la decisión de algunos jefes y ciudadanos orientales de abandonar a Artigas e incorporarse al contingente militar del porteño, cuya acción posterior sería determinante en el segundo sitio de Montevideo. Efectivamente, pese al armisticio que a tanto costo interno había firmado el gobierno de Buenos Aires, los portugueses no dejaron la plaza y sus relaciones con el nuevo jefe español, Gaspar Vigodet, se hicieron cada vez más tensas, por lo que tanto Artigas como Sarratea se dirigieron nuevamente a Montevideo. Rondeau, jefe de la vanguardia, inició, el 20 de octubre de 1812, el segundo sitio de la ciudad y venció a los españoles en el Cerrito (31 de diciembre de 1812). Este sitio había de durar hasta junio de 1814 porque, al carecer los patriotas de fuerza naval organizada –tras haber sido apresadas sus tres naves en el combate de San Nicolás–, no podía impedirse que los realistas se hicieran de provisiones del otro lado del río, lo cual fue aprovechado por el estratega José de San Martín para sorprenderlos y rechazarlos el 3 de febrero de 1813, cerca del Rosario, en el campo contiguo al convento de San Carlos y posta de San Lorenzo.

Artigas, por su parte, se había retirado del sitio con 2000 hombres. Declarado –aunque por corto tiempo– «traidor a la patria» por el Director Gervasio Posadas y puesto precio a su cabeza, en las acciones del caudillo oriental se insinuaba su futura posición política que quedó en evidencia tras tomar relevancia la figura netamente porteña de Carlos de Alvear. Cuando, en 1813, se convocó desde Buenos Aires a la Asamblea General Constituyente, los hombres que Artigas enviaría como representantes llevaban instrucciones para ubicarse como opositores a los alvearistas y de declararse sanmartinistas (aunque, probablemente, San Martín, pese a sus conocidos disensos con Alvear, no hubiera aprobado ese tipo de fraccionamientos).

Pocos meses después, el gobierno de Buenos Aires logró fortalecer la organización de sus recursos y Montevideo, último bastión realista en el Río de la Plata, cayó finalmente el 23 de junio de 1814 tomado por las tropas al mando del general Carlos de Alvear y la escuadra que Buenos Aires había puesto a las órdenes del almirante Guillermo Brown.

No obstante estos triunfos queridos por todos los patriotas rioplatenses, a partir de 1811 se habían incrementado, como se ha visto, los enfrentamientos entre Buenos Aires –que, de acuerdo con su pasado histórico, luchaba por mantener el vasto territorio del antiguo virreinato bajo la forma de Provincias Unidas del Río de la Plata, con su capital como metrópoli natural – y Artigas –quien se declaraba partidario de un *«sistema»* federal cuyo gobierno supremo él mismo ejercería– . Y tanto fue así que partidas de Artigas llegaron a hostilizar a las fuerzas porteñas que habían acudido a colaborar en segundo sitio de Montevideo. Por ello, la Asamblea General Constituyente de 1813, rechazó los pliegos de los representantes de Artigas y el mismo Montevideo, tras varias alternativas políticas, decidió enviar otros diputados a Buenos Aires y crear en la Banda Oriental una Junta Municipal Gubernativa que desconocía las directivas del caudillo.

Entretanto, ambas bandas del Plata alentaban los mismos sentimientos frente a los triunfos americanos y así, la *Canción Patriótica* de Alejandro Vicente López y Planes y Blas Parera, aprobada en Buenos Aires por la Asamblea General Constituyente de 1813, la que honramos como *Himno Nacional Argentino*, fue considerada también como su *Himno* en la ciudad de Montevideo: ejecutada en su teatro por primera vez, después del sitio, el 21 de agosto de 1814, luego era «universalmente cantada en toda ocasión, en todas las provincias de La Plata, tanto en los campamentos de Artigas como en Buenos Aires / ...», según testimonios de H. M. Brackenridge, secretario de una misión norteamericana que visitó el Río de la Plata entre 1817 y 1818 (Vega, C., 1962). El fervor patriótico era el mismo en las dos orillas del Plata cuando en las estrofas de López se mencionaba las victorias de «San José» y de «ambas Piedras», esto último con referencia al triunfo de los hombres de Artigas en territorio oriental el 18 de mayo de 1811 y al de las tropas de Manuel Belgrano junto al río Las Piedras de Salta, el 3 de septiembre de 1812.

El gentilicio «argentinos» tenía tal vez, por entonces, una resonancia común a todos los nacidos junto al Río de la Plata ya que éste era precisamente «el argentino» como lo nombra Pantaleón Rivarola en su *Romance / ... /* de 1806. No obstante, desde tiempo atrás era usual designar con él a quienes procedían de la orilla occidental, mientras que a los habitantes de la banda del este se conocía, no como «uruguayos» —término de adopción muy posterior — sino como «orientales». Digamos de paso que el gentilicio «porteños» se aplicó a los nativos de toda la Provincia de Buenos Aires y no sólo a los de la ciudad de la Santísima Trinidad, hasta 1880. Por eso, por ejemplo, la obra de Benito Lynch titulada *De los campos porteños* (1918), se refiere a hechos y personajes del interior de la citada provincia.

En 1815 Artigas logra reunir en la ciudad entrerriana de Arroyo de la China (actual Concepción del Uruguay) una suerte de «protocongreso de la independencia», con representantes de la Banda Oriental, Córdoba, Corrientes, Entre Ríos, Santa Fe y las Misiones —territorio mucho más extenso que la actual provincia argentina de ese nombre —, aunadas en la llamada Liga Federal, a la cual fueron invitadas todas las otras provincias del antiguo Virreinato del Río de la Plata y cuyo objetivo político primordial era aprobar el mencionado «sistema» antiunitario y declarar capital de ese inmenso territorio «a cualquier punto menos a Buenos Aires».

Como se ve, los años que median entre 1810 y 1820, precisamente aquellos en que le tocó vivir y producir su obra a Bartolomé Hidalgo, son críticos para las relaciones entre los gobiernos de Buenos Aires y de Montevideo. El relato que es divulgado hoy mismo por los historiadores de ambas Bandas del Río de la Plata difiere fundamentalmente en sus puntos de vista y resulta muy difícil que los uruguayos comprendan la actitud de los primeros gobiernos de Buenos Aires, herederos de la misión de salvaguardar la unión de su vastísimo territorio mediante el sostenimiento de las campañas libertadoras de América y la adopción de discutibles medidas coyunturales de resultados imprevisibles, y también lo es que los argentinos justifiquen la oposición sistemática de los grupos populares orientales, liderados por Artigas, con sus violentos reclamos socio-políticos, en un territorio de alto valor estratégico, desgarrado por las aspiraciones de España, de Portugal, de Francia y de Inglaterra. **No hemos de entrar en la referencia pormenorizada de tales hechos sino tan sólo en lo que sirva de marco histórico para presentar la figura del poeta Bartolomé Hidalgo.**

El 9 de julio de 1816, las Provincias Unidas del Río de la Plata proclamaron su independencia del reino de España, con la presencia de delegados del Cabildo de Montevideo pero sin la participación del Paraguay y de los pueblos argentinos y orientales que se declararon artiguistas. Efectivamente, tanto la provincia Oriental como las de Entre Ríos, Corrientes y Santa Fe, obedecieron entonces a Artigas, quien, al tiempo que firmaba con Alvear un tratado de amistad para mantener la paz y el orden, establecía por su parte pactos con los caudillos del litoral fluvial rioplatense para desobedecer al gobierno de Buenos Aires, lo que promovió la anarquía y obligó a las tropas porteñas a abandonar la ciudad de Montevideo, en la cual Artigas colocó a su delegado Fernando Otorgués (también llamado Torgués en los documentos). Ante la invasión que en ese mismo año inició el general portugués Carlos Federico Lécor a la Banda Oriental, Juan Martín de Pueyrredón, desde Buenos Aires, ofreció de nuevo la colaboración argentina, pero Artigas la rechazó y fue vencido.

Idealista e implacable, blanco –rubio– y por afinidad aindiado, encarnación rioplatense del mito de Robin Hood con sus paternales promesas de otorgar estancias a los individuos marginados por la sociedad, patriota contradictorio tan capaz de la hazaña como de la anárquica rebeldía, **José Artigas fue un héroe romántico.** Convivió con los aborígenes familiarmente, hasta tener un hijo reconocido con una mujer charrúa («don Manuel Artigas» llamado El Caciquillo), reclutó en sus filas a los morenos antes esclavos así como a los gauchos alzados de toda la Banda Oriental (**a quienes no llamaba «gauchos» sino «paisanos»**) y, por poseer condiciones innatas de liderazgo popular americanista, fue desde entonces considerado «Protector de los pueblos libres» y «Padre de la Patria» uruguaya y es en torno a su figura – mérito innegable- que todas las generaciones de uruguayos han elaborado un elevado concepto nacionalista, una identidad plena, no exenta de ideales de progreso y civilización. No obstante, Artigas, así como no se embarcó nunca en las dudosas gestiones del gobierno porteño en procura de reyes europeos, no buscó tampoco la independencia de la Banda Oriental, que el gobierno de Buenos Aires quiso ofrecerle. En pugna con el papel histórico de esta última urbe como ciudad Capital, decía aspirar a implantar la autonomía de todas las provincias rioplatenses de acuerdo con un modelo semejante al de los Estados Unidos de Norteamérica. Sin embargo, para empezar, se lo veía orientado a ejercer él mismo, en cualquier lugar menos en la capital porteña, el mando supremo de todas ellas. Su Federalismo aparece como precursor de la «Federación» de Juan Manuel de Rosas y fue precisamente su secretario, el clérigo José Gervasio Monterroso, quien postulaba como concepto el de la «santa federación», lema adoptado luego por el rosismo.

En 1821 la entonces denominada Provincia Oriental del Río de la Plata, fue anexada a Brasil por Portugal y unida a Río Grande con el nombre de *Provincia Cisplatina* tras ser derrotado Artigas en el combate de Tacuarembó (1820). El uso del prefijo *cis* evidencia las intenciones luso-brasileñas de crear luego una *provincia Transplatina* con el territorio argentino.

Tras diversas circunstancias históricas que transcurrieron durante casi tres lustros, y con Artigas exiliado en el Paraguay, la Banda Oriental del Río de la Plata declaró su propia independencia el 18 de julio de 1830, constituyéndose así en República Oriental del Uruguay. **Aunque Bartolomé Hidalgo escribió dos composiciones que aspiraron a llenar esa función, el Himno Nacional Uruguayo, con letra de Francisco Acuña de Figueroa y música de Francisco José Debali, fue aprobado como tal en julio de 1833.**

El Uruguay ha sido siempre, para los argentinos, sinónimo de nación hermana, de tierra hospitalaria, que acogió a los perseguidos por sus ideas en todo tiempo de tiranía y que, si bien prosperó con la presencia de esos pensadores y publicistas, influyó indudablemente, con el talento de sus propios escritores, en muchos aspectos de la literatura argentina así como también recibió de ella elementos fundamentales para su desarrollo y actualización.

En la obra de Bartolomé Hidalgo, que a mi entender refleja una estricta coetaneidad con los hechos a los que se refiere, se manifiestan alusiones concretas a los siguientes acontecimientos históricos:
  – El sitio de Montevideo por las fuerzas criollas de Artigas y Rondeau (*Cielitos que con acompañamiento de guitarra cantaban los patriotas al frente de las murallas de Montevideo* / 1811 /)
  – La «Redota» (derrotero) o Éxodo de los Pueblos Orientales. Incitación a «volar», a avanzar rápidamente, exclamando ¡Libertad!, bajo la guía de Artigas, con el deseo de «salvar el *sistema*» que el caudillo proclamaba, durante la penosa instalación en Salto de más de 11.000 criollos, hombres, mujeres y niños «nativos del ínclito Oriente». (*Octavas Orientales,* / 1811 /)
  – El sitio de Montevideo (*Los víveres que los godos* / ... / *Cielito* / 1813 /)
  – El sitio de Montevideo (*No hay miedo, pues los macetas* / ... / *Cielito* / 1813 /).
  – La llegada a Montevideo de la escuadra al mando del almirante Guillermo Brown el día 20 de abril de 1814 (*Cielito a la aparición de la escuadra patriótica en el puerto de Montevideo*, 1814)

- La ocupación portuguesa al mando del teniente general Carlos Federico Lécor (*Marcha Nacional Oriental*, / 1816 /)
- La exaltación pública de los ideales sudamericanos de la Revolución de Mayo de 1810, en Montevideo (*Inscripciones / ... / / 1816 /*)
- La Batalla de Las Piedras con el triunfo de Artigas contra los españoles el 18 de mayo de 1811; el combate de San Lorenzo librado por los Granaderos a Caballo del general San Martín el 3 de febrero de 1813; referencias históricas europeas y americanas a los males que trae la discordia; enumeración de los pueblos de la Patria (*Sentimientos de un patricio...,* / 1816 /)
- Propuestas de unión de indígenas y españoles, en el rechazo a las tiranías y el triunfo de la libertad (*La libertad civil*, / 1816 /)
- La independencia de las Provincias Unidas del Río de la Plata (*Cielito de la independencia*, / 1816 /)
- El avance de las tropas portuguesas sobre la Banda Oriental; menciones de los reyes de Portugal, especialmente de doña Carlota Joaquina, esposa del rey Juan y hermana de Fernando VII de España Hay un recuerdo al final para el primer virrey del Río de la Plata, don Pedro Ceballos («don Pedro Sebolas») que fue quien venció a los portugueses y, desde Buenos Aires, conquistó para la corona de España la Colonia del Sacramento y toda la Banda Oriental, incluida Santa Catalina, (*Cielito Oriental*, / 1816 /)
- La batalla de Maipú librada en Chile por el Libertador General José de San Martín el 5 de abril de 1818 (*Soneto contra el autor / ... /*, / 1818 /)
- La campaña libertadora de San Martín en Chile entre 1817 y 1818: la acción de Chacabuco (12 de febrero de 1817; Jefes realistas Rafael Maroto y Marcó del Pont) ; el desastre de Cancha Rayada (19 de marzo de 1818; jefe realista Mariano Osorio); la victoria de Maipú (5 de abril de 1818; jefe realista Mariano Osorio). Referencias a los tiempos del conquistador Francisco Pizarro; al virrey de Lima Joaquín de la Pezuela y al Gobierno de Juan Martín de Pueyrredón, Director Supremo de las Provincias Unidas del Río de la Plata «por su constancia y celo» (*Cielito patriótico que compuso un gaucho para cantar la acción de Maipú,* / 1818 /).
- La campaña libertadora del general San Martín (*El Triunfo . Unipersonal con intermedios de música dedicado al Excmo. Supremo Director /* 1818 /)
- Ante las noticias de que una expedición española enviada por el rey Fernando VII, que había sido restaurado en el trono de España en 1814, se dirigía a El Callao —puerto de Lima— para atacar a la escuadra patriota argentino-chilena al mando de Manuel Blanco Encalada y del inglés lord Thomas A. Cochrane, contratado al efecto, el cantor

recuerda la acción de Maipú, desafía duramente a los enemigos y enfervoriza a los patriotas (*A la venida de la expedición. Cielito,* / 1819 /)
— Ante las expresiones paternalistas del *Manifiesto* /... / de Fernando VII, el cantor recuerda los episodios más oscuros de su trayectoria como rey, menoscaba a sus cortesanos, trae a colación los triunfos de los patriotas sobre sus jefes militares, echa en cara a los reyes de España las facetas injustas de la evangelización y la Inquisición, que encubrían ambiciones terrenales en cuanto a riquezas especialmente mineras; menciona las aspiraciones de los constitucionales de España, opuestos a las Cortes de la monarquía del antiguo régimen (*Un gaucho de la Guardia del Monte contesta al Manifiesto de Fernando VII y saluda al conde de Casa Flores con el siguiente Cielito, escrito en su idioma,* / 1820 /).
— Describe, desde una visión de patriota a ultranza, la situación de las armas realistas en el Perú; menciona al general San Martín - para quien tiene palabras de la mayor admiración-, al virrey español Joaquín de la Pezuela, a los trucos empleados por los criollos contra el general O'Reilly en Pasco, a la capacidad combativa del almirante Cochrane y anuncia su proyecto de volver a tomar su «tiple» para cantar cuando los patriotas entren en Lima. (*Cielito patriótico del gaucho Ramón Contreras, compuesto en honor del Ejército Libertador del Alto Perú,* / 1821 /).
— Se refiere a las acciones previas a la entrada en Lima del ejército del Libertador general San Martín, que se produjo, por fin, el 9 de julio de 1821. El 28 del mismo mes, San Martín, agitando la nueva bandera peruana, declaró la independencia de ese país y, ante la insistencia de sus habitantes, aceptó asumir el gobierno como «Protector del Perú», estableciendo que, tan pronto finalizara la guerra, entregaría el poder a quienes el pueblo eligiera, como lo hizo, efectivamente. (*Al triunfo de Lima y El Callao. Cielito patriótico que compuso el gaucho Ramón Contreras,* / 1821 /)
— Memoria y balance de los pocos beneficios obtenidos por los patriotas a diez años de la Revolución de Mayo, los desaciertos cometidos y la necesidad de unión entre los americanos para obtener la libertad, como el mayor bien. (*Diálogo patriótico interesante entre Jacinto Chano, capataz de una estancia en las Islas del Tordillo, y el gaucho de la Guardia del Monte,* / 1821 /).
— A partir de las novedades llegadas al pago respecto de que el rey Fernando solicitó, por medio de diputados, «ser aquí reconocido / su constitución jurando», y de la respuesta negativa del Gobierno de Buenos Aires, el nuevo diálogo entre Jacinto Chano y Ramón Contreras constituye una rememoración de las distintas ocasiones en que

los realistas quebraron juramentos y demostraron no tener intenciones de pacificación para con los pueblos de Sudamérica. (*Nuevo diálogo patriótico entre Ramón Contreras, gaucho de la Guardia del Monte, y Jacinto Chano, capataz de una estancia en las Islas del Tordillo,* / 1822 /)

— Los festejos conmemorativos del aniversario de la Revolución del 25 de mayo de 1810, que mantuvieron en el Río de la Plata el nombre de Fiestas Mayas tradicional en España para los rituales conectados, desde la prehistoria europea, con del solsticio de verano. La obra describe las celebraciones habidas en Buenos Aires en 1822, según los comprende y los vive un gaucho de la Guardia de San Miguel del Monte (*Relación que hace el gaucho Ramón Contreras a Jacinto Chano, de todo lo que vio en las Fiestas Mayas en Buenos Aires, en el año 1822,* / 1822 /)

— La inauguración del cementerio conocido hoy en Buenos Aires como «de la Recoleta» (*Décima a un elogio del decreto de erección del Cementerio del Norte* / 1822 /) .

En muchos casos los mismos temas han recibido por parte del autor un tratamiento dentro de lo que hemos denominado «**composiciones en metros de norma culta**» y otro en lo que llamamos «**composiciones en metros de uso popular**», entre las cuales se encuentra la más célebre producción de Hidalgo: sus **versos «gauchescos»**.

D.II.– Costumbres y tradiciones populares en la Argentina y en el Uruguay

La herencia cultural española de ambas bandas de la cuenca del Plata es, naturalmente, la misma, en esencia. Lo cual no significa que el folklore argentino y el uruguayo también lo sean, ya que, **en el extenso territorio de la Argentina, factores sociales e históricos vinculados con las culturas aborígenes de regiones alejadas del Río de la Plata y con los procesos de colonización, evangelización y poblamiento, dieron caracteres muy diversos a la cultura popular tradicional de áreas como el Noroeste o «del Tucumán», el Nordeste o «del Chaco», Cuyo, la «Pampa» y la Patagonia.** Al mantenerse en constante comunicación entre sí por la acción de agentes diversos que fueron más allá de la Conquista armada –como la evangelización, la acción de los viajeros y, especialmente, los derivados del recurrente aunque combatido contrabando y del comercio legal, con su tráfico de carretas cargadas con mercaderías y el trajinar de los reseros, arrieros y troperos que transportaban mulas y ganado en pie – elementos culturales típicos de las otras áreas llegaron normalmente a la región pampeana y, en algunos casos, arraigaron también en sus costumbres adaptándose a la idiosincrasia de cada lugar. Esta región pampeana, en cuyo borde oriental se encuentra la ciudad de la Santísima Trinidad y Puerto de Santa María de los Buenos Aires, es la que comparte un mayor caudal de bienes culturales con el territorio del Uruguay. Por su parte, este último país, constituido esencialmente, desde el punto de vista geográfico, por fértiles llanuras, suaves lomadas, caudalosos ríos, yacimientos minerales, playas magníficas y un gran puerto natural como es Montevideo, adquirió características culturales diferentes de las de la pampa argentina.

Por el valor –más fuertemente simbólico que fenoménicamente rico – de los elementos culturales procedentes de las etnias aborígenes (charrúas, minuanes y guenóas, chaná-timbúes y chaná-beguás como los designa Assunção, 1978, t. I) que lo habitaban en el tiempo en que llegó España con su conquista, colonización y evangelización;

- por la fuerte influencia tupí-guaraní que penetró en la Banda Oriental a mediados del siglo XVIII –tras la expulsión de los jesuitas y la destrucción de las llamadas Misiones Orientales (que, como lo señala Lauro Ayestarán, 1971) «se hallaban al noroeste, fuera del actual territorio uruguayo»)– ;

- así como por la herencia portuguesa derivada de la ocupación que el reino de Portugal ejerció en su territorio en distintos períodos (a partir de la fundación de la Colonia del Santísimo Sacramento por Manuel Lobo, en 1680)

y

- por la impronta de una fuerte presencia africana, sobre todo de congos de Gunga, lingüísticamente bantús (como lo ha establecido Ildefonso Pereda Valdés, 1936, 1965) que marcó su folklore vigente hasta nuestros días, **es posible afirmar que existe una identidad propia en las tradiciones culturales del pueblo oriental.**

Si organizamos los datos fenoménicos principales del folklore rioplatense recopilado entre fines del siglo XIX y durante el siglo XX según la clasificación tripartita que publicó don Bruno C. Jacovella en su *Manual-Guía para el Recolector* (1951) encontraremos **especies del folklore espiritual o animológico, del folklore social o sociológico y del folklore material o ergológico.**

Folklore espiritual o animológico. La religiosidad básica común tiene un fundamento cristiano en ambas bandas del Plata, si bien, los procesos de constitución de los estados dieron en la Argentina mayor preeminencia oficial a la religión Católica, Apostólica y Romana, mientras que, en el Uruguay, el Estado se declaró desligado de toda religión lo que, sin afectar las creencias de sus habitantes, deslíe un tanto los aspectos externos de las celebraciones del ciclo litúrgico anual. Por el contrario, hay canonizaciones populares y cultos con ribetes supersticiosos muy característicos como el de «San Cono», a quien se considera abogado de los jugadores, que fue estudiado especialmente en el

Uruguay por el investigador y diplomático brasileño Paulo de Carvalho Neto. En la obra gauchesca de Bartolomé Hidalgo el catolicismo fundamental y su tierna devoción mariana, es evidente, así como el espíritu evangélico de algunos pasajes como por ejemplo el del Diálogo patriótico / ... / de 1821 respecto al reconocimiento de la virtud o el mérito en los extranjeros. Pero también es clara la crítica a ciertos aspectos políticos de la acción evangelizadora e inquisidora de España, particularmente en Un gaucho de la Guardia el Monte contesta al manifiesto de Fernando VII y saluda al Conde de Casa Flores con el siguiente cielito escrito en su idioma de 1820. Por lo demás, es interesante ver cómo Hidalgo juega, entre las chacotonas invenciones de su Relación... de 1822, con las devociones católicas a las imágenes de bulto de los santos y de la Virgen, que suelen sacarse por las calles de las ciudades y pueblos en piadosas procesiones, y la imagen pagana de La Fama que incorporaba el ritual cívico propio de la época.

En todo el territorio del Plata existen creencias compartidas en espantos, como la «luz mala», el «farol», la Solapa, las ánimas, las brujas, el lobisón o perro negro (transculturación del hombre lobo europeo) y el «gualicho» (por influencia pampeano-patagónica) . Se denomina «tapados» (llamados «rigal plata» en la Patagonia) a los tesoros escondidos, generalmente bajo tierra, por quienes, en el pasado, han debido abandonar alguna casa o lugar sin poder regresar a buscarlos. **Hidalgo, para hacer referencia a las riquezas americanas de las que se apropiaron los españoles menciona con humor en el Nuevo diálogo / ... / la creencia en que el apropiarse de los tesoros de un tapado no sólo trae mala suerte sino «que es terrible pecado / contra el gusto de su dueño / usar lo que no se ha dado»,** por lo que espera esa devolución diciendo: «Y en conciencia yo no quiero / (porque soy muy buen cristiano) / que ninguno se condene / por hecho tan temerario.»

El designador «Mandinga», denominación rioplatense del diablo, ha sido estudiado por Pereda Valdés como voz de origen africano, y de la misma procedencia son las *leyendas de creencia* (denominación debida a Susana Chertudi) sobre los «negritos del agua» y el «negrito del pastoreo». En el universo de la magia y de sus conocimientos empíricos aplicados se encuentran las artes de curar, que conjugan tales creencias con los saberes sobre elementos naturales que coadyuvan para tal fin, especialmente la rica herboristería aborigen.

Las artes literarias nos interesan aquí particularmente. Las especies narrativas en prosa comprenden cuentos, leyendas, «casos» o «sucedidos» y también tradiciones históricas propias de la memoria oral de cada pago.. Aunque todos pueden relatar con mayor o menor fortuna historias transmitidas de generación en generación y a veces sorprendentemente adaptadas al medio en el que viven, el buen narrador es un especialista Sabe contar historias maravillosas, cuentos animalísticos o humanos, leyendas religiosas o profanas sobre los «dueños» de la naturaleza y sobre el origen mágico de ciertos lugares naturales o culturales, y muchas veces lo hace como si fueran «casos» o «sucedidos» recientes (aunque un auditorio informado pueda reconocer en ellas motivos bíblicos, indoeuropeos, carolingios o de cualquier otra procedencia). Digamos de paso que, en buen romance, cada uno de estos relatos narrados es, genéricamente, una **narración**, no una **narrativa**, palabra que comprende un conjunto de manifestaciones del relato propias de determinado lugar, de determinado autor, o de determinada escuela o período (vg. *La narrativa francesa; La narrativa de Miguel de Cervantes; La narrativa del romanticismo...*). **Los relatos de Bartolomé Hidalgo, con ser en sí mismos ficcionales, pertenecen al género de la crónica. Resultan versificaciones de lo que podría ser materia del periodismo de opinión, por la actualidad de los hechos que narra y por la inclusión, en el relato dialogado, de consideraciones sobre el estado de cosas y los motivos por cuales se ha llegado a determinada situación social. Están más emparentados con los «argumentos para cantar» que con los cuentos y leyendas.**

Aunque los motivos narrativos de las especies en prosa, los mitos, leyendas y cuentos maravillosos, no son compartidos por las composiciones en verso, propias del cancionero –cosa en que no suele repararse –, el ejercicio del arte poético, entendido en conjunto con su externación por medio del canto y de la ejecución de la guitarra como instrumento musical por excelencia, mantiene en la cultura del gaucho una sacralidad que es común a todos los pueblos de la tierra. Tanto en el Kalevala finlandés como en la leyenda argentina de Santos Vega, por citar dos ejemplos muy distantes, las entidades sagradas –y también las demoníacas – son vistas como «dueñas», poseedoras, de la sabiduría que el cantor requiere para ejercer su arte. Por ello las invocaciones a Dios, a la Santísima Virgen o a los Santos, a quienes se les pide «permiso», «favor», «ayuda», presentes en la poética del siglo de oro español, han sido documentadas frecuentemente en los argumentos criollos de transmisión oral y en muchas de las obras de literatura gauchesca en la cual tales piezas folklóricas se proyectan. Por ello también la existencia de entidades imaginarias como las Salamancas, universidades demoníacas, antros poblados por seres execrables a los que se supone acude el neófito que desea obtener los poderes sobrenaturales del canto aún a costa de la pérdida del alma, es decir de su mayor bien. El cantor es el bardo del pueblo en la cultura gaucha. Domina las técnicas narrativas y líricas de la tradición local en sus aspectos poéticos, vocales e instrumentales, y puede desplegar un repertorio de especies aplicadas a necesidades comunitarias como el baile social o las diversas ceremonias de transición que jalonan el ciclo de la vida; además puede ser payador. La payada es sólo una modalidad circunstancial del oficio del cantor, la más reputada y extraordinaria por exigir en él la capacidad de improvisar en forma repentista sus versos, generalmente como respuesta a los que como desafío le dirige un rival. **Considerarse a sí mismo un «payador» completo le parece** poco modesto al cantor y por eso, en la obra de Hidalgo, al prodigar Contreras a Chano su reconocimiento intelectual, dice en el primer Diálogo:

> Que aunque yo compongo cielos
> Y soy medio payador,
> A usted le rindo las armas
> Porque sabe más que yo.

En cuanto a las especies literarias en verso, la lírica pura –según la conceptualización de Carlos Vega (1964)– comprende manifestaciones del canto que cumplen su función en sí mismas, al ser ejecutadas. Sus formas estróficas son generalmente la cuarteta, la quintilla (sólo en Cuyo y área de influencia) y la décima. La cuarteta se utiliza para cantar coplas (por lo común cuartetas 8abcb) que, con interpolaciones de estribillos y motes, o sin ellas, se expresan en las formas Vidalita (de forma única 6 abcb con estribillo «Vidalitá»), Baguala (tritónica, con acompañamiento de caja), Vidalita riojana o montañesa (heptatónica o pentatónica) y vidala (generalmente heptatónica, con acompañamiento de guitarra). La quintilla se ha hallado, siempre en Cuyo, como estrofa glosadora de un tema enunciado en cuarteta como letra de Tonada y con ejecución instrumental exclusiva de cordófonos, sobre todo guitarra. La décima es la estrofa glosadora por excelencia. La forma que comprende una cuarteta temática 8 abcb y cuatro décimas que terminan con el correlativo verso del tema, ha sido la más común. También se le ha llamado *trova o trovo*. La voz décima es hasta tal punto sinónima de glosa, que se han hallado piezas tituladas «Décima en quintilla», aún cuando se trata de la fórmula: cuarteta temática 8abcb, estrofas glosadoras 8 ababa y, por lo tanto ¡no se encuentra ninguna décima en la composición! En casos aislados se mencionan especies de mera ejecución instrumental: generalmente se externan como letras de cantares acompañados por música que ejecuta la guitarra tañida por el mismo cantor. Sus especies más características en las llanuras de ambos lados del Plata son la cifra, el estilo o triste (llamado también «décima triste» en la Banda Oriental) y la milonga campera.

Hay que descartar, pese a las insignes personalidades de quienes enunciaron tales asertos, la ya insostenible afirmación de que la poesía tradicional de nuestro país deba considerarse constituida por «fragmentos deteriorados» de romances y canciones traídos de España. La obra gigantesca de Juan Alfonso Carrizo, complementada por las de Isabel Aretz, Orestes Di Lullo, Guillermo Alfredo Terrera, Julio Viggiano Essain y otros en las provincias del antiguo Tucumán con más las de Juan Draghi Lucero, Alberto Rodríguez, Dora Ochoa de Masramón, María Delia Gatica de Montiveros y otros en las de Cuyo, la de Gregorio Álvarez y de los recopiladores Doris Arín, Ada C. Marquat, Raúl N. Aranda y Élida Sifuentes del Centro de Estudios Folklóricos de Neuquén, la de Miguel López Bread en Corrientes, y los estudios sobre la Colección de Folklore de 1921 de Ismael Moya y de quien esto escribe, junto con las sistematizaciones de Bruno C. Jacovella, de Carlos Vega y de Augusto Raúl Cortazar, han demostrado a las claras que el criollo recibió la herencia española pero pronto la hizo suya en plenitud. Han demostrado también que no se trata de una «subtradición americana» repetidora y deturpadora de hechos dados sino, como lo entendía don Ramón Menéndez Pidal lúcidamente, de una «flor nueva de romances viejos», de una «primavera y flor de romances». Han demostrado además, y sobre todo, algo que sólo a partir de la pasada década de los 90 se está comprendiendo en España por vía de estudiosos como Maximiano Trapero y del rebote de Cuba y de Venezuela: que la creatividad de América ha permitido recrear y enriquecer inmensamente el patrimonio peninsular de la copla y de la décima, entendida ésta última como estrofa (la espinela) o como sinónimo de «glosa a un tema», elementos todos que aparecen registrados *in situ*, para la región rioplatense, tanto en la obra temprana de Ventura R. Lynch sobre la Provincia de Buenos Aires (1883) como en las posteriores de numerosos investigadores entre los que se cuentan Carlos López Osornio, Jesús María Pereyra, Ildefonso Pereda Valdés y los musicólogos Lauro Ayestarán, Ercilia Moreno Cha y Rubén Pérez Bugallo, para la misma área cultural.

La lírica aplicada (Vega, 1964), comprende las canciones que forman parte de un complejo cultural mayor, ya sea éste ceremonial o coreográfico-social. Nos interesa particularmente aquí el fenómeno de los bailes criollos, entre los que ambas bandas del Plata compartimos algunos de parejas sueltas independientes (circunstancialmente bailables «en cuarto») como el Gato (Mismis, Bailecito o Perdiz, que presenta en el área variantes como Gato encadenado, Gato Polqueado o Gato con Relaciones), la Huella, la Resbalosa o el Triunfo (una de cuyas variantes es conocida como Triunfo de la Guardia de San Miguel del Monte y se la asocia a los famosos Colorados del Monte, cuerpo de jinetes gauchos que formó Juan Manuel de Rosas en aquellos pagos que eran los suyos). En el Uruguay, La Firmeza, La Chamarrita, el Caranguillo o Carangueijo (este último no folklorizado en territorio argentino) han sido estudiados como bailes de raíz azoriana (portuguesa) por el erudito investigador Fernando Assunção. Derivados de los minués-gavotas fueron el Cuando (llevado a Chile y al Perú, lo mismo que el Cielito, por el Ejército Libertador del General José de San Martín) y el Montonero o Federal, mientras que La Condición, relacionada con la historia del General Manuel Belgrano, se mantuvo lo mismo que la Zamba que introduce en su «allegro», en las provincias de influencia andina donde reinan todas las formas derivadas de la insigne Zamacueca.

Las contradanzas criollas son bailes de conjuntos de parejas interdependientes, según la clasificación de Sachs-Vega, y entre ellas encontramos, precisamente, al **Cielito (característico en sus comienzos de Buenos Aires y pro-**

yectado en la obra poético-patriótica de Bartolomé Hidalgo, como trataremos más adelante), al Pericón (considerado actualmente en el Uruguay como Baile Nacional y lo mismo, aunque no en forma excluyente de otros propios de sus diferentes regiones, en la Argentina) y a la Media Caña. En las provincias del noroeste argentino, esta última adoptó, para su letra hexasilábica, una estructura polirrítmica: «de valse» para los paseos inicial y final, los balanceos y pases lentos con cadena en «calle», de «Zapateado» (identificado según quien esto escribe con el «Canario») para los pases rápidos, de «Chacarera» para las figuras de avance y retroceso, y de «Gato» para la vuelta redonda y las figuras de «zapateo y zarandeo» y «giro» que preceden al paseo final, en la versión para tres parejas de bailarines recogida por Andrés Chazarreta. En la Banda Oriental, donde es llamada también Tín-tin (por uno de sus estribillos), se presenta como una típica contradanza criolla con iniciación en círculo o en fila por parte de ocho o diez parejas, sigue la ronda o vuelta redonda, la cadena, las relaciones (estrofas en cuartetas recitadas que en se intercambian los miembros de las distintas parejas en forma alternativa), el valseado del conjunto de parejas alrededor de la que está diciéndolas, el betún –zapateo o «cabriola con castañetas» que según Ayestarán (1971) se realizaba «al final de cada verso / sic /»– y la canasta figura realizada a partir de dos círculos –uno de damas y otro externo de caballeros– que se entrelazan como final.

Bailes de pareja enlazada son el Vals que produjo los Valseados criollos, la Mazurca que en el campo dio la popular Ranchera, la Polca, constituida en danza nacional del Paraguay y popularizada en ambas bandas del Plata con variantes como Polca militar, Polca Piqué, Polca Mazurca, Polca Cruzada, Polca con Relaciones, Polca del Pavo, y Polca Canaria, típicamente uruguaya, que hace referencia en su nombre a la presencia de una nutrida población procedente de las Islas Canarias en algunos departamentos del territorio oriental. El Chamamé, especie emparentada con la polca pero cuyos remotos orígenes como expresión coreográfica aún deben buscarse (Fernández Latour de Botas, O; 1979), tiene como núcleo de desarrollo la provincia de Corrientes, se registra, en la actualidad, entre los bailes rurales del repertorio tradicional argentino y, practicado también con variantes al este del río Uruguay, constituye nuestro fenómeno coreográfico de mayor fuerza expansiva pues, como música, como canción y como danza social, trasciende las fronteras nacionales hacia todas las naciones vecinas.

El Malambo, baile individual masculino que consiste en realizar figuras de zapateo progresivamente complejas y cuya conexión con el Canario europeo hemos estudiado en profundidad (Fernández Latour de Botas, O, 2001), se halla en ambas orillas del Plata y constituye (en su forma «a devolver») una suerte de versión coreográfica de la payada de contrapunto. Por su parte, el zapateo, con innumerables figuras y estilos diversos según su localización, es a veces mencionado en la poesía gauchesca. **El Cielito del blandengue retirado que, si no fue obra de Hidalgo, constituye una de sus más próximas secuelas, incorpora la mención del «betún» («vaya un betún por detrás») que parece hacer referencia a una figura de «cepillado» y ha de ser mencionado después por Ascasubi, especialmente en la Refalosa.**

Un capítulo aparte, dentro del universo de la danza en la cultura tradicional rioplatense, lo ocupan las manifestaciones coreográficas que se ejecutan en función ceremonial religiosa. En el noroeste argentino se comparten con toda el área andina peruano-boliviana las de los «samilantes», «plumudos o «suris» (para algunas fiestas de la Virgen como «la Candelaria», para San Juan o Santiago Apostol –llamado San Santiago– y las de los «chunchos» que en nuestro territorio practica la etnia chiriguano, así como las de fajas o cintas propias de la fiesta de Santa Ana). En Jujuy se mantiene para el tiempo de Navidad, la danza de trenzar (o Danza de las cintas) que procede, lo mismo que las danzas con arcos, de las celebraciones de la naturaleza propias del «Mayo» europeo. Hay también figuras semejantes a las de danza en el Auto Sacramental de Iruya (Salta) que se realiza en honor de Nuestra Señora del Rosario. En Cuyo se practican danzas propias de cofradías de Chinos, Danzantes y Turbantes procedentes de Chile como las de la Virgen del Rosario de Andacollo, aunque solamente la primera se mantiene en nuestro país. En Corrientes, la Fiesta de San Baltasar incluye diversas manifestaciones coreográficas como la «Charanda» y el Pericón de San Baltasar. **En las obras gauchescas de Bartolomé Hidalgo encontramos menciones de distintos bailes «sociales»: además del Cielito aparecen el Fandango (baile peninsular considerado tan disoluto que fue condenado por el Obispado de Buenos Aires con pena de «excomunión mayor») y el Pericón, el primero como sinónimo de «ocasión para el baile» y el segundo de «entrevero» o «desorden». También hay referencias a antiguas danzas ceremoniales, en este caso en función no religiosa sino cívica, ya que Bartolomé Hidalgo, al describir en la Relación / ... / de 1822 las «danzas con arcos» está refiriéndose a los remedos de las Fiestas Mayas españolas que, en lógica continuidad de costumbres virreinales, se realizaron en Buenos Aires para celebrar a la nueva Patria. La confusión que experimenta el gaucho de la Relación / ... / al suponer que la imagen de la Fama fuera la de una advocación de la Virgen, da continuidad a esa misma idea.**

El universo organológico es relativamente reducido en el área pampeana argentina y en el Uruguay. La guitarra es el instrumento musical por excelencia del gaucho, con ella acompañó y acompaña las expresiones de su lírica pura y de su lírica aplicada. **El nombre tiple, utilizado por Hidalgo,** aparece en documentos como la obra de Pedro Novo y Colson (1885) cuando transcribe anotaciones de José Espinosa y Tello, integrante de la expedición Malaspina (1794):

Si es verano se van detrás del rancho á la sombra y se tumban; si invierno, juegan ó cantan unas raras seguidillas, desentonadas, que llaman de Cadena, ó de Perico, ó Mal-Ambo, acompañándolo con una desacordada guitarrilla que siempre es un tiple. El talento de cantor es uno de los más seguros para ser bien recibidos en cualquier parte y tener comida y hospedaje.

Al significante *vihuela*, debe entendérselo como lo da la acepción 2, . del DRAE: «En algunos lugares, guitarra, instrumento músico». No aparece en Hidalgo pero sí en la primera famosa sextina del *Martín Fierro* de Hernández:

> Aquí me pongo a cantar
> Al compás de la vigüela,
> Que el hombre que lo desvela
> Una pena estrordinaria,
> Como la ave solitaria
> Con el cantar se consuela.

El acordeón o «verdulera» se introduce hacia la segunda mitad del siglo XIX con notable capacidad de expansión, hasta nuestros días, unido a los bailes rurales de pareja enlazada, especialmente al popularísimo e influyente chamamé y, posteriormente, otros instrumentos aerófonos de fuelle (como el bandoneón) se asocian al universo urbano del tango y la milonga bailable (a diferencia de la especie rural homónima que pertenece a la lírica pura) . Importante es el aporte uruguayo de los instrumentos musicales afro-rioplatenses (Ayestarán, 1971): idiófonos como marimbas, tacuaras, mazacallas, mates o porongos, canillas de animales lanares, y palillos; membranófonos como el tamboril y las famosas «lonjas» y «cuerdas de tambores» que resuena con plena vigencia actual en el candombe de Carnaval. Estos membranófonos afro-sudamericanos han ingresado al territorio argentino, para florecer cada 6 de enero en la fiesta de los «cambá» (negros) en homenaje al «rey San Baltasar», por dos vías, la provincia de Corrientes y la de Formosa, a partir de la migración de Artigas y sus escoltas morenos al Paraguay (1820). En Corrientes se tañe el «tambor de San Baltasar» durante dicha fiesta. **En la obra de Hidalgo el instrumento musical propio del gaucho, la guitarra, es mencionada bajo distintos nombres: cuerditas (sinécdoque por todo el instrumento), tiple (guitarrita de voces muy agudas), guitarra, changango (tal vez por tratarse un cielito referido a la campaña del área andina ha usado esta palabra que recuerda a «charango», voz que designa un instrumento cordófono de dicha área cuya caja de resonancia se construye a partir de un caparazón de quirquincho o mulita) . Se menciona asimismo al clásico clarín de la Fama y al violín como instrumento propio de los ciegos mendicantes .**

Por último una observación que no he hallado en otros autores. Si no surge alguna fuente que me rectifique, puedo decir que **debemos a Bartolomé**

Hidalgo la primera mención del vocablo «**payador**» en la poesía rioplatense. Hidalgo no sólo utiliza esa denominación en su *Diálogo* de 1821, cuando dice por boca de Contreras:

> Y aunque yo compongo cielos
> y soy medio *payador*...

sino que la aplica también en plural, en el mismo año, en un contexto pleno de humor criollo y de amistosa admiración hacia los poetas cultistas de Buenos Aires cuando, tal vez como respuesta a la almibarada página con que su amigo Esteban de Luca lo convoca a cantar a la liberación de Lima, coloca en su *Cielito. Al triunfo de Lima y el Callao* de 1821 las siguientes cuartetas:

> Estaba medio cobarde
> Porque ya otros *payadores*
> Y versistas muy *sabidos*
> Escribieron puras flores
>   Allá va cielo y más cielo,
> Cielito de la mañana...
> Después de los ruiseñores
> Bien puede cantar la rana

Permítaseme aquí un emocionado recuerdo para el último patriarca del Folklore argentino, profesor don Félix Coluccio (1911 - 2005) que muchas veces, con su encantadora y festiva modestia, comenzó a disertar haciendo suyos esos cuatro últimos versos.

El folklore social o sociológico comprende el lenguaje, los usos y costumbres colectivos, las fiestas y las ceremonias. El habla coloquial del gaucho, rica en patrimonio paremiológico ibérico o criollo y también en adivinanzas y otras «formas simples» del decir popular, posee características que es importante mencionar en esta nota porque son, precisamente, las que se han intensificado en la «literatura gauchesca» para denotar una expresión verbal particular, que por sí sola, sea capaz de definir un «arquetipo». Arcaísmos, barbarismos, preferencias afectivas por ciertas imágenes verbales, por ciertas combinaciones de letras y cierto universo sonoro característico del habla del gaucho han generado, «a partir del asombro» que provocaron en hombres de ciudad, el lenguaje literario conocido como «gauchesco» (Borges, 1960) .

La libertad que rige toda manifestación de la cultura y de la idiosincrasia del gauderio –más afectiva que despectivamente llamado luego «gaucho» con la adopción de la predilecta combinación «ch- vocal», como desinencia– sorprendió a la sociedad europeizante de fines del siglo XVIII y la maduración de este hijo «del asombro» (la lengua gauchesca) puede rastrearse en los sainetes coloniales, en la obra del presbítero Juan Baltasar Maciel *Canta un huaso en estilo campestre los triunfos del Excelentísimo señor don Pedro de Ceballos* y el *Cuento al caso* de Fray Cayetano Rodríguez, así como en textos del cuyano

Juan Gualberto Godoy, en el *Romance endecasílabo* de Fray Francisco de Paula Castañeda. y en las hasta hoy no analizadas prosas de Pedro Feliciano Sáenz Cavia, entre otras fuentes. Pero todos los críticos coinciden en que Bartolomé Hidalgo fue el primero en darle la forma que le es característica y yo quiero agregar algo que no ha sido destacado con suficiente énfasis: si bien el autor, como se ha dicho, había visto la luz en Montevideo y, cuantitativamente, produjo allí la mayor parte de su obra conocida, a partir de 1818 fue su voluntad poner su poesía gauchesca en boca de dos paisanos netamente «porteños «(como se llamó hasta 1880 a todos los de la provincia de Buenos Aires): Contreras, gaucho de la Guardia de San Miguel del Monte y Chano, capataz de una estancia de las Islas del Tordillo, que tal era el nombre con que se conocía, en aquellos años, lo que hoy es el pago bonaerense de Dolores. Hidalgo no hacía cuestión de orígenes: su voz de acento popular era la voz del jinete ganadero rioplatense tanto en la Banda oriental como en la occidental del Río de la Plata.

En las obras que hemos aceptado como pertenecientes a Hidalgo podemos distinguir distintos momentos, distintas tomas de decisión respecto a cómo presentar la lengua gauchesca a un público de lectores, es decir de personas instruidas. Así, en el Cielito que con acompañamiento de guitarra cantaban los patriotas al frente de las murallas de Montevideo, en el Cielito patriótico que compuso un gaucho para cantar la acción de Maipú y en A la venida de la Expedición. Cielito, comienza por distinguir con letra cursiva las voces y expresiones rústicas. En Un gaucho de la Guardia del Monte contesta al Manifiesto de Fernando VII y saluda al Conde de Casa Flores con el siguiente cielito escrito en su idioma de la su idioma, el tema lingüístico pasa a primer plano: figura en el título de la pieza y adquiere relieve por el hecho de que el autor coloca notas explicativas al pie de la hoja suelta en que se difundió. En el Cielito patriótico del gaucho Ramón Contreras, compuesto en honor del Ejército Libertador del Alto Perú aparece otra actitud de Hidalgo: la del que se muestra como poeta que escribe, que hace sus «borrones», «para cantarles un cielo «en letras como botones», y, por fin en Al triunfo de Lima y El Callao. Cielito patriótico que compuso el gaucho Ramón Contreras, acota sólo algunas precisiones onomásticas y circunstanciales y explica su actitud respecto de la no inclusión de más aclaraciones sobre el léxico con la siguiente nota: «Como considero bien fácil de inteligencia el idioma provincial de que usan en la campaña nuestros paisanos, omito hacer explicaciones». Esta actitud de Hidalgo se repite, como hemos visto, en los descargos que hace ante acusaciones de La Comentadora, periódico de Fray Francisco de Paula Castañeda en 1821. Entre las facetas más ricas del léxico del gaucho que la literatura gauchesca ha recogido, lo referente al caballo reviste importancia fundamental. Hidalgo prodiga tantos términos que designan distintos pelos, diversas características estructurales, diferentes caracteres de los equinos y expresiones referidas a las circunstancias de la vida del jinete rioplatense que este sólo punto merecería un estudio particular.

Es de señalar el importante aporte que, para el estudio del léxico y de las construcciones idiomáticas de la literatura gauchesca, ha realizado la estudiosa uruguaya Eneida Sansone de Martínez en su obra de 1962, con la salvedad de que, como la mayor parte de los críticos que no proceden del Folklore como disciplina científica, pone en un mimo saco - por ejemplo- las coplas que recogió de la tradición oral el investigador catamarqueño Juan Alfonso Carrizo y las estrofas debidas, verbigracia, a la creación de Bartolomé Hidalgo, de Ascasubi, de Manuel de Araucho, de José Hernández, de Antonio Lussich, o de otros poetas del «sistema gauchesco» (Barcia, 2001). Detenidos tratamientos de la lengua literaria en Hidalgo pueden consultarse, entre otras, en las obras de Augusto Raúl Cortazar (1956) y de María Rosa Olivera Williams (1986).

Un glosario básico de los términos más singularmente «gauchescos» del vocabulario empleado por Hidalgo se incluye en el capítulo «G» del presente tomo.

Los usos y costumbres del área rioplatense derivan de la vida del gaucho, dedicada a faenas pastoriles, y de su familia, en la que la mujer tenía un papel sin duda secundario, aunque la poesía del canto no dejara de ensalzarla con imágenes procedentes del siglo de oro español. Los niños «puebleros» jugaban a juegos peninsulares (de rondas, mímicos, eliminatorios, verbales como pegas, trabalenguas, rimas acumulativas, etc.), pero los gauchos, desde la infancia se entrenaban junto a los adultos en destrezas hípicas, tales las carreras cuadreras o **las corridas de sortija como la que describe Hidalgo en su Relación / ... /.** En la ciudad se practicaba el palo enjabonado y otros juegos de destreza. La taba y las riñas de gallos estaba prohibidas... pero no por eso dejaron de realizarse hasta la actualidad y también fue el gaucho afecto a las «hazañas de la carpeta» es decir a los juegos de dados y naipes, como el truquiflor, el paro, la brisca. **Hidalgo menciona «la malilla», y hace referencia que muchos juegos y lances de juegos de naipes en sus composiciones gauchescas. Las corridas de toros no perduraron en el Río de la Plata pero aún existían en 1822 y por eso las menciona Hidalgo en su Relación / ... /.** El «pato» –juego ecuestre de los gauchos que fue cantado por poetas como Bartolomé Mitre y Rafael Obligado – es el deporte nacional argentino (al menos en el campo simbólico del tradicionalismo ya que, tanto en la Argentina como en el Uruguay, el más popular de los deportes, sin excepción de clases sociales, es el fútbol).

El área pampeana, con su sociedad dispersa en grandes extensiones de campo, no era tan propicia para una verdadera vida aldeana como los valles y quebradas cordilleranos y serranos de otras áreas. Por ello las fiestas y ceremonias religiosas que jalonan el calendario cristiano no muestran desarrollos tan ricos . No obstante, surgieron grandes devociones populares canónicas como la de ciertos santos y variadas advocaciones de la Virgen María como Nuestra Señora de Luján, Nuestra Señora de La Merced, **Nuestra Señora del Carmen (a cuyo «santo escapulario» llevado sobre el pecho como práctica devota se refiere Hidalgo)** a las que se suman, en la Banda Oriental, celebraciones religiosas afro-uruguayas características, donde aparecen menciones de danzas como la Calenda, la Bámbula, la Semba, el Batuque o Batuque-boi y especialmente el Candombe, en el que participaban varios *«dramatis personae»* (como dice Pereda Valdés): el Rey, la Reina, el Príncipe, el Escobillero y el Gramillero. La fiesta del Rey San Baltasar (6 de enero) en la provincia argentina de Corrientes, donde aparecen la Charanda, el Candombe y el Pericón de San Baltasar, ha sido estudiada exhaustivamente por Alicia Quereilhac de Kussrow (1980),

Por fin, **el folklore material o ergológico** del área del gaucho despliega un muy rico muestrario de bienes.

La vivienda típica es el rancho, construido con horcones y cumbreras de madera, paredes de adobes, tapias o quincha embarrada y techo de paja. La vida en el rancho se desarrollaba casi siempre en las inmediaciones de la casa-habitación, en dependencias como los corrales, los chiqueros, gallineros; en la cocina separada del recinto, junto al jagüel o al aljibe, o al horno de cocer pan y al mortero de moler grano. La palabra «tapera» (derivada del guaraní «ta», pueblo y «puerá» se fue) no es sinónima de «rancho», como alguna vez se ha dicho: designa al rancho abandonado, donde por lo general nadie vive. Cuando se trata de «estancia», hay que pensar en una casa principal o «casco», capilla, tahona, galpones, silos, jagüeles, potreros, etc. y distintos *puestos de campo*, es decir ranchos ocupados cada uno por un paisano puestero que viva allí con su familia. El mobiliario del rancho es casi inexistente: algunas petacas de cuero, catres de tiento, huesos de vacuno - cabezas, caderas- a guisa de bancos, mantas tejidas... y poco más. Las estancias tuvieron distintas épocas. La estancia vieja, aún en sus casas principales, era muy sobria en mobiliario y comodidades: con muebles sólidos, importados de Europa generalmente, y pocos adornos como no fueran cuadros de motivos religiosos y algunas piezas de cerámica y de platería. Las estancias argentinas de fines del siglo XIX y principios del XX adquirieron características suntuarias, algunas de ellas con magníficos jardines diseñados a la manera versallesca y cascos que encierran objetos y adornos de gran valor. En el Uruguay, además, la influencia portuguesa se hizo sentir y luce especialmente en cuanto al bello mobiliario de ese origen, que incluye notables piezas de cerámica características, como pueden verse en la Colonia del Santísimo Sacramento, tras su restauración realizada por el conocimiento, el empeño y el esfuerzo del historiador don Fernando Assunção y de su familia.

Las «pilchas» o prendas de vestido y adorno del gaucho de ambas bandas del Plata coincidieron, con pocas variantes, tanto en el pasado como en el presente. Hasta más que mediado el siglo XIX fueron la camisa y el calzoncillo largo de lienzo (con cribos o sin ellos), el chiripá (pieza cuadrangular de lana; se colocaba sobre el calzoncillo largo de modo que dos de sus vértices pasasen por entre las piernas y los otros dos quedaran a los costados; sujetado en la cintura por medio de una faja o cinto, el chiripá cubría las piernas y proporcionaba abrigo y protección), la faja tejida, el tirador de cuero con o sin rastra de metal, el armador (jubón, prenda ajustada al cuerpo que cubría desde los hombros hasta la cintura) y el chaleco, prendas estas dos últimas que solían ser de un lienzo fino llamado «bretaña» hacia fines del siglo XVIII y principios del XIX (Fernández Latour de Botas, O., 1977, Epígrafe). El pañuelo se usó antiguamente a la andaluza, envolviendo íntegramente la cabeza y con un nudo en la nuca, también estaban el llamado «de golilla» que se usó alrededor del cuello, y el «serenero», doblado en triángulo por una diagonal, atadas dos puntas debajo del mentón y sobre el cual se colocaba el sombrero. Sombreros hubo de muy diversos tipos, entre ellos el panza'e burra, el de pajilla, el chambergo, el de copa baja y alas bastante anchas, generalmente negro, prenda de lujo en el este de la provincia de Buenos Aires. La bota'e potro (que deja los dedos fuera) y las espuelas de corto o largo pihuelo (llamadas "nazarenas" cuando sus rodajas eran muy grandes) eran imprescindibles para montar, y, para todo tiempo y ocasión, el infaltable y multifuncional poncho de distintas calidades, colores y diseños: prenda de abrigo, frazada, adorno (lujo), arma defensiva y ofensiva, continente eventual de «muchas cosas» (cuando se habla de «una ponchada»).

La paisana usó ropa derivada de las modas urbanas y adaptada a sus tareas rurales. Generalmente iba descalza o calzaba chapines de su propia confección; usaba básicamente enagua o pollera sobre la camisa larga de lienzo blanco ceñida con un lazo en la cintura. Para ocasiones mayores lucía vestido enterizo o de dos piezas de percal con frecuencia floreado, cuyos anchos y largos fueron variando al progresar el siglo XIX, reboso o chalón; peinado en trenzas sueltas o recogidas, peineta chica o cintas en el pelo, pañuelo al cuello, a veces sombrero masculino, todo lo cual puede apreciarse en la iconografía dejada por artistas como Emeric Essex Vidal, César Hipólito Bacle, Carlos Morel, Adolfo d'Hastrel, José León Pallière, Carlos Enrique Pellegrini, Juan Manuel Blanes, Prilidiano Pueyrredón y otros de la época. Hay que destacar que, cuando se desea recrear cuadros vivos de 1810, no debe vestirse a las señoras con vestidos anchos y armados, sino con las lisas prendas propias de la moda Imperio del período napoleónico europeo: telas con caída, grandes escotes sobre pecho y espalda, mangas cortas o largas con pequeños bullones a la altura del hombro y ajustadas al brazo después, talle muy alto (debajo del busto) y largo talar; peinados recogidos con cintas a la manera clásica.

El gaucho moderno, a partir de la introducción de la bombacha de campo (transculturación «globalizada» a partir de importaciones del tiempo de la guerra de Crimea), usó esta prenda en reemplazo del calzoncillo largo y el chiripá, descartó el armador, introdujo la «corralera» y la camisa industrializada y suplantó la bota de potro por la bota fuerte o, para diario, la generalizada alpargata. La bombacha «a la orientala» es más ancha que la típica de la pampa argentina que hasta la actualidad tiende a enangostarse. En ese sentido, la oriental se parece más a la de los gauchos salteños o «gauchos de Güemes», aunque no en las bandas laterales «laboreadas» o «encarrujadas» con punto «nido de abeja», que son característicos de este último atuendo. Para cubrir su cabeza el gaucho utiliza distintos tipos de sombreros, generalmente negros, de copa baja y ala más o menos ancha. En la actualidad se observan diversos modelos de boinas, más grandes que las vascas, con variados detalles de tejido al «crochet» (ganchillo), de ejecución semi-industrial o francamente doméstica. **Ya que su mensaje no tiene finalidad pintoresquista ni descriptiva Bartolomé Hidalgo menciona pocas pilchas del gaucho: la camisa, el chiripá, el poncho, el pañuelo. En cambio da más datos sobre atuendo de los no gauchos, como los portugueses, los españoles (aquellas «casacas bordadas» nombradas en versos de esa época más de una vez) y los habitantes de las ciudades (de «casaca y pantalón»), así como algunos sobre los lucidos por los ejecutantes de números artísticos en la fiesta cívica del 25 de Mayo en la Plaza de Buenos Aires.**

El facón o cuchillo grande de hoja recta (distinto de la faca curva de los españoles), es a la vez instrumento de trabajo y arma mortal en manos del jinete ganadero. Sus trabajos así lo exigían, aunque también utilizaba el lazo, los piales, y las boleadoras indígenas que, para acristianarlas, llevan el nombre de «las Tres Marías», lo mismo que la constelación estelar. **Dado el contenido guerrero de sus Cielitos, Bartolomé Hidalgo, hace mención frecuentemente a las armas usadas por el gaucho en su tiempo: las boleadoras o bolas (apreciadas hasta por el general San Martín) y el lazo, las lanzas, los «latones», el cuchillo, el envenado, el «alfajor». El fusil y la munición, las «garabinas» y los cañones también son mencionados por Hidalgo entre las armas de aquellas guerras.**

Las faenas en las que descollaban tanto el estanciero de antaño como el peón de estancia y el conchabado temporario eran: la yerra (marcación del ganado mayor que daba lugar a grandes fiestas), los rodeos, los apartes, la doma y otras labores pastoriles que habían reemplazado a las antiguas y legendarias «vaquerías» o matanzas de ganado cimarrón para obtener los cueros. El arreo de vacunos, lanares o mulares fue actividad importantísima en un campo sin alambrados ni obstáculos de ninguna especie. El resero era un profesional respetadísimo y, como puede leerse en la máxima historia jamás contada sobre su existencia –*Don Segundo Sombra* de Ricardo Güiraldes– su instrumento de trabajo básico era una tropilla bien «entablada», en lo posible «de un pelo», con su buena «yegüa madrina» y un sonoro cencerro. Es falsa la imagen del resero que, en medio de su labor, pensara tristemente en la difundida idea de Atahualpa Yupanqui de que *«las penas son de nosotros / las vaquitas son ajenas»*. La ideología, aún en los grandes artistas –o acaso más en ellos– suele ensombrecer la limpia realidad y luego, a fuerza de repetir la bella letra y la atractiva música, el error se establece y queda instalado en el público... para sorpresa de los mismos reseros y troperos que aún viven entre nosotros y de sus descendientes. Por fin, no hemos de olvidar a dos de los tipos rurales pintados por Domingo Faustino Sarmiento en su *Facundo* (1845): el rastreador y el baquiano, como símbolos de la sabiduría del gaucho en relación con las cosas de su tierra, que, junto con los retratos del gaucho malo y del cantor constituyen documentos fundamentales sobre la sociedad criolla de las primera mitad del siglo XIX. **En la obra de Bartolomé Hidalgo, el cumplimiento de estas labores diarias de jinete ganadero se antepone al canto: Ya que encerré la tropilla, / y que recogí el rodeo, / voy a templar la guitarra / para explicar mi deseo. (Un gaucho de la Guardia del Monte / ... / 1820) ; Apartando una torada / me encontraba en mis haciendas / pero al decir Lima es nuestra / le largué al bagual las riendas (Al triunfo de Lima / ... / 1821). Lo mismo ocurre en los textos preliminares de los Diálogos y de la Relación.**

Los arreos del caballo fueron el mayor bien material de uso para el hombre de campo en todo tiempo, ya que no hay gaucho que no exista en simbiosis con su montado: cabezadas, riendas, lazo, matras, pellones, caronas, cinchas, encimeras, monturas, bajadores, frenos, estribos, maneas...en cuya confección se lucen los «sogueros» o trenzadores, con trabajos de cuero crudo, maceteado o sobado, según los casos. **Hidalgo menciona algunas de estas piezas y también otras como, por ejemplo «la coyunda», soga con la que se unce cada buey al yugo.**

La platería rioplatense –presente en mates, prendas del apero y lujos del jinete, como los tiradores (cintos) con monedas y rastras de metales preciosos – posee características particulares: en la zona pampeana, especialmente, una cierta lisura, una elegancia que rechaza todo barroquismo, la diferencia de las trabajadas y muy ornamentadas piezas altoperuanas, por ejemplo. El tejido de fajas, ponchos y matras fue practicado en la pampa en menor medida que en el noroeste argentino o en la Patagonia, de donde llegaron pronto, tras la invasión de los pueblos procedentes de Chile –que se conocen a sí mismos como «mapuches» o sea «gente de la tierra»– como contrapartida de la terrible «guerra del malón», por la posibilidad de comerciar en períodos de paz con sus caciques y obtener, mediante compras o trueques, las bellas piezas doble faz, tejidas en telares verticales, que, por sus características decoraciones, se conocen generalmente como fajas, mantas, matras o ponchos «pampas».

No debe olvidarse la artesanía del asta y del hueso, con los funcionales chifles y chambaos para contener líquidos, ni tampoco la sencilla cestería de las Islas, los elementos de plumas y buche de ñandú y sus grandes huevos decorados. En la pampa, la artesanía de la madera, está, naturalmente, mucho menos desarrollada que en las regiones de bosques o de selvas. En la pampa húmeda y cerca de "las casas", el ombú, tantas veces cantado por los poetas, es una hierba gigantesca; pero en la pampa seca crece el útil caldén, especie americana que, curiosamente, ha sido mucho menos sublimada por la leyenda.

La alimentación del área rioplatense tiene dos *topus* emblemáticos por los cuales somos conocidos en todo el mundo: el asado y el mate. La inconmensurable abundancia de carne vacuna y la fácil obtención de la caá guaranítica para elaborar «yerba mate» justifican estos hábitos. No obstante en la estancia y en el rancho del «gaucho aseado», no faltaban otros manjares como los que menciona José Hernández en *El gaucho Martín Fierro* (primera parte de su poema, cumbre de la literatura gauchesca):

> Venía la carne con cuero,
> La sabrosa carbonada,
> Mazamorra bien pisada
> Los pasteles y el güen vino...

La mazamorra, que es básicamente un cocido de maíz blanco pelado con agua y azúcar al que, mientras se lo cuece, se debe revolver con un palo de higuera, según la tradición, es mencionada por Hidalgo en su Cielito Patriótico / ... / de 1821.

El mate es el más profundamente arraigado de «los vicios» gauchos. Cimarrón (amargo) o dulce, «de leche» para los niños, perfumado por distintos elementos como cáscara de naranja, canela, toronjil...posee hasta un lenguaje que las cebadoras utilizan como elemento de seducción. También se le asocian algunos tabúes cuya violación el gaucho no acepta sin ofensa: el mate tapado, el mate aguado, y sobre todo el mate frío, que significa «desprecio». Por su creador sabemos que, como muestra de su salvajismo, el Viejo Vizcacha, casi zoológico personaje de *La vuelta de Martín Fierro*:

> mató a su mujer de un palo
> porque le dio un mate frío

(Hernández, J; 1879; Canto XIV).

Bartolomé Hidalgo coloca al mate o «cimarrón», en muchos pasajes de su obra, especialmente en los Diálogos donde constituye un nexo vinculante entre los gauchos que conversan.

Es fundamental destacar que las composiciones gauchescas de Bartolomé Hidalgo, como todas las demás de este género literario que muestra este hecho como una de las marcas más notables de su originalidad, **carecen de descripciones** de costumbres, ropas, viviendas, paisajes del universo gaucho, **como propósito** de la composición poética. La descripción de esos elementos que son parte de la cultura de la cual emerge ficcionalmente la voz del cantor no tiene cabida en los *Cielitos* ni en los *Diálogos*, aunque muchas referencias a elementos propios del patrimonio típico del gaucho, con sus nombres locales característicos, colorean los versos de todos ellos. En este sentido, la literatura gauchesca es fiel continuadora del folklore: se distancia de las obras que Echeverría llamó «nacionales» y se denominaron otras veces regionalistas, tradicionalistas o nativistas, en las que se prodiga ese tipo de escenas, a veces con resultados de gran belleza como, por ejemplo, en las clásicas páginas de *La Cautiva*.

D.III.– Otros intentos de aproximación al gaucho.

Referencias al gaucho primitivo –*changador* o *gauderio*– aparecen en numerosas descripciones de funcionarios virreinales y de viajeros, y entre estas últimas es ya clásico recordar la que registra el *Lazarillo de ciegos caminantes desde Buenos Aires hasta Lima* de **Con color corvo** (pseudónimo de Alonso Carrió de La Vandera según Martiniano Leguizamón y los críticos que lo han seguido, de Calixto Bustamante Carlos Inca según otros, o de ambas personas no ficticias según los demás) . Con referencia a los *gauderios* dice en esta obra, probablemente impresa en Lima en 1773:

> Estos son unos mozos nacidos en Montevideo, y en los vecinos pagos. Mala camisa y peor vestido, procuran encubrir con uno o dos ponchos, de que hacen cama con los sudaderos del caballo, sirviéndoles de almohada la silla. Se hacen una guitarrita, que aprenden a tocar muy mal, y a cantar desentonadamente varias coplas que estropean, y muchas sacan de su cabeza, que regularmente ruedan sobre amores . Se pasean a su albedrío por toda la campaña y con notable complacencia de aquellos semi-bárbaros colonos, comen a su costa y pasan las semanas enteras tendidos sobre un cuero, cantando y tocando. Si pierden el caballo o se lo roban, les dan otro o lo toman de la campaña, enlazándolo con un cabresto muy largo que llaman "rosario". También cargan otro, con dos bolas en los extremos, del tamaño de las regulares con que se juega a los trucos, que muchas veces son de piedra que forran de cuero, para que el caballo se enrede en ellas, como asimismo en otras que llaman ramales, porque se componen de tres bolas, con que muchas veces lastiman los caballos, que no quedan de servicio, estimando este servicio en nada, así ellos como los dueños. / ... /

En su Prólogo a la edición de la *Obra completa* de Bartolomé Hidalgo, Antonio Praderio –el distinguido estudioso uruguayo fallecido el 25 febrero de 1971–, deja algunos párrafos de síntesis valiosa en los que adopta, como curiosa lectura de la grafía de muy frecuentados manuscritos, la voz *gaucherio* en vez de *gauderio*. En lo esencial, su retrato del gaucho, que parece haber recibido influencia del trabajo de Juan E. Pivel Devoto *Raíces coloniales de la revolución oriental de 1811* (Montevideo, 2ª ed, 1957) ya que lo cita en nota, es el siguiente:

> / ... / El gaucho no fue uno, sino muchos que se fueron superponiendo en el correr de los tiempos, casi desde 1609 con la iniciación de las primeras vaquerías, en que el Rey, otorgaba derechos para faenar reses cimarronas y hacer cueros y cebo. Los peones y ayudantes del accionero iban tras los animales que al paso de las matanzas se retiraban hacia regiones más distantes, alejando así cada vez más a estos hombres de los escasos centros poblados de la época y formando entre ellos una primitiva e inorgánica sociedad rural. En ella, el hombre solitario, con la sola ayuda del caballo, aprendió a bastarse a sñi mismo, adoptó y adaptó a sus necesidades la boleadora india, llegó a dominar el lazo, se hizo diestro en el uso del cuchillo, cambió su indumentaria y del mismo modo que todas estas variantes físicas le fueron impuestas por las circunstancias, también las circunstancias y el medio le fueron imponiendo nuevos modos de sentir. De pensar y de obrar: un amor a la vida errante y aventurera, un fuerte sentido de la independencia personal, de lo heroico y trágico de la existencia de un ser solitario y desarraigado. La familia estable era muy rara en la campaña siendo en consecuencia común las uniones efímeras de donde nacían hijos de padres desconocidos. El gaucho esconde bajo su adustez una soterrada necesidad de afectividad que se manifiesta en sus arrebatos amorosos pero aún más en un sentido de la amistad y de la fidelidad elevadas a un grado heroico. Señor de sí mismo, gracias a una prescindencia que reduce a tres o curto las necesidades de su vida, puede conceder a sus iguales el mismo señorío porque él procede de iguales experiencias y modos de entender el mundo. / ... / Cuando a mediados del siglo XVIII se cierran las vaquerías ya había surgido una incipiente vida rural rioplatense y los primitivos «changadores», «gaucherios» o «gauchos», se asientan en los establecimientos como peones de campo, y otros continúan su vida en libre vagabundeo o trabajando según su deseo y la oportunidad.

Ventura Robustiano Lynch describe a los gauchos de principios del siglo XIX en la provincia de Buenos Aires, al referirse a su acción patriótica con motivo de la invasión inglesa de 1806. Titula a su texto «Los primeros gauchos», aunque los documentos procedentes de todas las regiones entonces pobladas del territorio hoy argentino dan noticias de ellos desde el siglo anterior:

> Aparecen en escena en 1806, cuando la primera invasión inglesa. Be-

rresford se dirigía a Luján en busca de los caudales que allí había hecho conducir el Virrey de Sobremonte. Don Juan Martín de Pueyrredón, a la cabeza de algunos amigos y un grupo de paisanos, sale a interceptarle el paso a la altura de Moreno. Ambos grupos se encuentran en el puente de Márquez. / A la primera carga de los ingleses Pueyrredón dispara. El, seguido de seis o siete individuos que han quedado a su lado, se lanza contra el enemigo, lo sorprende y confunde, y vuelve bridas victorioso llevándoles un carro de municiones. / Los ingleses se reponen, hacen fuego nutrido sobre los fugitivos y logran matar el caballo de Pueyrredón. Aquí fue cuando Márquez (de quien el puente ha tomado su nombre) paisano oscuro que ocupaba el puesto de Alcalde en Pilar, hace girar rápidamente su caballo, recoge las riendas y presenta *las ancas* a Pueyrredón, que de un brinco se coge a la cintura de su salvador. / Este es el primer hecho histórico del jinete argentino y en que se muestra a la par de su destreza, su valor y generosidad. / Viene la Reconquista y con ella aparecen centenares de jinetes armados del lazo y las boleadoras. He oído narrar a personas que se cubrieron de gloria en esta jornada, que el gaucho se lanzaba en lo más crudo de la pelea, las balas no le arredraban; su simpática figura se destacaba entre el polvo y el humo del combate, haciendo girar sus lazos para arrojarlos a las filas enemigas y coger de a tres o cuatro, y los ingleses caían atontados bajo el yugo de esa arma desconocida. / Cuando se organizó el Ejército libertador los gauchos abandonaban sus hogares y familias para presentarse voluntarios a derramar su sangre por la independencia de la patria. Muchos de ellos murieron haciendo proezas al lado de San Martín, Bolívar y Belgrano. La historia no ha consignado sus nombres, porque la historia suele ser ingrata con los que mueren eclipsados por la gloria de sus jefes.

Entre la ingente bibliografía que existe sobre el tema —y con el riesgo de dejar fuera obras valiosísimas— afirmo que descuellan, el inagotable *Facundo* de Domingo Faustino Sarmiento (1845); *La provincia de Buenos Aires hasta la definición de la cuestión Capital de la República* inigualables testimonios de época recogidos por Ventura Robustiano Lynch (1883); la clásica obra de Emilio Coni *El gaucho. Argentina, Brasil, Uruguay* (1945); la documentada *Historia social del gaucho* de Ricardo Rodríguez Molas (1968), las rigurosas contribuciones bibliográficas e iconográficas especializadas de Horacio Jorge Becco y Carlos Dellepiane Cálcena, *El gaucho. Documentación e iconografía* y de Bonifacio del Carril, *El gaucho a través de la iconografía* ambas de 1978; los múltiples trabajos de Fernando O. Assunção, riquísimos en información documental de primera mano, especialmente los dos tomos ilustrados por Federico Reilly bajo el título de *El gaucho. Estudio socio-cultural* (1978). Merece una mención especial la documentada y original aportación de Jorge Emilio Gallardo sobre *El nacimiento del gaucho* (2000) con su clara mirada historiográfica sobre la tierra del «gaúcho», el territorio de la «Banda del Norte» o sea el estado brasileño de Río Grande do Sul, de acuerdo con los estudios comparados que, a partir de la existencia de un Mercosur Cultural, se han realizado en todos los países miembros y, en el nuestro, particularmente en la Comisión correspondiente que existe en el CARI (Consejo Argentino para las Relaciones Internacionales). Por lo demás, y para conferir unidad de pensamiento a estas notas, citaré también los más pertinentes de mis propios trabajos sobre la polisemia cultural, geográfica e histórica del vocablo **gaucho**. Me refiero, en primer lugar, al artículo titulado «*Gauchos*» (en *La Nación*, Buenos Aires, 25 de marzo de 1990) donde destaco notables paralelismos de conformación –hasta entonces no señalados– entre los grupos de primitivos gauchos rioplatenses y los de los *bagaudas* que aparecieron en la Galia Armoricana en el siglo III y resurgieron en Hispania en el V. En segundo término, y particularmente, aludo a la obra *Prehistoria de Martín Fierro* (1977) donde he afirmado, entre otras cosas:

> El tratamiento del tipo gaucho, tanto en lo social como en lo cultural no permite, sin embargo, esquematización definitiva, escapa a los intentos de sistematización clasificatoria, se muestra consecuentemente cambiante, polifacético.
> La problemática de su ubicación, sentido y alcances comienza con las cuestiones etimológicas acerca de la palabra *gaucho* y, dejando de lado este aspecto tan eruditamente estudiado y todavía tan misterioso, persiste aún en nuestros días, especialmente en lo que se refiere a la pluralidad de imágenes que esa palabra despierta si se la propone a un riojano o a un salteño, a un entrerriano o a un porteño (y en este último caso habrá que aclarar si se trata o no de un tradicionalista). Para las provincias del sur y para la isla norteña de los «gauchos buenos», que es la de Salta (merced a la tradición heroica dejada por los hombres de Güemes), el gaucho es una figura noble, libre, romántica, patriótica. Para el porteño común es un resumen de lo que superficialmente entiende por folklore (con simpatía o con desprecio), para el tradicionalista, sin duda en gran parte por la influencia del *Martín Fierro*, como lo ha hecho notar Carlos Vega, es el símbolo humano de la nacionalidad. Para la gente de las provincias andinas, en cambio, gaucho significa malhechor, individuo que vive al margen de la ley. / ... /.

En el contexto presente, me importa volver sobre ese párrafo de *Prehistoria de Martín Fierro* porque **la obra de Bartolomé Hidalgo muestra una ubicación transversal del tipo gaucho,** instalado tanto en lugares rurales como pueblerinos y con llegada al paradigma urbano del área rioplatense de entonces –la ciudad de Buenos Aires– que había de aparecer más adelante, con bastante frecuencia, en las letras rioplatenses del siglo XIX. Tal ubicación, que daba lugar a situaciones risibles, cercanas a las de cuño teatral, fue recurso utilizado después por muchos otros autores gauchescos (el más notable es, sin duda, Estanislao del Campo con su brillante *Fausto*) y fue expresamente dejada de lado por José Hernández, quien da testimonio de ello en la misiva a José Zoilo Míguens que sirve de prólogo a la primera parte de su famoso poema (*El gaucho Martín Fierro,* Buenos Aires, Impr. de La Pampa, 1872) cuando escribe:

> /.../ Por lo demás, espero mi amigo, que vd. Lo juzgará con benignidad, siquiera sea porque MARTÍN FIERRO no va a la ciudad á referir á sus compañeros lo que ha visto y admirado en un 25 de Mayo ú otra función semejante, referencias algunas de las cuales, como el FAUSTO y varias otras, son de mucho mérito ciertamente, sino que cuenta sus trabajos, sus desgracias, los azares de su vida de gaucho, y Vd. no desconoce que el asunto es más difícil de lo que muchos se lo imaginaban. /.../

Por eso Mitre, en su elogiosa carta del 14 de abril de 1879, le recuerda a Hernández su filiación como «poeta gauchesco» con estas palabras ya famosas (que Martiniano Leguizamón –1917– subrayará, mostrando algunas otras similitudes evidentes entre los versos de ambos poetas):

> Hidalgo será siempre su Homero, porque fue el primero, y como Vd. se inspiró en su poética que ha condensado Vd. en estos dos versos:
> «Porque yo canto opinando
> Que es mi modo de cantar»

Es fiel testimonio del prejuicio con que se veía la denominación de «gaucho» un fragmento que tomamos del estudioso uruguayo Antonio Praderio, (1986, p. LVIIIVII). Se refiere a Bartolomé Hidalgo con estas bellas palabras:

> /.../ Como la Patria misma, nace y se forma bajo la cultura colonial –aculturación–, domina el lenguaje que la preside, accede a las formas clásicas con indudable soltura y pericia, aun cuando no se tratara en su caso –ni en el de la mayoría de sus contemporáneos– del ídolo de la "Inspiración" que más tarde habrían de adorar los románticos, recibe, como por la piel, como en una ósmosis vital, los influjos del habla naciente, de las pasiones cívicas exaltadas en la gran causa.»

Y a continuación agrega, deseoso de mostrar virtudes patrióticas en el caudillo José Artigas, este párrafo realmente revelador (el subrayado es mío):

> Asimila el habla de **los gauchos –aquellos que Artigas nunca llamó así** – ya por no plegarse, en su paternal amor, en su fraternal amor, a la connotación despectiva ya señalada, sino «paisanos», de acuerdo a esa fraternidad o de acuerdo a la honda consanguinidad de su concepción de «pueblo», según el criterio constitucional español que domina en el espíritu de nuestra revolución, más inspirada por la acefalía que había producido –en espíritu si no totalmente de hecho– la entrega del monarca español al bonapartismo que por la simple voluntad de independencia. /.../.

Hidalgo, en cambio, llega a consustanciarse con el gaucho, a poner en su piel y a expresar por su habla conceptos nuevos, en los que **libertad** es palabra sagrada e **independencia** su materialización. Hidalgo –que es hombre de ciudad, escritor y poeta– quiere hacerse gaucho por medio de su literatura: no aspira a colocarse **paternalmente** por encima del jinete ganadero rioplatense, ni siquiera **fraternalmente** a su lado, aspira y logra **ser Chano** y emitir desde allí, desde su piel, un mensaje que expresa el sentimiento colectivo, con una nueva, profundamente americana y criolla idea de «pueblo». Por eso Hidalgo se va alejando de Artigas y se va ubicando cada vez más cerca de la idea de independencia y de quienes la conducen por toda América, cuyo paradigma es el libertador general San Martín.

La actitud de Hidalgo, al presentarnos al gaucho de principios del siglo XIX en la plenitud de su cultura rural pero integrado al proyecto patriótico americano y por eso cercano a la ciudad-aldea y a sus orillas, así como la de Hernández, al instalar a su protagonista en el duro escenario de la frontera, rechazado, hundido en la marginalidad por los salvajes malones indios y por las degradadas instituciones de la «civilización» –que le hacen decir: / ... / *la provincia es una madre / que no defiende a sus hijos / ... /* (una madre monstruosa que no cumple siquiera con los más elementales deberes de cualquier ser)–, son fundamentales para comprender las complejidades del devenir histórico del emblemático jinete ganadero rioplatense.

D.IV.– Lo musical y lo escénico en la primera literatura de tema rioplatense.

D.IV.1.– Lo musical y la inducción al canto.

Mantengo lo dicho en este párrafo del texto que genera estas **Notas** en cuanto a que ha sido Hidalgo el primero en colocar con buen éxito al gaucho en el centro de la literatura patriótica en lengua rústica, pero creo que deben recordarse aquí también otros nombres y otras obras contemporáneas o poco anteriores a las del poeta montevideano en las que se fue prefigurando la presencia del canto como vehículo pre-supuesto por toda expectativa de divulgación extensa.

Una mención especial quiero dedicar, por ello, al presbítero porteño Pantaleón Rivarola (1757 - 1821) quien con su *Romance heroico en que se hace relación circunstanciada de la gloriosa reconquista de la ciudad de Buenos Aires, Capital del Virreinato de Río de la Plata, verificada el día 12 de Agosto de 1806, por un fiel vasallo de Su Majestad y amante de la Patria, quien lo dedica y lo ofrece a la Muy Noble y Muy Leal Ciudad, Cabildo y Regimiento de esta Capital* (Buenos Aires, Real Imprenta de los Niños Expósitos, 1806) y su subsiguiente composición del mismo metro titulada a *La gloriosa defensa de la ciudad de Buenos*

Aires, capital del Virreinato del Río de la Plata, verificada del 2 al 5 de Julio de 1807, brevemente delineada en verso suelto, con notas, por un fiel vasallo y amante de la Patria, quien lo dedica al Sr. D. Santiago Liniers y Bremont, Brigadier de la Real Armada, Gobernador y Capitán General de estas provincias, y General del Ejército Patriótico de la misma Capital (Buenos Aires, Imprenta de los Niños Expósitos, 1807), **parece haber sido el primero en asentar por escrito la idea de que los patriotas de cualquier actividad y nivel social pudieran cantar, al son de instrumentos musicales por todos conocidos, versos compuestos expresamente para exaltar las gloriosas acciones militares y civiles de la reconquista de Buenos Aires (1806) y de su defensa (1807).**

Pantaleón Rivarola, quien –lo mismo que después Hidalgo– no firma las obras que con argumentos críticos fehacientes se le atribuyen, se adelanta a Echeverría en cuanto al designio, esbozado por éste a mediados de la década de 1830, de que **sus versos fueran divulgados por medio del canto**. En el caso del poeta romántico la propuesta descartaba los mal copiados modelos franceses o italianos, y, al no encontrar adecuables «tonadas indígenas», optaba por proponer música compuesta por un músico argentino de salón como lo era Juan Pedro Esnaola (Echeverría, E. «Proyecto y prospecto para una colección de canciones nacionales» 1836).

Rivarola, en cambio, echa mano de una tradición que llegaba con la lengua misma de nuestra patria, la del romancero español, pero no ya con los temas y las formas del prestigioso acervo medieval, sino con los de sus manifestaciones «decadentes», y en su tiempo más vigentes entre el pueblo, derivadas de la épica vulgar, tal como aparecen en el *Romancero general / ... /* de Agustín Durán (1921) y en colecciones posteriores como la moderna *Romances y coplas de ciegos en Andalucía*, de José M. Vázquez Soto (1992). Por eso introduce al primero de sus *Romances* con una advertencia al «lector benévolo» en la que se justifica por escribir en verso estas páginas de historia:

> Lo pongo en verso, lo primero, porque la poesía desde el principio del mundo ha sido la que ha inmortalizado, por decirlo así, los gloriosos hechos de los héroes de la religión y de la gentilidad,

y también lo hace por haber elegido una forma alejada del estilo épico neoclásico y propia, en cambio, del cancionero popular:

> Primeramente, escribo en verso corrido porque esta clase de metro se acomoda mejor al canto usado en nuestros comunes instrumentos, y, por consiguiente, es el más a propósito para que toda clase de gentes lo decore y cante: los labradores en su trabajo, los artesanos en sus talleres, las señoras en sus estrados y la gente común por las calles y plazas... lo segundo, porque un poema épico, aunque no sea sino regular y mediano, es una obra sumamente dificultosa, que pide una mano maestra y un talento, numen y entusiasmo poético muy superior al mío...

Los *Romances* de Rivarola, pese a ciertos graves errores históricos referentes al pasado porteño –que resultaron imperdonables para los ácidos críticos de su época y que hoy, por obvios, no gravitan en el valor contextual– constituyen relatos emotivos y pormenorizados de los hechos ocurridos en Buenos Aires en ocasión de las invasiones inglesas de 1806 y de 1807. Aunque su estro es decididamente más popular que el que inspiró poemas sobre los mismos hechos como el *Triunfo argentino* de Vicente López y Planes, no están escritos en lenguaje rústico. No denotan relación con los intentos que, en ese sentido, existían ya en el Río de la Plata, verdaderos precursores de la literatura «gauchesca» cuyos emergentes más conocidos son el sainete *El amor de la estanciera* (circa 1787), y sobre todo, una notable composición cronológicamente anterior: la pieza manuscrita atribuida al Pbro. Dr. Juan Baltasar Maciel titulada *Canta un Guaso en estilo campestre el triunfo del Ecxmo. Señor Don Pedro Ceballos*, que se refiere a la recuperación de la Colonia del Sacramento por el primer virrey del Río de la Plata en 1778 y es, sin duda, coetánea de esos hechos. Esta última composición ha sido señalada por varios críticos como antecedente remoto de la poesía gauchesca y, entre ellos, Pedro Luis Barcia (le dedica páginas insoslayables. Significativa, sin duda, no sólo por haber adoptado la lengua que hemos llamado «de isofonía rústica rioplatense» sino por estar planteada, desde su título, como la letra de un canto y como la expresión de un cantor «guaso» (nombre que en Chile equivale a nuestro «gaucho»), con sus fórmulas de introducción y sus tradicionales «rimas peregrinas», advertimos sin embargo que la composición del presbítero Maciel no propone un proyecto de circulación de sus versos, no contiene un esbozo de acción concreta en el medio popular basado en el «espacio de experiencia» del autor y en su «horizonte de expectativa» (Vé. Reinhart. Koselleck, 1979; O. Fernández Latour de Botas, 1999).

Pantaleón Rivarola, en cambio, hizo, con sus *Romances* de 1806 y 1807, algo **cuya más notable originalidad no ha sido destacada** por los ilustres críticos que han hecho su elogio, como Ricardo Rojas, quien lo descubre como autor «de la transfusión del argumento argentino a la forma romancesca» (1917) o como Osvaldo Guglielmino (1983) quien encuentra en esas piezas «el acto de deliberada fundación de la poética nacional y popular argentina». Rivarola, sin lograrlo aparentemente por lo menos en lo que a folklorización de sus versos se refiere, **descubrió lo que hoy llamaríamos un «medio» eficaz en la utilización de las músicas consabidas y bien podemos recordar aquí la consagrado axioma de Marshall McLuhan, tan socorrido en nuestros días: «el medio es el mensaje».**

Efectivamente, para completar la descripción del aporte iniciador de Pantaleón Rivarola, lo que resulta imprescindible es la mención de **la música instrumental y del canto concebidos como vehículos portadores del mensaje en el medio popular.** Allí, en el remedo del destino de las piezas populares impresas llegadas de España que sin duda corrían por nuestra campaña con indicaciones del ritmo o melodía con que debían entonarse, en el camino precursor de las piezas entre las cuales, tres décadas después, se divulgaba –por ejemplo– un *«Argumento sobre el asesinato del teniente general don Juan Facundo Quiroga. 1835. Para cantar por cifra»* (Fernández Latour, O. 1960; Fernández Latour de Botas, O, 1997*)*, allí, en su función de puente conector de culturas, es donde estriba, verdaderamente, el carácter **iniciador** que poseen estos *Romances*. Iniciadores son, no sólo del fenómeno de la *proyección* (Carlos Vega, 1944) del cancionero popular en la obra de autores cultivados, que en el Río de la Plata daría, por una vía, la literatura en lengua rústica conocida como «gauchesca» y por otra la producción en lengua de norma culta que Bruno C. Jacovella denominó «nativista», sino también de la puesta en circulación de **poesía cantable con tonos y músicas conocidos,** en la cual se renueva el antiquísimo recurso de la contrahechura de textos y su adecuación a músicas popularizadas preexistentes (O. Fernández Latour, *1963*)

Los *Romances* / ... / de Pantaleón Rivarola fueron duramente criticados por los poetas de su tiempo y Daisy Rípodas Ardanaz de Mariluz Urquijo (1996) ha estudiado profundamente la carta que circuló en Buenos Aires firmada por los ciegos de Cádiz, quienes, ficcionalmente, protestaban por «la concurrencia que les hacía, en daño de su pobreza, el cantor de las proezas porteñas».

Creo que, precisamente,
- **el reconocimiento** de esa acostumbrada proximidad a los romances de ciegos que fue enrostrada a Rivarola por los críticos cultistas de su tiempo,
- **el rechazo** por parte del pueblo criollo a continuar expresándose por medio del romance monorrimo –que, con historias de «valentones» de «vida airada» como Francisco Esteban («El guapo», natural de la ciudad de Lucena) Francisco Correa, Bernardo de Montijo, Benet, Escobedo, Martín Muñoz y otros «jaquetones»– bullía aún en el repertorio vulgar de la Península–
- **la opción** por la forma narrativa en cuartetas octosilábicas romanceadas, popular en España e Hispanoamérica y adoptada por nuestros cantores campesinos para sus argumentos, corridos, averías y compuestos de circulación anónima: historias **«para cantar»** sobre caudillos muertos trágicamente y gauchos desertores, proscriptos y perseguidos a los que la «desgracia» había dejado al margen de la ley,

fueron los fundamentos de un auténtico cancionero épico-lírico popular y tradicional al cual, extendiendo el concepto a todo el territorio de la Argentina y del Uruguay, podemos llamar «rioplatense».

Con esa levadura folklórica y el agregado de creaciones personales de oficio literario –como lo es la invención de la sextina surgida del «descabezamiento» de la espinela tradicional– amasó José Hernández su *Martín Fierro*, la mayor obra de toda la literatura gauchesca rioplatense.

En el espacio literario intermedio se encuentra nuestro Bartolomé Hidalgo, que no dejó explícito mensaje sobre la voluntad, o la esperanza, de que sus versos fueran cantadas por el pueblo, pero que lo logró sin pedirlo, como que los encontramos tradicionalizados y anónimos, en la Colección de Folklore, recogida en el territorio argentino por los maestros de las escuelas Láinez como fruto de la Encuesta organizada por el Consejo Nacional de Educación en 1921 (O. Fernández Latour, 1960).

D.IV.2.– Los elementos escénicos.

Un párrafo especial merece, ante los *Diálogos* y la *Relación* con que culmina la producción gauchi-poética de Hidalgo, su proximidad a la concepción de textos de realización escénica. Por su anterior obra culta sabemos que fue hombre de teatro y valorado en tal sentido, como que lo encontramos ejerciendo, en 1816, las funciones de corrector de textos y Director del Coliseo de Montevideo.

Bartolomé Hidalgo genera, permanentemente, situaciones a las cuales podríamos definir con la trajinada calificación de «actuaciones» («performances»), inaplicable, contra lo que se cree en ciertos círculos eruditos arrimados a nuestra disciplina, al hecho folklórico, que es ónticamente cotidiano, no supone planos diferenciados entre el que ejecuta los actos propios de su cultura (hablar, creer, cantar, bailar, jugar, trabajar, etc.) y un espectador que, en realidad, es similar a sí mismo en cuanto al patrimonio cultural heredado que ambos comparten en plenitud y libertad. La elección de formas dialogadas (que ya pergeña en los *Cielitos*) muestra en Hidalgo un juego que está pidiendo a gritos el ámbito de la escena y cuya ubicación ficcional en los lugares típicamente rurales que el autor nos indica aceptamos. Por eso es que – en concordancia con el axioma «*Es la comedia espejo de la vida*» - resulta tan fácilmente asimilable su mensaje y –valgámonos una vez más de las sabias palabras de Borges– tan «espontánea» la «convención que casi no lo es» de su **poesía gauchesca.**

Aunque no coincido con algunas de las ideas allí sostenidas, recomiendo aquí, por su relación con el hecho teatral y como muestra de la aplicación de planteos post-modernistas al análisis de la producción poética de Hidalgo desde una perspectiva histórica de las formas dialogadas en la literatura, el trabajo del estudioso uruguayo Leonardo Rossiello titulado *Retórica y discurso mimético: los «Diálogos patrióticos» de Bartolomé Hidalgo en la prehistoria de la ciudadanía* (1999). Constituye una aportación novedosa y erudita, en la que, lamentablemente, la formación nacionalista uruguaya de su autor distorsiona varios conceptos fundamentales para su planteo. Unos son simples errores de información respecto de la historia de la Banda Occidental del Plata, en cuya sociedad Hidalgo estaba inmerso y para cuyo público escribió sus poesías entre 1818 y 1822 . Otros consisten, por ejemplo, en decir que el 25 de Mayo se celebraba la Independencia de las Provincias Unidas del Río de la Plata cuando la fecha de este último hecho es 9 de julio de 1816, o que en 1821 no se hallaba aún abolida la esclavitud, cuando desde 1813 la «libertad de vientres» y otras normas anti-esclavistas decretadas por la Asamblea había dado pasos muy grandes al respecto, o que una localidad argentina se llamaba Tordillo, cuando el topónimo fue siempre Islas del Tordillo o Montes del Tordillo, donde, a partir de 1817 se forma el pago de Dolores (Curato de Nuestra Señora de los Dolores, y Comandancia militar y política) . Algunos más estriban en el desafortunado empleo de palabras por demás conocidas con significación forzada, como hablar de «prehistoria» con referencia, tanto a acontecimientos ocurridos en una sociedad «no ágrafa» y sobre los cuales existen abundantes documentos escritos, como a las obras literarias de Hidalgo que se difundieron, precisamente, por medio de la letra impresa. Distinto criterio privó, por mi parte, en la utilización –por primera vez en las letras rioplatenses– de la expresión «*Prehistoria de Martín Fierro*» para referirme a las historias orales o «argumentos» en los cuales se narraba, cantando, las hazañas y las «desgracias» de gauchos y paisanos, inclusive de un tal Martín Fiero, en el Río de la Plata y en toda la restante extensión de mi país . También resulta gratuitamente capciosa la interpretación que Rossello hace de los versos elogiosos que Hidalgo tributa al gobierno porteño en el *Nuevo Diálogo / ... /*, como muestras de ironía o de obsecuencia, sin dejar lugar para considerarlos simplemente sinceros. Ninguno de estos accidentes hubiera ocurrido a los respetuosos críticos de las primeras promociones rioplatenses.

No obstante éstas y otras cuestiones atribuibles al sesgo «modernamente orientalizado» cuando no decididamente antiargentino de su mirada sobre los hechos, no pocas de las observaciones de Leonardo Rossiello son totalmente acertadas. Por ello transcribo a continuación algunos de los párrafos más claros en este sentido:

> Desde luego, en ningún caso puede hablarse de la existencia, hacia 1820-22, de literaturas nacionales. Hidalgo fue un poeta oriental, pero entonces no estaba refiriéndose ni a la nación oriental ni a la argentina, sino al sentimiento (y por lo tanto al imaginario que empezaba a formarse) "patriótico" de unos paisanos americanos y rioplatenses. No obstante, desde el punto de vista de los contenidos americanistas el sitio donde tiene lugar la enunciación ficticia tiene una importancia subsidiaria. El sentimiento de pertenencia a ese imaginario colectivo, cuando se lo nombra, tiene un referente americano, no local.
> Nos parece interesante constatar que la construcción del imaginario comunitario, de la subyacente, si que embrionaria idea de nación y de ciudadanía –estamos en la conjunción de su prehistoria, político social y literaria– **no** pasa por, por ejemplo, procesos de territorialización, sino

en un sentido muy amplio que se extiende, en principio, por todo el continente. Para los interlocutores ficticios son igualmente importantes tanto las victorias americanas en Perú como las obtenidas en la Banda Oriental y en territorio argentino: esta indiferenciación (" / ... / *Que serémos hombres libres / Y gozaremos el don / más precioso de la tierra: / Americanos, unión*", D2; 49) refuerza la idea / sic / que en esta etapa, hacia la segunda década del XIX, el americanismo precedió al nacionalismo, tanto en la vida real como en las letras. / ... / »

Por fin, dentro de este mismo título, no puedo dejar de mencionar la existencia de *El detall de la acción de Maipú*, sainete que, con los mismos recursos expresivos y con la exacta ideología que sustentó Bartolomé Hidalgo en su coherente producción, aunque sin mencionar la palabra "gaucho" en el texto, parecería invitarnos a aceptar que se trató de una extensión escénica debida al mismo autor, de los *Diálogos* y de los *Cielitos* dedicados al tema de aquel triunfo patriota que, por lo demás, fue cantado por muchos otros poetas. Por ello incluyo su texto entre las composiciones contemporáneas de Hidalgo de adjudicación dudosa, capítulo F. de este tomo.

D.V.– Más datos y pistas sobre la vida de Bartolomé Hidalgo.

Para iniciar el tratamiento de la biografía de Bartolomé Hidalgo hay que destacar una vez más el hecho general de que las atribuciones de nacionalidad se tornan ambiguas en aquellos períodos de proteicas mutaciones territoriales para las distintas «patrias» americanas. Como hemos visto, el riguroso Fernando Assunção señala en su «Introducción biográfica» a mi conferencia de 1988, diferencias con lo dicho por Lauro Ayestarán (*La primitiva poesía gauchesca en el Uruguay. 1812-1838*, Montevideo, 1950) sobre que los padres de Bartolomé Hidalgo eran «naturales de Buenos Aires» («vecinos de Buenos Aires», debió decir tal vez). De acuerdo con las fuentes investigadas por Assunção –que, por ser un trabajo de síntesis, allí no se citan y que yo desconozco– su padre era español y su madre, doña Catalina Ximénez y Figueroa, era oriunda «de San Juan de la Frontera, en el Reino de Chile (hoy Argentina)», (agregamos: lo mismo que doña Nicolasa Figueroa su abuela materna). De la misma manera corresponde afirmar que a Bartolomé Hidalgo es justo llamarlo «montevideano» y también «oriental», pero que no debe adjudicársele la condición de «uruguayo», puesto que tal denominación no corresponde a su época ni a la actitud personal del poeta . Hidalgo era oriundo de Montevideo (hoy Uruguay), en el Virreinato del Río de la Plata, cuya capital era la ciudad de Buenos Aires, y ambas ciudades mantenían la más constante relación en vital permanencia. Por los mismos motivos no debe sorprendernos que las biografías de muchos vecinos de ambas orillas del Plata registren tan frecuentes traslados a una u otra de estas bandas, ya sea por razones políticas, familiares, afectivas u ocupacionales. Los ejemplos son múltiples como es bien sabido, pero elijo aquí, como guía para quienes transiten por primera vez los caminos de nuestro campo de estudios, tres figuras paradigmáticas, incluida la que ahora nos ocupa.

Uno de estos viajeros que, coetáneamente, unieron muchas veces las dos orillas de nuestro ancho río y dejaron ricos testimonios sobre ello fue el porteño Ignacio Núñez (1792-1846) «autor de la primera publicación internacional de propaganda a favor de las Provincias Unidas», al decir de Juan Isidro Quesada (1996) y cuya autobiografía nos ubica en muchos aspectos de la vida social de Buenos Aires y de Montevideo. Otro fue José Serra y Vall, comerciante español cuya producción versificada de entre 1807 y 1816, si bien no siempre estéticamente «poética», muestra claramente la vitalidad del cultivo por autores urbanos de las formas estróficas que arraigaron más profundamente en la versificación rural tradicionalizada en las dos orillas del Plata: la cuarteta *8abcb* y la *décima espinela*. Véase para confirmar este aserto los dos tomos publicados por la Academia Nacional de la Historia en los años 2000 y 2004, con estudios preliminares de Daisy Rípodas Ardanaz, quien ha realizado en Berlín y en Buenos Aires serias investigaciones al respecto. Otro fue, precisamente, Bartolomé Hidalgo, ejemplo ilustre del «poeta rioplatense» comprometido: nacido en Montevideo, considerado por sus jefes «benemérito patriota», en 1811, y recomendado con esos términos ante el gobierno de Buenos Aires. Los tres compartieron la vida cotidiana en ambientes similares y hasta interactuaron con las mismas personas (sobre todo en los casos de Núñez y de Hidalgo), por lo que resultaría importante realizar – en otro contexto- un estudio de concurrencias y divergencias entre sus trayectorias a partir de las obras que dejaron para la posteridad.

La vida y la obra de Bartolomé Hidalgo han sido cuidadosamente analizadas por críticos eminentes. A partir de los estudios iniciales de Martiniano Leguizamón (1908 ; 1917) que fue el primero en publicar su fe de bautismo, lúcidos exegetas han buceado en todo tipo de archivos para rescatar detalles, nombres, fechas relacionados con su corta y azarosa vida, de la cual el lector extrae la convicción de que Hidalgo fue un hombre dedicado a trabajar, sin pausa, para poder subsistir, para mantener a su familia y para nutrir el espíritu de los patriotas rioplatenses con el alimento de su poesía. Aunque la he incorporado a la bibliografía sobre nuestro tema, no he podido acceder a la edición de la *Obra Completa* de Hidalgo que, con Prólogo y notas del estudioso uruguayo Walter Rela, se publicó en Montevideo en 1979 y sobre el cual tengo noticias por el citado trabajo de Leonardo Rossiello,

El Prólogo a la última edición de la *Obra completa* de Hidalgo que conocemos pertenece al ya citado don Antonio Praderio (1986) quien ha recurrido a casi todas las fuentes fundamentales para su estudio. De esa erudita pieza quiero transcribir y comentar algunos párrafos que considero claves para una aproximación actualizada al poeta montevideano. En primer lugar, la sabia reflexión con que dicho texto se inicia:

> Cuando de un autor, en la entreverada historia de un país naciente, se poseen tan pocas certificaciones de obra original, propia, como sucede con la poesía de Bartolomé Hidalgo, surgen numerosas tentaciones interpretativas. No es la menor de ellas la atribución caprichosa, por más fundada estilísticamente que ésta se halle, de afirmarle autor de todo aquello que pueda relacionarse con su persona o con su circunstancia. Crear, en fin, una figura espectral. Esto es caer en encantamiento, tentación grave si las hay, aunque ello pueda servir para la creación de un personaje literario, anónimo, capaz de constituir un «doble» válido, para otros fines, de la figura evocada. Así como sucede con aquel niño de Rudyard Kipling que se defendía de una práctica de magia poniéndose a recitar, mentalmente, una tabla aritmética, nada puede exorcizar mejor el ensalmo de la fantasía que recurrir, de inmediato, a la relación de lo que Stendhal llamaba «detalles exactos».
>
> Pero no son, por cierto, numerosas las noticias exactas que se poseen al presente acerca de la vida, persona y escritos de Bartolomé Hidalgo. Cotejadas y rectificadas, unas con otras, las aportaciones que, desde una buena nota redactada por Andrés Lamas en 1842 para una *Colección de poetas del Río de la Plata*, que no llegó a publicarse, van enriqueciéndose a lo largo de los trabajos de Ángel Justiniano Carranza, Estanislao S. Zeballos, Ricardo Rojas, Martiniano Leguizamón, Mario Falcao Espalter, Lauro Ayrestarán y otros, poco más nos queda entre las manos que los hechos comprobados de su nacimiento, matrimonio y muerte, la nómina -ya menos segura- de los diversos cargos públicos que ejerció y varias hipótesis de desigual valor atinentes a los restantes aspectos de su existencia: carácter físico y moral, vida privada, opiniones políticas y tantas cosas más que constituyen el conjunto de la vida de un hombre.

Toca Praderio a continuación el tema referente a la supuesta profesión de «barbero» que se ha dado al poeta y no he de entrar en este punto porque coincido plenamente con los argumentos que Fernando Assunção expuso en su sintética biografía aparecida como texto previo al trabajo de 1988 que aquí reproducimos. La «leyenda negra» que pesó sobre Hidalgo y de la cual se hicieron eco irresponsablemente Leopoldo Lugones y sus seguidores, unía a lo de «barbero» y «rapa barbas» una cuestión de «mal color». Lo expresa cruelmente una décima transcripta por Jorge B. Rivera (1968) quien dice que apareció en *La Matraca* de Montevideo el 13 de mayo de 1832 /sic/ y que «parece recoger el enconado brulote de Castañeda». Como la publicación de esta estrofa no tendría sentido diez años después de la muerte de Hidalgo, pienso, sin haber accedido al periódico citado, que tal vez sea de «1822», cuando la cuestión entre Cavia y Castañeda en la que se hizo intervenir a Hidalgo, estaba vigente. Dice textualmente la citada estrofa:

> De un muchacho de barbero
> De la extracción más oscura;
> De un muchacho sin cultura
> Aprendiz de ojalatero;
> De un perdido aventurero
> Que de hambre se hizo patriota;
> De un mozo de mala nota
> Que indecencias recopila,
> Resulta si se destila,
> Un baladrón en pelota.

Ilustra sobre los motivos de enojo del «padrecito de la santa furia» el romancillo heptasilábico monorrimo aparecido en *Las Cuatro Cosas* /.../ N° 1, Buenos Aires, enero 1821 bajo el título de «Sueño del poeta compañero de Cuarto Cosas» que fue atribuida por él (y acaso también por otros) a Bartolomé Hidalgo. La incluimos en el Apéndice.

D.V.1.– Sobre cuestiones étnicas.

En cuando a la atribución de rasgos africanos que se ha hecho a Hidalgo y respecto de la cual él mismo ofreció públicamente documentación en contrario, ha sido descartada por Assunção quien, sin embargo, no excluye la posibilidad de que el autor tuviera alguna herencia étnica aborigen por parte de su madre sanjuanina, lo cual parece afianzarse si observamos que en varios de sus versos nombra a los patriotas «indios amargos» —es decir valientes— y se incluye en la elección de identidad étnica y costumbrista cuando expresa en *Un gaucho de la Guardia del Monte* /.../ (1820):

> Cielito, cielo que sí,
> Guárdense su chocolate.
> Aquí somos puros indios
> Y sólo tomamos mate.

A propósito de este tema, observamos que el estudioso Jorge B. Rivera (1968) generaliza su pensamiento al expresar:

> Uno de los rasgos más notables de la gauchesca primitiva es la pobreza de vocablos de procedencia aborigen, así como la ausencia del indio, cuya figura aparece recién en los «frutos tardíos» del tipo de *Martín Fierro* y el *Santos Vega* de Hilario Ascasubi.

Si bien es cierto que la *poesía gauchesca* no es *poesía indigenística,* merece un capítulo aparte, en este sentido, el fervor con que Hidalgo invocó los manes aborígenes de América, sobre todo en la exhortación a la fraternidad y execración de la discordia que es parte medular del Unipersonal conocido como *Sentimientos de un patriota* (aunque su título original parece haber sido *Sentimientos de un patricio*).

Recomiendo, en este sentido, el artículo publicado en *La Prensa* de Buenos Aires en 1971 por Fernando Rosemberg bajo el título de «*El indigenismo de Bartolomé Hidalgo*» y son acertadísimas, asimismo, las reflexiones que, sobre este aspecto, ha dejado Pedro Luis Barcia en su estudio preliminar de *La Lira Argentina,* de las cuales extraemos los siguientes conceptos:

> Otra de las formas de diferenciación intentadas en la poesía de la época entre españoles y americanos fue la exaltación de un indianismo poético. / ... / «Indios», «indos», «indianos», sustantivados o como adjetivos, se reiteran en los textos aplicados a las naciones de América, a la América toda, al continente, a «la patria grande» / ... / . De esta manera, se exaltan los derechos de los naturales frente al conquistador español y se muestra a los criollos, a los patriotas, como descendientes con derecho a defender el suelo nativo y a procurar la expulsión del «vil invasor». Los manes incásicos y araucanos son evocados a través de sus campeones de la resistencia frente a los españoles; y las adjetivaciones destinadas al Inca («dulce, virtuoso, generoso») nacen del mismo intento de promoverlo en oposición / ... /

También dice Barcia, con una visión exacta desde el punto de vista «civilizador», pero alejada de la doctrina artiguista que había nutrido a Hidalgo en sus comienzos:

> Hablamos de indianismo, no de indigenismo, porque no hay una actitud vindicativa del indio avasallado, ni una defensa de su condición, ni un alegato en pro del aborigen. Es un «uso poético-político». Nada más demostrativo que el caso de don Vicente López y Planes, quien si en su *Marcha patriótica* dice entusiasmado:
>
> «Se conmueven del Inca las tumbas,
> »y en sus huesos revive el ardor,
> »lo que ven renovando a sus hijos
> »de la patria el antiguo esplendor»
>
> en su *Historia de nuestra frontera interior* traza la crónica abreviada de las tropelías e «insultos», como entonces se decía, cometidos por los indios desde los primeros tiempos de la conquista y colonización. Y llama la atención de las autoridades en procura de medidas enérgicas y definitivas, pues «existimos todavía en los campos con los mismos riesgos que en los tiempos de Garay». Una cosa es la evocación poética del Inca distante en el tiempo; y otra, la realidad acechante, sobre las mismas puertas de Buenos Aires, que debe combatirse para poder subsistir.

No debe extrañarnos tal reflexión, ya que es moneda corriente hoy, por ejemplo, que se exalte en nuestras provincias del sur la cultura de los *mapuche*, se bautice con palabras de su sonora lengua cuanta calle, plaza, casa de comercio o producto regional exista, pero se deteste a los inmigrantes «chilenos» (en su mayor parte descendientes de mapuches cuando no plenamente procedentes de esa etnia) porque pasan legal o ilegalmente la frontera, ofrecen mano de obra barata (y generalmente buena) que les quita el trabajo a los «NyC» (nacidos y criados), demoran la recolección de las cosechas en beneficio de las de su patria trasandina y viven en lugares sucios cocinando «siempre sus grasosas *sopaipillas*» (según testimonios de contradicción que hemos recogido *in situ*).

Pero volvamos a Hidalgo. En cuanto a su condición de «mulatillo» u «oscuro montevideano», pretendida por los detractores de su «pureza de sangre» en distintos tiempos y circunstancias, ya hemos visto la opinión de Fernando O. Assunção. Ayestarán (1950) proporciona un testimonio más de dicha calificación con intención degradante cuando al referirse a la actuación de Hidalgo en Montevideo a partir de principios de 1817, cuando los portugueses procuraron hacer del teatro un arma política y quitaron a Hidalgo de su cargo de Director dejándolo tan sólo como corrector de los textos (actualizamos la grafía de la carta):

> Con fina crueldad o, acaso, con la complicidad del escritor, el Barón de la Laguna puso a Hidalgo, cuyos versos contra los portugueses aún resonaban en los oídos de los patriotas, a la tarea de corrector de los textos literarios que se representaban en la Casa de Comedias. Fue en ese momento cuando Joaquín de la Sagra y Periz, escribió desde Montevideo a su amigo Agustín Rodríguez, en carta fechada el 1º de mayo de 1817: Para celebrar la venida de los pacificadores y divertir al Pueblo se abrió el teatro bajo la dirección de Quijano, éste dio por primera la comedia titulada *Siempre triunfa la inocencia*, en que no sé qué papel hace uno de nuestros Reyes de Castilla; fue llamado al día siguiente por Bianqui (Regidor) y recibió de él una seria reprensión diciéndole que el gobierno militar se había quejado de que nombrase a nuestros reyes en la representación y que se abstuviese de hacerlo. Pasó ayer el Gobernador Sebastián Pintos, y éste le dijo que no era cierta la queja por su parte, pero que puesto que este Pueblo había estado dividido en bandos y que el objeto del teatro era procurar la honesta distracción del público, y no el fomento de aquellos, no volviese a dar a luz ninguna pieza que de cualquier forma pudiese / chocar o disonar/ a cualquiera de ellos. Posteriormente llevó una comedia al mulatillo Hidalgo (que está de corrector) y en una escena donde para publicar un bando decía el original Por el Rey; borró estas palabras, y puso Por el General.

El calificativo «de mal color» estaba instalado para referirse a nuestro poeta si bien, como acota Praderio:

> el epíteto «mulato» y «mulatillo» era muy común en la época al referirse a los patriotas. Valga como prueba que la calificación de «mulato»

se da a Juan Francisco Vázquez, comandante de San José, en la "Gazeta de Montevideo" del 24 de Agosto de 1811.

En resumen, la nueva raza de plurales sangres que conformaba la criolledad de América era el incentivo para mostrarse al mundo como una realidad social y cultural diferenciada. Para afianzar su identidad debía constituirse, ante el mundo, como un «otro» respecto de la España peninsular, pero los materiales que se tenían a mano –la religión, la lengua, las instituciones– eran de procedencia española y había que mirar atentamente hacia los portadores de respuestas culturales distintas, de sangres y pieles diferentes de las europeas para crear la imagen de «una nueva y gloriosa Nación». La prédica americanista, indianista y antiesclavista de Hidalgo era un *leit motif* de época en los movimientos independentistas hispanoamericanos, una fuente de energía renovada pero también un contrapeso, un justificativo –que los mismos criollos necesitaban encontrar– para la decisión de rebelarse contra España y de encuadrar ese desgarramiento en la cultura, en la lengua y en la religión que, desde hacía más de tres siglos, habían alimentado la construcción de su extenso ser colectivo, **antes inexistente como entidad consolidada y distinta**. Porque, como lo hemos dicho antes de ahora, «*América es una creatura de la humanidad animada por el aliento español*» (Fernández Latour de Botas, O., 1992). Y esto, mal que les pese a algunos ideólogos de la actualidad empeñados en ver un solo lado de las cosas, y sin que esta comprobación –por otra parte– vaya de ningún modo en detrimento de los tesoros culturales de los **plurales mundos indígenas**, muchos tristemente perdidos, cuando no por sus mismas luchas internas, por la crueldad terrible y la ignorancia lamentable de no pocos de quienes portaron las armas de la Conquista.

D.V.2.– Actividades y servicios patrióticos.

Destacados investigadores han reconstruido la vida azarosa de este notable ciudadano y queda bien claro que, como lo ha puntualizado Fernando Assunção en su *Introducción biográfica*, el joven Bartolomé Hidalgo, huérfano de padre en su infancia y esmeradamente educado en Montevideo por los frailes de la Orden de San Francisco, comenzó su actividad laboral trabajando en la casa de comercio de Martín José Artigas, padre del futuro patriota oriental, y lo hizo luego como meritorio en las oficinas del Ministerio de la Real Hacienda hacia 1806. En los registros militares de la capital uruguaya figura como «aventurero» (*DRAE*.. 5- «Que entraba voluntariamente en la milicia y servía a su costa al rey») en una de las compañías del «Batallón de partidarios de Montevideo» reunidas por el Ministro de la Real Audiencia Francisco Antonio Maciel para repeler la segunda invasión inglesa de 1807. A los 19 años, peleó en la refriega del «Cardal» sin ser herido y prefirió permanecer en la ciudad hasta el fin de la ocupación invasora, que se extendió hasta el 9 de septiembre de 1807, tras lo cual regresó a sus funciones en el Ministerio. Tal vez por ser soltero y huérfano de padre, su nombre no figura en el «*Padrón de familias que acompañaron al Gral. José Artigas en 1811*», pero se sabe que, en ese mismo año, Hidalgo se incorporó a los hombres del caudillo oriental que pusieron sitio a Montevideo y, estando en la Capilla de Mercedes se unió a la expedición que, al mando del capitán José Ambrosio Carranza, envió el general José Rondeau en socorro de aquella ciudad con la finalidad de reconquistar Paysandú. Como administrador militar y comisario de guerra prestó entonces importantes servicios voluntarios «en obsequio de la Patria». Por ellos fue recomendado por el capitán José Ambrosio Carranza ante el Triunvirato de Buenos Aires, cuyos integrantes, Juan José Paso, Manuel de Sarratea y Feliciano Chiclana, respondieron con una epístola datada en el año 1811 que Antonio Praderio ha tomado de la obra de Setembrino E. .Pereda titulada *Paysandú patriótico* (Montevideo, 1926, t. II, p. 75)) y que no puedo dejar de transcribir aquí:

> **Mereciendo a este Gobierno la mayor consideración el arreglo y disciplina militar, como debido a los santos fines de la defensa de nuestros derechos, también deben hacerse extensivas sus providencias al nombramiento de comisarios del ejército, hasta cuyo caso de que ya esté tratado, he creído indispensable reservarlo y para el cual tendrá presente al benemérito patriota D. Bartolomé Hidalgo que V. recomienda en su citado oficio / ... /**

Lo cierto es que desde temprana edad, nuestro poeta trabajó en dependencias privadas u oficiales, como oficinista (escribiente o contador) o en la milicia, como asesor de jefes militares en campaña.

A partir de entonces, la acción de Bartolomé Hidalgo está siempre relacionada **con la causa de la emancipación y con ninguna otra causa**. Bien claro dice el capitán Carranza, con el léxico castrense de una de sus notas de recomendación, que Hidalgo a quien considera:

> sujeto en quien están refundidas las circunstancias recomendables, capaces de causar la dirección y consejo de mi individuo, para conseguir el éxito de mis empresas, habiendo voluntariamente seguido a mi lado hasta este pueblo reconquistado encargado de diferentes ramos de mi dicha expedición.

Las páginas de Ángel Justiniano Carranza (1895) sobre este momento de la vida de Hidalgo son irreemplazables y, sin poder transcribirlas aquí, me basta con citar algunos párrafos referidos al carácter de Hidalgo que fueron registrados por el citado ancestro del escritor, como el hecho de que, cuando el capitán Carranza y su ayudante Hidalgo llegaron al Cuartel General de Arroyo Seco, fueron recibidos con las mayores consideraciones y el numen festivo propio de la juvenil edad de Hidalgo «tuvo oportunidad de exhibirse con aplauso, en las reuniones de baile y ambigús dadas aquí por el general (Rondeau) en celebración de la paz, improvisando con tal motivo brindis en versos llenos de patriotismo y de sal ática».

¡Había sido payador delicado el poeta! Se mostraba como improvisador, como creador repentista, pero de cuño clásico, lo que había movido a sus tempranos detractores a decir, con motivo de unas cartas dirigidas a Artigas y a Rondeau en ese mismo año por el comandante Juan Francisco Vázquez de quien actuaba como secretario:

> Las cartas escritas por el pedante cultiparlo Bartolomé Hidalgo, llevan en su contenido el desprecio y hacen conocer la futilidad del chuchumeco que las ha escrito... (Gazeta de Montevideo citada por Mario Falcao Espalter – 1919- y éste por Praderio -1986-).

Duras palabras de sus comprovincianos, duras e injustas seguramente. Por fortuna parece que su amigo Artigas lo valoraba, por entonces, mejor que aquellos, porque en diciembre de 1811 lo menciona en la nómina de los patriotas, calificativo que sin duda Hidalgo debía merecerle, ya que de ese año son – según mi interpretación de su texto- las *Octavas Orientales*, donde el poeta realiza sus más claras referencias encomiásticas al caudillo. No obstante es evidente que Hidalgo no siguió a Artigas en los días subsiguientes. Permaneció en Montevideo, donde Sarratea lo designó Administrador de Correos y Postas del Ejército en la Banda Oriental, si bien no se mezcló –según su propio testimonio – con «partidos, reuniones ni juntas». No militó, pues, ni en el campamento de Sarratea en el Arroyo de la China ni en el de Artigas en el Ayuí, pero probablemente ya escribía letras de los *Cielitos* que conocemos referentes a hechos de 1812 a 1814 y tal vez de otros que ignoramos. En cuanto a su autoría me ha parecido válido extender a todos ellos el argumento esgrimido por Maria Falcao Espalter (1918) respecto del *Cielito* que comienza «*Los chanchos de Vigodet...*»: «**si no hay inconveniente en adjudicarle / a Hidalgo / este cielito, es porque el único poeta de quien se mencionan cielitos es él. / ...**».

En 1813, la firma de Bartolomé Hidalgo aparece entre la de quienes suscribieron, el 15 de julio de 1813, el acta de ratificación de la elección de Diputados por Montevideo a la Asamblea General Constituyente reunida en Buenos Aires. Finalizado el sitio, el 9 de julio de 1814, Hidalgo se hizo cargo en forma interina, por disposición de Carlos de Alvear, de la Administración de Correos de Montevideo. Asimismo, por orden del Delegado Extraordinario Nicolás Rodríguez Peña, se le envió oficio al Cabildo nombrándolo Secretario interino de dicho cuerpo, pero pese a haber jurado y asumido el cargo, cesó en él pocos días después por haberse dispuesto que se dedicara enteramente a la Administración de Correos. También ese cargo le es disputado poco después según testimonios de Carlos Galván Moreno (1946) y de las

Tomas de Razón que cita Antonio Praderio (fs. XIX) y al final es reemplazado en él por el Capitán del Regimiento de Dragones de la Patria Antonio Luso. Pero el Director Posadas ya había acudido en su auxilio designándolo en el cargo de Oficial 2° de la Tesorería de Hacienda de Montevideo, función para cuyo ejercicio Hidalgo estaba, como se ha dicho, bien capacitado. Por ello mejor le fue al poeta al año siguiente cuando, ya retiradas las tropas de Buenos Aires y a la entrada como Gobernador Interino de la Plaza del Coronel Fernando Otorgués, Hidalgo, que permanecía en su ciudad natal probablemente en ejercicio del último cargo que hemos mencionado, fue llamado para ocupar, interinamente, el Ministerio de Hacienda como reemplazante de Francisco Acuña de Figueroa, quien se hallaba enfermo. Al reintegrarse este último, propone a Hidalgo como sustituto suyo en sus ocupaciones y enfermedades, con «800 pesos anuales», lo que es aprobado por Otorgués y el 10 de mayo se le entrega el manejo de la Tesorería según expresa Acuña de Figueroa «por ser sujeto muy acreedor a esta confianza por su delicadeza, inteligencia y conocimientos». Pese a que Hidalgo acredita óptimas condiciones para ser confirmado en propiedad como Ministro de Hacienda, la documentación y los testimonios bibliográficos que ha manejado don Antonio Praderio muestran a las claras que **«Artigas no veía con demasiado entusiasmo que el cargo en propiedad pasase a Hidalgo»** y tanto es así que «el 12 de agosto, **por su orden expresa**, se designó a Pedro Elissondo». «Acuña de Figueroa –continúa diciendo la citada fuente – se hace, no obstante, cargo de la Administración de la Caja de la Provincia, bajo inventario "con una demostración de la entrada y la salida de caudales correspondiente al tiempo del actual Ministro D. Bartolomé Hidalgo"». Todas las pruebas contables mostraron finalmente el desempeño del joven funcionario, pero no era su destino el de medrar en altos cargos administrativos y, tras la renuncia del citado Elissondo –quien no aceptó el destino que se le había conferido – Acuña de Figueroa volvió a hacerse cargo del Ministerio, siempre con la colaboración de Hidalgo, ya repuesto en el cargo de Oficial 1°, según Praderio. Las Tomas de Razón existentes en el Archivo General de la Nación (Buenos Aires) sólo mencionan dos veces a Bartolomé Hidalgo: cuando es nombrado Comisario Interino de Guerra (Libro 70, folio 150, 22 de enero de 1812) y cuando lo es como Oficial 2° de la Tesorería de Hacienda de Montevideo (Libro 75, folio 244, 7 de octubre de 1814).

Pero Bartolomé Hidalgo era, sobre todo, un escritor, un verdadero artista, por lo cual son muy interesantes los datos que proporciona Praderio acerca de la actividad del joven autor en ese mismo año cuando dice –en página XXI – que, según datos tomados del Bibliorato 6, carpeta 17. Hojas sueltas de la Biblioteca y Archivo Dr. Pablo Blanco Acevedo (Museo Histórico Nacional de Montevideo), el 30 de enero de 1816, un grupo de aficionados resolvió brindar una función teatral en la Casa de Comedias (Coliseo montevideano).

Realizaron por sí mismos todo, incluso las invitaciones en verso, cuya paternidad, entiende, no sería aventurado adjudicar a Hidalgo:

> «*Al Bello Sexo. Gratitud.*
> Es obsequiaros un deber tan justo,
> Que los Patriotas quieren
> Al Teatro concurráis, si es vuestro gusto,
> (Que esto a todo prefieren)!
> Función teatral intentan atrevidos
> Dar el 30 de Enero,
> Y un baile que os presentan comedidos
> Con afecto sincero»

Se cantó al comienzo la *Canción Patriótica* –que era la que conocemos hoy como *Himno Nacional Argentino* de López y Parera – y se representó luego una «pieza militar» titulada «*El amor filial*». A continuación se declamó el «unipersonal» de Bartolomé Hidalgo «*Sentimientos de un patricio*» y finalizó la función con el sainete «*La Burla del posadero*». Más tarde hubo un baile general que duró hasta las primeras horas del día siguiente.

Respecto del citado «unipersonal», se difundió en forma impresa en un folleto calificado de «rarísimo» por Praderio, que no se menciona en la bibliografía de su época, y que se encuentra citado por Mario Falcao Espalter (1918). «*Sentimientos de un patricio / Unipersonal / con intermedios de música. / (viñeta) / compuesto / por el ciudadano B.H / con superior permiso: / Montevideo: en la Oficina Oriental / Año de M.C.C.XVI*» . Un ejemplar de dicho folleto perteneció en propiedad al distinguido coleccionista don Octavio Assunção, padre de Fernando, quien lo donó oportunamente al Archivo y Museo Histórico Municipal de Montevideo.

Fue alrededor de ese año 1816 cuando el Cabildo montevideano ofreció a Hidalgo la dirección del Coliseo, con un sueldo de 40 pesos mensuales, según Falcao Espalter quien agrega, de acuerdo con dicha fuente, que existen recibos firmados por él, en esa calidad, hasta el 30 de mayo del año 1817.

El padrón urbano de Montevideo, levantado por León Ellauri y Pinto Gómez, a 29 de febrero de 1816, dice que Hidalgo vivía en la calle San Miguel (hoy Piedras) en la casa señalada con el número 72. En ocasión de las fiestas mayas de ese mismo año, el poeta colabora escribiendo las cuatro inscripciones que fueron colocadas en los frentes de la pirámide erigida en la plaza de la «capital de los pueblos orientales», mientras que en el Coliseo de su dirección, «en consonancia con el nuevo gusto de la época», como anota Praderio, se representa la tragedia moderna americana titulada: *El Seripo, cacique de los timbúes,* en la noche del 24 de mayo y *Roma Libre* o *el Bruto,* tragedia en cinco actos, en la noche del día 25 .

Al ser amenazada la Provincia Oriental por la invasión portuguesa, en agosto de ese mismo año, el patriota Hidalgo se ocupa de reclutar hombres para repeler la agresión. Escribe a Fructuoso Rivera desde San Carlos una carta en la cual, según sus talentos, relata que había reunido al vecindario, le había hablado «con la elocuencia de Cicerón»... y había logrado reunir por fin 288 pesos (suma no muy pequeña si pensamos en lo que él mismo percibía en sus importantes cargos administrativos). Fue entonces cuando Hidalgo escribió la *Marcha Nacional Oriental* y en el mes de noviembre, ante el inminente avance portugués, formó parte conjuntamente con Francisco Bauzá, de la segunda de las embajadas oficiosas dirigidas a Buenos Aires, por encargo del Cabildo de Montevideo, en procura de auxilio. En tanto se concretaba el tratado entre el Director Supremo Juan Martín de Pueyrredón y los cabildantes orientales Juan José Durán y Juan Francisco Giró, Bartolomé Hidalgo realizaba frecuentes viajes a Buenos Aires llevando y trayendo pliegos por lo que, según los testimonios epistolares conocidos, atrajo la simpatía de Pueyrredón a causa de «su notable empeño por la salvación del país».

La rica bibliografía uruguaya que utiliza Praderio nos pone en posesión de datos inhallables de otra manera como cuando, a partir de la obra de Francisco A. Berra «*Estudios históricos / ... /»,* 1882,) expresa que Pueyrredón escribió a Barreiro una nota el 8 de diciembre donde dice: «...*Regresa el caballero Hidalgo con la noticia que hemos querido anticipar a V. y a ese digno Pueblo de quedar firmada la Unión de esa y esta Banda; ...El Sor. De Hidalgo ha mostrado su noble empeño por la salvación del País. Distíngalo V.»,* y que, con fecha 9 del mismo mes, fue Juan José Durán quien escribió a Barreiro estos renglones que lo aluden: «... *el conductor de ésta como igualmente de los pliegos lo será Don Bartolomé Hidalgo que regresa».*

Cuando las tropas portuguesas al mando del general Carlos Lécor consuman la ocupación de Montevideo, Hidalgo no sigue al Cabildo en minoría que se retiraba hacia Canelones. Permanece en la ciudad haciendo una vida sumamente retirada: dirigía el Coliseo y se desempeñaba como corrector en el mismo teatro. Su situación económica, en la que no falta siquiera un pleito con su cuñado Fernando Echeverría, debió ser muy precaria y, sin que mediara al parecer ningún apremio político que lo obligara a exiliarse del país, en marzo de 1818 se hallaba ya radicado en Buenos Aires con su madre y su hermana María Antonia. Dice Praderio:

> Hidalgo se fue porque tal fue su voluntad, para no ver la humillación de su país ante el extranjero y quizá con el propósito de contribuir a su liberación.

Tengo para mí que, además, Hidalgo se había desapegado respecto de las acciones de su antiguo amigo José Artigas y, por ser él partidario de la independencia de las Provincias Unidas del Río de la Plata como «nueva nación» y no de la constitución de una Federación de provincias segregadas encabezada por un líder Supremo, había optado por radicarse en la ciudad de la que sus mayores fueran vecinos y donde había de tomar estado con miras a formar su propia familia. **Además, había algo que estaba naciendo en él con fuerza incontrolable: la voz de los gauchos.**

No son muchos más los datos que se conocen acerca de su vida posterior, si bien sobre las ocupaciones que tuvo tras su radicación en Buenos Aires él mismo dejó constancia en el folleto autobiográfico que más abajo transcribimos.

Mario Falcao Espalter afirma que Hidalgo rehusó todo empleo público aunque –dice– no ha podido averiguar qué género de labor libre pudo emprender, como no fuera la composición de su obra más memorable, la que fundó en el Río de la Plata el género gauchesco. Estanislao Zeballos menciona un empleo de Oficial en la Tesorería de la Aduana de Buenos Aires, lo cual, como lo señala Praderio, constituye un evidente error ya que, por la data que cita (7 de octubre de 1814), se trata del cargo que desempeñó, en esa fecha, en la Tesorería de Hacienda de Montevideo. Leguizamón, por su parte, habla también de un puesto en la Tesorería de la Aduana de Buenos Aires que Hidalgo habría comenzado a desempeñar en 1818, dato que repite Calixto Oyuela, mientras que en el *Diccionario Histórico Argentino* dirigido por Ricardo Piccirilli, se indica, sin mayores precisiones, que Bartolomé Hidalgo obtendría más tarde un empleo en la Administración pública bonaerense y que, a mediados de 1822, debió abandonarlo «con licencia por enfermedad». Ninguno de los críticos ha podido obtener documentación completa de esta etapa en la vida del poeta aunque Praderio la sintetiza con datos fidedignos:

> Lo que es indudable es que durante su estancia en Buenos Aires comienza seguramente su producción gauchesca, conjuntamente con la manera culta a que ya de tiempo atrás se dedicaba. Así sabemos que el 13 de mayo de 1818 estaba a la venta el *Cielito compuesto por un gaucho para cantar la acción de Maypú* (*Gaceta de Buenos Aires*, Nº 70, 13 de mayo de 1818), y, una semana más tarde *El Triunfo* (*Gaceta de Buenos Aires*, 30 de mayo de 1818) . El año siguiente, hacia julio, fue el sospechado autor de cierta tonadilla que debió cantarse el día 10 y en la que se ofendía a los militares argentinos. Hidalgo se apresuró a negar su paternidad en un extenso comunicado del 13 de julio diciendo que *«quien por diferentes ocasiones ha hecho de los defensores de la patria el justo elogio que merecen, era preciso que tuviera desorganizadas las potencias para borrar con una mano lo que escribió con la otra»* (*El Americano*, Buenos Aires, 16 de julio de 1819). Hacia fines de 1819 o principios de 1820, ante el anuncio de una expedición española de 24.000 veteranos que se alistaban en Cádiz para venir en socorro de los ejércitos y armadas del Rey, batidas en el Río de la Plata, a las órdenes del General Conde de la Bisbal, de cuya existencia da la «*Gaceta de Buenos Aires*» el l0 de noviembre, noticias detalladas, Hidalgo publica el *Cielito a la Venida de la Expedición*, en una hoja suelta, sin fecha ni firma, impreso por la Imprenta de Álvarez .

Otros detalles importantes de su biografía han sido rescatados por los críticos y trascribimos nuevamente a Praderio en cuanto a los referidos al casamiento del poeta y a los de otros miembros de su familia ocurridos en la capital de las Provincias Unidas:

> En 1820, el 26 de marzo, se casa con Juana Cortina, natural de Buenos Aires, hija del finado Pedro Cortina y de Manuela Gómez, ante el Notario Mayor Eclesiástico P. Silverio Alonso Martínez que había sido uno de los primeros en proclamar la Banda Oriental libre de la dominación española. Poco tiempo después se casaba su hermana María Antonia con Bruno Gutiérrez que fueron padres de Juan Francisco Gutiérrez, padre a su vez de José María Eduardo, el novelista popular, autor de *Juan Moreira,* y Ricardo Gutiérrez el poeta, los que resultaron sobrinos nietos de Bartolomé Hidalgo. Por otro lado, Maria Antonia Cortina, hermana de la esposa de Hidalgo, casó con Miguel Antonio Sáenz, tuvieron una hija –Mariquita– que a su vez casó con Juan Francisco Gutiérrez, y tuvieron los hijos ya nombrados. De modo que el parentesco de Hidalgo con los Gutiérrez es doble .

Con tristeza nos asomamos a aquellos años de la existencia de Bartolomé Hidalgo, ya que todos sus biógrafos coinciden en que, pese a sus esfuerzos, la pobreza en que vivía era tan grande que, para mantener su hogar, se veía obligado a vender por la calle sus composiciones impresas, «papeletas de molde» como llamaba su *alter ego* Chano, en el *Diálogo* primero, a los Bandos que eran publicados y difundidos para conocimiento general en hojas y pliegos sueltos.

No estoy tan segura de que su pobreza fuera rayana en la miseria. Aparentemente, no era que él en persona, saliera a vender sus versos, sino que éstos se vendían de la manera acostumbrada para este tipo de producciones de actualidad, sin necesidad de que sus propios autores lo hicieran, como se lee, por ejemplo, en la *Gaceta de Buenos Aires* del miércoles 20 de mayo de 1818, como una suerte de publicidad de la Imprenta de Niños Expósitos y del Coliseo de la ciudad, en cuyo texto no se nombra, por cierto al poeta montevideano, autor de la pieza: «Aviso. Se ha impreso y se vende en esta imprenta el unipersonal representado en este Teatro, titulado *El Triunfo*». Y digo que descreo de la pobreza absoluta de los Hidalgo porque, como vimos, Bartolomé había tenido cargos públicos y su familia estaba bien emparentada en Buenos Aires. Si bien es cierto que debía mantener a su madre y a su joven esposa vale señalar que ésta, cuyo nombre completo – que no figura en otras biografías- era Juana Josefa Felipa González de Cortina y Gómez Cueli (Fernández de Burzaco, H. 1989, t. 4), pertenecía, según datos que me ha proporcionado el genealogista Carlos Dellepiane Cálcena, a una familia de origen español muy bien relacionada en la ciudad de Buenos Aires. Un documento transcripto por Ricardo Rodríguez Molas (1969) testimonia, sin embargo, la pobreza económica en que se hallaba la viuda de Hidalgo en su ancianidad. Se trata de una carta que este estudioso ha hallado en el Museo Mitre (Documentos inéditos, original manuscrito A.1-C.42.– C.17 N° 1) cuyo texto es:

> Solicitud de Juana Cortina de Hidalgo a Bartolomé Mitre, Buenos Aires, 8 de octubre de 1865: «La viuda de Bartolomé Hidalgo, viene ante V. E. con todo respeto, solicitando una corta pensión graciable o la poderosa recomendación de V.E. para que ella sea concedido por el Soberano Congreso. Mi finado esposo, Excmo. Señor, ha servido hasta su muerte varios empleos públicos, muchos de ellos sin remuneración alguna; pero yo sé bien que no existiendo ley de pensiones, este título no podría servir por ahora para fundar mi solicitud. Así, sólo me remito a pedir una gracia, fiada en que V.E., cuyo nombre figura tan altamente en las letras argentinas, y que tan bien sabe apreciar a los que las han ilustrado, lejos de querer que su historia, de donde no puede ya nombrarlo, el nombre de Bartolomé Hidalgo, consigne que su viuda murió desamparada en la miseria, tendrá su noble placer, digno del alma elevada de V. E., socorriéndola en sus ancianos días. Es gracia»

El porvenir del poeta, sin duda, fue oscurecido por la tisis. La tuberculosis, enfermedad entonces invencible, lo aquejaba desde hacía tiempo y lo llevó tal vez, como se ha dicho, a buscar otros aires en los terrenos altos, con bella vegetación, donde se encontraba el pueblo de Morón. Allí falleció el 27 ó 28 de noviembre de 1822 y fue sepultado con «Oficio mayor cantado, vigilia, cuatro posas y misa, después de haber recibido todos los sacramentos», como reza la partida de defunción publicada por Martiniano Leguizamón en su obra citada. Sin embargo, no fue enterrado en el Cementerio local ni sus huesos quedaron librados "al osario público", como inventaron algunos de sus biógrafos, sino que fue sepultado en la misma iglesia, que es hoy Basílica Catedral de Nuestra Señora de la Concepción del Buen Viaje (Apolant, J. A., 1975, T. II) . Tenía 34 años.

Ninguna biografía puede suplir las propias palabras con que el poeta se defiende de las terribles invectivas que el Padre Castañeda –luego arrepentido – menudea sobre él en sus «Notas de la Comentadora al gaucho Chano», con relación a los versos de su primer *Diálogo Patriótico*:

> En diez años que llevamos
> De nuestra revolución
> Por sacudir las cadenas
> De Fernando el baladrón
> ¿Qué ventaja hemos sacado?

Dejemos de lado el texto infamatorio y veamos esta conmovedora autobiografía:

> **El autor del «diálogo entre Jacinto Chano y Ramón Contreras» contesta a los cargos que se le hacen por «La Comentadora»**

Si algunos siniestros informes no precedieron a la publicación del diálogo patriótico entre Jacinto Chano y Ramón Contreras no sé entonces qué causa haya dado mérito a la contestación que hace La Comentadora. Seguramente que si autor ha sido mal informado, y para darle una prueba de esta verdad haré algunas explicaciones bastantes a instruirle de mi patriotismo y honradez, y a que acaso él mismo se persuada que no conteniendo el diálogo sino verdades desnudas, y un cuadro de nuestros padecimientos, es por consiguiente un paso violentísimo querer sujetarlo a casos determinados, y épocas precisas.

Desde 1811 hasta 815 tuve el honor de servir a la patria del mejor modo que mi juicio y mi capacidad me permitían: en la época del primer sitio sobre Montevideo hasta el armisticio no disfruté sueldo alguno, sin que por esto dejase de hacer servicios al país que de las certificaciones que obran en mi poder se acreditan. En el 2° ocupé alternativamente dos destinos con que el superior gobierno tuvo a bien honrarme, y seguramente ignoraría que yo era un embrollón como dice, o le han hecho decir a la Comentadora, cuando al conferirme el primero libró a mi solo cuidado y responsabilidad (sin fianza alguna) importe de más de 80.000 pesos en efectivo y útiles para el ejército como consta de mi recibo en arcas por 30.000 pesos y de los que di en almacenes por las especies recibidas. Se marchó sobre Montevideo y en veintidós meses de un nuevo sitio en cuya serie jamás faltaron movimientos tristes, y siempre alarmantes, dígase si fuera del más exacto cumplimiento por mis deberes, se me conoció alguna vez mezclado en partidos, reuniones ni juntas. Si he correspondido a la confianza que de mí se hizo, a más de los documentos que así lo acreditan, pueden testificarlo el señor brigadier D. José Rondeau, general entonces del ejército quer bloqueaba, los señores coroneles mayores D. Ignacio Alvarez, D. Matías Irigoyen, D. Juan Florencio Terrada, los señores coroneles D. Rafael Ortiguera, D. Blas Pico, D. Celestino Vidal, los tenientes coroneles D. José María Escalada, D. Juan José Ferrer, el sargento Mayor D. Manuel Gregorio Mons, el protomédico D. Justo García Valdés y otros infinitos individuos que se hallaban en aquel ejército.

No es menos siniestro el informe que se ha dado al autor de la Comentadora sobre los empleos que dice que he solicitado y que no he conseguido; pero ya que hay un empeño en tacharme, los encargados de presentarme reo tengan la bondad de oírme.– Después de mi arribo a esta ciudad en 818 fui solicitado, no una sino varias ocasiones para ocupar un destino en la secretaría de gobierno, si esta vez como las anteriores equivocaron los empleos fiando a mi insuficiencia los que no podía desempeñar, yo no tengo la culpa; agradecí esta distinción a la persona que me la quería dispensar y le contesté lo que todo el mundo sabe que dije entonces y después: que yo no había venido a emplearme sino a trabajar honradamente como estaba acostumbrado a hacerlo desde antes de la revolución para mantener una madre infeliz cuya subsistencia dependía y depende del sudor de mi rostro. El coronel D. Domingo Sáenz, los

señores canónigos Dres D. Pedro P. Vidal y D. Santiago Figueredo, el ciudadano D. Pablo Pérez, el escribano del tribunal de consulado D. Manuel Cavia, y otros podrán testificar sobre mi conducta en Montevideo. Diré de paso de cuando fui empleado, ni aún siquiera cobré mis sueldos, hallándome jefe de una oficina, con dinero en la mano y con facultades para poderlo hacer; este es un hecho que acreditaré con un millón de testigos, habiendo recibido después parte de ellos con billetes amortizables y dejando otra por gracia a Estado como consta judicialmente, lo mismo que la rendición de mis cuentas en todos los tiempos: yo deseo que se presenten muchos empleados que con iguales proporciones hayan hecho otro tanto, sin decir por eso que el cobrarse de su trabajo no haya sido justo. Todo cuanto queda referido es tan justificado e indudable como falso cuanto le han dicho al autor de la Comentadora, no sé si por el placer estéril de querer perder a un individuo que no conoce las aspiraciones, que ha probado en todos tiempos su moderación, y que por su honradez ha merecido en todas circunstancias el aprecio general, sin que su escasa fortuna lo haya apartado un solo instante de las virtudes que conducen al hombre en sociedad. Pobre, es verdad, perro no por haberse disipado al juego, pues no habrá un solo individuo que le haya conocido la más pequeña inclinación a estos entretenimientos, sin decir por eso que los que encuentren placer en ellos hagan bien, o mal. Siento haberme detenido en probar mi intachable honradez, pero a quien no se le conoce otro patrimonio es de justicia que se le dispense el derecho de defenderlo.– Pasemos al diálogo.
Antes de escribir estos renglones yo he reclamado de la ilustración de personas del mejor respeto un prudente fallo sobre el todo, o parte de aquel documento, y si no he sido engañado merecí satisfacciones que no esperaba. En su formación no me propuse otra cosa que divertir a los patriotas, y hablar en su idioma a los paisanos del campo como en otras ocasiones; escribí con ideas generales, pinté nuestros padecimientos, y reclamé el imperio de la ley, demostrando con esto último la imparcialidad más juiciosa pues que sus fallos debían alcanzarme por consecuencia: a nadie consulté sobre todos los pensamientos que abraza: no habrá una persona que diga que le vio antes de impreso, y si no me engaño sólo concurrieron a su formación mi patriotismo, la recta razón, la eterna verdad; si no es así, a nadie tengo que culpar de un extravío mío, pero un extravío no es un crimen.– A su fin llega el diálogo hasta las puertas del mismo gobierno: hasta ellas llegaré con él en la mano a escuchar cuantos cargos quieran hacérseme por su contenido, pues que establecido el imperio del orden, y marchando a su frente un gobierno justificado, a los criminales sólo toca estremecerse, a los que han manifestado siempre el mejor deseo por la salud de la patria regocijarse, y correr a instruirle, y a presentarle la verdad con sólo el adorno que le da su origen: en esto no hará todo ciudadano sino cumplir con sus deberes, y llenar los patrióticos deseos de S.E. que reclamó de su pueblo al ocupar la silla de gobierno, noticias y conocimientos de todas clases, y

esta es una prueba convincente de que desea obrar el bien, y si para ello fuese necesario mi exterminio que lo ejecute si es de justicia, que en este caso sólo será criticado de los perversos.

Sé también que se hacen formales empeños para persuadir de la intervención que tengo en el periódico de D. Pedro Cavia titulado «Las Cuatro Cosas», llegando a decirse que me da 20 pesos por mi trabajo: este es otro informe parecido a los anteriores; es una atroz calumnia, pues no solamente no escribo, ni esa es mi ocupación, ni Cavia necesita de mi triste pluma, sino que yo he sido uno de los pocos que concurrieron a decirle que si escribía procurase absolutamente no mezclarse en cuestiones que lo llevasen a una guerra personal, porque así se desatendería por ambas partes el asunto principal: ni el idioma de los paisanos, que poco tiene que saber, es reservado a mis conocimientos: lo sabe Cavia, lo saben muchos que pudiera citar, y desde ahora desmiento públicamente a cualquiera que así lo haya asegurado, pues si fuese cierto tendría bastante carácter para confesarlo, como lo he tenido para decir que el diálogo es obra mía, mala o buena.

En cuanto al agravio que se ha creído hacérseme hablando particularmente de mi individuo, sólo diré que se conserva en mi casa una información judicial, con más 40 años de producida, y que haré conducir inmediatamente para satisfacción de cuantos gusten verla.

He contestado por una sola vez a todo lo que me corresponde en la Comentadora, pues lo demás que contiene son insultos extraordinarios, y yo no me hallo autorizado para insultar a nadie, pues a más de ser un arma que no conozco, mi triste educación me lo prohibe.– Buenos Aires, febrero 6 de 1821.

B. H.

Cinco lustros después había de encargarse Domingo Faustino Sarmiento de hacer el elogio de aquellos mismos versos por los que Hidalgo fuera tan arbitrariamente agredido, aunque la mención que hace del poeta montevideano haya sido ¡errónea! en su texto original, ya que lo llama «Maldonado» por querer decir «Hidalgo», como posteriormente lo rectificó en carta a Esteban Echeverría. Veamos esa página de los *Viajes por Europa, África y América. 1845-1847* titulada *Montevideo* y fechada *enero 25 de 1846*, en la que el insigne sanjuanino traza el bosquejo más exacto de la hermandad de sangre que une a ambas orillas de nuestro río. Tras elogiar al «poeta arjentino / sic /», en cuya nómina entran escritores de ambas bandas del Plata: Pacheco y Obes, Andrés Lamas, Rivera Indarte, Florencio Varela y especialmente Hilario Ascasubi, se detiene para decir (con peculiar grafía que he mantenido):

¿Cómo hablar de Ascazubi, sin saludar la memoria del montevideano creador del jénero *gauchi-político*, que a haber escrito un libro en lugar de algunas pájinas como lo hizo, habría dejado un monumento de la literatura semi-bárbara de la pampa? A mí me retozan las fibras cuando leo las inmortales pláticas de *Chano el cantor*, que andan por aquí en boca de todos. Echeverría describiendo las escenas de la pampa, Maldonado / sic / imitando el llano lenguaje, lleno de imágenes campestres del cantor, ¡qué diablos! por qué no decirlo, yo, intentando describir en Quiroga la vida, los instintos del pastor arjentino, i Ruguendas, pintando con verdad las costumbres americanas; hé aquí los comienzos de aquella literatura fantástica, homérica, de la vida bárbara del gaucho que como aquellos antiguos hicsos en el Ejipto, háse apoderado del gobierno de un pueblo culto, i paseado sus caballos i hecho sus yerras, sus festines y sus laceaduras en las plazas de las ciudades. Paréceme ver al viejo Chano de las Islas del Tordillo, acercándose al pago de la Guardia del Monte, al tranco majestuoso i pausado del caballo del gaucho, estirando el cuello del corcel sin gracia, mientras que el jinete, sentándose sobre las vértebras, describe con su espalda una curva que avanza hácia delante, la cabeza inclinada para romper el viento, i dejar al cuerpo toda su flexibilidad. «*Con que amigo,* » le dice Contreras, al verlo llegar, «*diaonde diablos sale? Meta el redomón, desensille, votoalante!... ¡Ah pingo que da calor!*» Cordial salutación que encierra ya muestra sencilla de la hospitalidad de la pampa, i el cumplido más lisonjero que pueda hacerse al gaucho, alabarle su caballo. «*¡Pero si es trabuco, Cristo!*» esclama el gaucho lisonjeado. «*Cómo está, señó Ramón?*» —Mientras se calienta el agua i echamos un cimarrón; ¿*Qué novedades se corren?...*—Novedades! qué sé yo; hai tantas, que uno no acierta a qué lado caerá el dos, aunque le esté viendo el lomo. Todo el pago es sabedor que yo siempre por la causa anduve a frío i calor. Cuando la primera patria al grito se presentó Chano con todos sus hijos. Ah, tiempo aquel...! Ya pasó! Si fue en la patria del medio lo mismo me sucedió. Pero amigo, en esta patria...! Alcánceme un cimarrón.» Qué triste, que doloroso es este: *alcánceme un cimarrón!* Cuántas cavilaciones van a empezar cuando el gaucho comience a sorber su mate amargo ! Toda la historia de la revolución pasa rápidamente por su memoria. Los primeros tiempos de entusiasmo los ha juzgado ya exclamando: «*Ah tiempo aquel! ...Ya pasó*» . Los desencantos vienen en pos, i dice: «*En diez años que llevamos de nuestra revolución, qué ventaja hemos sacado? Las diré con su perdón: robarnos unos a otros, aumentar la desunión, querer todos gobernar, i de facción en facción andar sin saber que andamos, resultando en conclusión que hasta el nombre de paisano parece de mal sabor.*»

I no es que al buen sentido del gaucho se esconda la causa del mal, que es el espíritu de localidad, el espíritu castellano de odio i adversión contra el estanjero, llamando tales a los mendocinos i salteños, en su rabia de encontrar extranjeros. Chano pone un caso en que lo que no pudo hacer la jente del país hízolo un mocito forastero, a quien no se premió por ser extranjero. He ahí la historia de las repúblicas americanas, sólo que Chano, el pobre cantor de la Pampa, no alcanzaba a ver sino el odio entre las provincias; más tarde habría visto el odio entre los Estados; el odio de los nacidos en el suelo contra los que vienen a poblarlo. «Es un dolor ver estas rivalidades» replica Con-

treras, «*perdiendo el tiempo mejor, sólo en disputar derechos. Hasta que, no quiera Dios! se aproveche algún cualquiera de todo nuestro sudor.*»
Dios lo quiso, empero, gaucho profeta del desierto, en 1820; el cualquiera presentóse, i hace ya largos años, sin que sea dado vaticinar el fin de esta última patria, tan triste, tan larga!

Sarmiento deslizaba, en ese texto de 1846, su peculiar interpretación sociohistoriográfica de los hechos ocurridos en la región y, en el final, se refería, naturalmente, a la tiranía de Juan Manuel de Rosas que, en nombre del federalismo, logró concentrar en Buenos Aires el poder absoluto durante más de veinte años (1830- 1852).

D.VI.- Apuntes antológicos sobre su obra.

Generalmente las precisiones de don Antonio Praderio en su tratamiento de la producción literaria de Bartolomé Hidalgo resultan fundamentales, no sólo por su gran erudición en estos temas sino también por la generosidad con que revela cada una de las fuentes de información que ha utilizado y que existen a disposición de los futuros investigadores, ya se trate de libros, de periódicos o de pliegos sueltos. Su palabra es oportuna aquí. Dice Praderio:

> La compilación y el estudio de las producciones de Bartolomé Hidalgo proponen, en primer término, la grave y dificultosa tarea de averiguar cuáles de las piezas que por lo general se reputan como de su pertenencia, le pueden ser atribuidas con algún viso medianamente razonable de verosimilitud.
> Siguiendo un hábito muy difundido en su época, el poeta no acostumbraba firmar sus composiciones que daba a publicidad. Al menos las que han llegado hasta nosotros en sus primeras ediciones, presentan esa característica. Si a esa circunstancia se agrega la particularidad de que no reunió sus poesías en volumen, sino que éstas fueron publicadas en hojas sueltas o folletos, generalmente sin fecha, así como el hecho de que hasta el presente no ha sido posible obtener, salvo en un caso, los correspondientes manuscritos autógrafos, no parece demasiado extraño que en más de una oportunidad la atribución que le haya sido hecha de una u otra pieza revista el carácter de antojadiza. Cabe advertir que no parece prometer resultados válidos algún método de identificación de sus composiciones que pudiera emplearse. Dos particularidades de la obra de Hidalgo constituyen un obstáculo para ello: la primera, lo escaso del material compilado hasta la fecha; la segunda. que deriva de sus mismas características estilísticas: sus poesías cultas responden a una corriente literaria -el neoclasicismo- que no se distingue, precisamente, por la personalidad que permite expresar al autor, máxime cuando, como en el caso de nuestro poeta, no se trata más que de un mero repetidor de ideas y de expresiones que circulaban, libremente y sin dueño conocido,

por la poesía de la época tanto española como rioplatense. Menos propicio parece el campo que ofrecen sus composiciones gauchescas, si se considera de qué modo es posible confundir en esta índole de poesía —principalmente en sus orígenes— aquello que constituye expresión particular y característica de un autor, con aquello que no pasa de una expresión consagrada por el uso habitual y que se trasmite de un autor a otro. Creemos pues menos aventurado intentar la averiguación de cuáles pueden ser las producciones que deben considerarse -con mayor o menor seguridad- como pertenecientes a Hidalgo, empleando un método dual en cierto modo. En primer término, examinaremos el hecho de cada composición: circunstancia histórica, valor de las diversas adjudicaciones, crédito que merece cada uno de los autores que le han atribuido una pieza, y otros factores. En segundo lugar, emplearemos con cierta cautela la aproximación de los textos. Quizás de la interacción de ambos criterios podamos lograr una más amplia certidumbre sobre la obra que se ha de reputar como de Bartolomé Hidalgo.

En lo que se refiere a la compilación de la obra de Hidalgo es destacable que algunas de sus composiciones son publicadas desde la primera antología rioplatense, *La lira argentina* (París, 1824), pasando por la *Colección de poesías patrióticas* (Buenos Aires, 1827), el *Parnaso Oriental* (Buenos Aires-Montevideo, 1835-1837), *La* América *Poética* (Valparaíso, 1846) y otras posteriores. En 1917 Martiniano Leguizamón comienza la recopilación de sus poesías en un volumen. Lo siguen, según Praderio, Mario Falcao Espalter en 1918, Nicolás Fusco Sansone en 1944, Lázaro Flury en 1950 y Horacio Jorge Becco en 1963, «debiéndose notar —acota el crítico uruguayo— que solamente la recopilación de Nicolás Fusco Sansone es representativa del doble modo culto y gauchesco que practicó nuestro poeta». Por razones que desconocemos, don Antonio Praderio no menciona la edición de la *Obra completa* de Bartolomé Hidalgo publicada en 1979 por Editorial Ciencias, de Montevideo, con prólogo y notas de Walter Rela, a la que ya nos hemos referido. Estas cosas ocurren con frecuencia en nuestra disciplina ya que, por ejemplo, la edición de Walter Rela es tomada como «Fuente primaria» para el estudio de Leonardo Rossiello (1999) pero este crítico, pese a hallar en el versión de Rela ciertos aspectos técnicos objetables en la fijación de los textos, no recurre al trabajo de su connacional Antonio Praderio publicada, como se ha dicho, en la prestigiosa colección de Clásicos uruguayos, Biblioteca Artigas, en 1986. No sería extraño que también a nosotros nos ocurran, acaso, semejantes inadvertencias.

D.VI.1.– Composiciones en lengua y formas de norma culta.

Cuando Antonio Praderio considera, de acuerdo con el método por él enunciado, las composiciones que denomina «de carácter culto», expresa su presunción de que la obra de Hidalgo no está representada en su totalidad por las piezas publicadas en las fuentes que cita. Entiende que la existencia de sólo nueve composiciones de género académico –de valores no excepcionales, paternidad dudosa y, entre las cuales, las meramente circunstanciales no debieron haber sido impresas– parecen muy pocas para justificar la fama del autor en su época. Esta fama de Hidalgo se exterioriza en los versos laudatorios que Esteban de Luca envió «*Al poeta Bartolomé a Hidalgo, incitándole a cantar la restauración de Lima*», cuyos tramos finales aluden a algún elogio de Hidalgo a de Luca, texto que permanece desconocido. ¿Qué le dijo de Luca al joven montevideano instalado en Buenos Aires? Este es el texto de su romancillo heptasílabo de totalmente acorde con la moda cultista de la época:

Al poeta Bartolomé Hidalgo
Incitándole a cantar la restauración de Lima.

Cómo es, Delio, que tratas
De apagar hoy tu genio,
Cuando es libre la Patria
Y que cantes te ruego?
¿Cómo me será dado
No rogarte de nuevo,
Cuando Apolo te inspira
Y es divino tu acento?
Yo lo escuché mil veces
Y envidié: lo confieso
Ya tu canción de amores,
Ya tu sonoro metro,
Yo lo escuché arrobado,
Mil conmigo lo oyeron
Y a todos inflamaba
Tu sacro ardiente fuego.
Así es que ahora combaten
Mil dudas en mi pecho,
Hoy que a cantar te niegas
De Lima el triunfo excelso.
Qué! las tímidas Ninfas
Te mirarán con ceño,
Si es que en tu lira imitas
De la guerra el estruendo?
O no querrán celosas
Darte un solo momento

Por temor de que olvides
Sus gracias y embelesos?
No, que harto has celebrado
Su poderoso imperio
Cantando en el Oriente
Y en el Ocaso luego,
Si en cantar a la Patria
Tu no sigues mi ejemplo.
En vano es la modestia
Que abrigas en tu seno.
Por los suaves aromas
Que exhala, hallar sabemos
A la humilde violeta
Que se oculta en el suelo.
Es vana tu modestia,
No lo dudes, mi Delio,
Que todos por poeta
Te tienen en gran precio.
No olvides que ya diste
A San Martín gran premio,
Cuando cantaste un día
En Maipo su denuedo.
Canta, pues hoy de Marte
Canta en sonoros versos,
Y en elogiar mi numen
No malgastes el tiempo.

Esteban de Luca . Buenos Aires, 1821

De Hidalgo sabemos que atendió a los ruegos del celebrado poeta porteño y aludió a su obra en la pieza **E.2.1.1.3.9** de nuestra *Corpus* textual.

Por lo demás, el prestigio de Hidalgo en Buenos Aires no se extinguió con su muerte, ya que en 1828, en una nota crítica surgida de la respetada palabra de Juan Cruz Varela y publicada en «El Tiempo», se coloca su nombre en una suerte de lista de honor, junto con Vicente López y Planes, Esteban de Luca, Juan Crisóstomo Lafinur, Fray Cayetano Rodríguez y otros pocos, entre los que «han honrado tantas veces al Parnaso Argentino». En suma, parece muy probable que hayan existido muchas más poesías de Hidalgo, en metros y formas de norma culta, que las que han llegado hasta nosotros. En mi clasificación las he ordenado de la manera siguiente.

SEGMENTO CLASIFICATORIO

D.VI.1.1.   Épico-Líricas

D.VI.1.1.1.– *Octavas orientales* (1811)
D.VI.1.1.2.– *Marcha Nacional Oriental* (1816)
D.VI.1.1.3.– *Inscripciones colocadas en los frentes de la pirámide erigida en la plaza de la ciudad de Montevideo en las celebraciones del aniversario del 25 de mayo, realizadas en el año 1816*
D.VI.1.2.– **Melodramáticas**
D.VI.1.2.1.– *Unipersonal. Sentimientos de un patricio* (1816)
D.VI.1.2.2.– *La libertad civil. Pieza nueva en un acto* (1816) .
D.VI.1.2.3.– *El triunfo. Unipersonal con intermedios de música dedicado al Exmo. Supremo Director* (1818).
D.VI.1.3.– **Circunstanciales.**
D.VI.1.3.1.– *A D. Francisco S. de Antuña en su feliz unión.* (1818)
D.VI.1.3.2.– *Oda.* (1818)
D.VI.1.3.3.– *Soneto contra el autor de la crítica a la* Oda *de la Secretaría de la Asamblea cantando los triunfos de la patria por la acción de Maipo.* (1818)

DESARROLLO DE LA CLASIFICACIÓN

La mayor parte de las composiciones en lengua y formato de norma culta atribuidas a Hidalgo están contenidas en la clásica obra titulada *El Parnaso Oriental o Guirnalda Poética de la República Uruguaya,* (Buenos Aires - Montevideo, 1835-1837, 3 v.). Compilada por Luciano Lira –a quien los anotadores no se privan de calificar como «mulato»– sus fuentes presumibles fueron las publicaciones periódicas de la época, los folletos, hojas sueltas, algunos manuscritos que exhumó y, muy posiblemente, una publicación semejante que se había aparecido años antes en Buenos Aires y cuyo compilador fue Ramón Díaz. Se trata de *La Lira Argentina o Colección de las piezas poéticas dadas a luz en Buenos-Ayres durante la guerra de su Independencia (Buenos Aires, 1824),* obra impresa en Paris, bajo el cuidado de D. Francisco Almeida y D. Miguel Rivera. De esta obra se realizaron posteriormente varias reediciones parciales y dos reediciones críticas completas: la primera constituye el volumen VII de la Biblioteca de Mayo (Buenos Aires, Comisión Nacional Ejecutiva del 150º Aniversario de la Revolución de Mayo, 1960), la segunda, que incorpora importantes aportaciones críticas de Pedro Luis Barcia, fue editada por la Academia Argentina de Letras, en Buenos Aires, en 1982, y allí se consignan siete composiciones atribuidas a Hidalgo que son las siguientes: *La Libertad Civil; Marcha Nacional Oriental; Cielito Orienta;, El Triunfo. Unipersonal; Un gaucho de la Guardia del Monte contesta al Manifiesto de Fernando VII con el siguiente Cielito escrito en su idioma; Diálogo patriótico interesante entre Jacinto Chano, capataz de una estancia en las Islas del Tordillo, y el gaucho de la Guardia del*

Monte; Relación que hace el gaucho Ramón Contreras a Jacinto Chano de todo lo que vio en las fiestas mayas en Buenos Aires, en el año 1822.

A esta última rigurosa fuente crítica remito por considerarla ilustrativa de todos aquellos puntos en que existan dudas de diversa índole sobre las piezas que nos interesan y su supuesta paternidad. Por otra parte, creo necesario ubicar aquí a mis propias aportaciones sobre el tema de las hojas sueltas que Hidalgo publicaba para su venta callejera en Buenos Aires (en «Poesía popular impresa de la colección Lehmann-Nitsche», *Cuadernos del Instituto Nacional de Antropología, Nos. 5, 6 y 7 –1969-1973)* y, especialmente, sobre la existencia de la *Graciosa y divertida conversación que tuvo Chano con señor Ramón Contreras, con respecto a las Fiestas mayas de 1823* (Impreso de Expósitos)-, composición «traspapelada» e ignorada por la crítica hasta que –como se ha dicho – descubrí el impreso en 1968, que marca el primer eslabón de una continuidad, antes insospechada, de los diálogos de Hidalgo inmediatamente después de su muerte (Fernández Latour de Botas, O. 1968: 1977-78; Weinberg, F., 1968-1, 1968-2; Cortazar, A. R., 1969 ; Borello, Becco, Weinberg, Prieto, 1977) .

Veamos algunas referencias particulares sobre tres piezas incluidas en el *Parnaso Oriental* acerca de las cuales Antonio Praderio aclara que corre por cuenta de Luciano Lira el haber atribuido a Hidalgo su paternidad:

D.VI.1.1.– ÉPICO-LÍRICAS.

Me parece ilustrativo transcribir, en esta selección antológica en la cual sustento mis propios asertos, las siguientes reflexiones de Antonio Praderio respecto de las piezas escritas en metros y lengua de norma culta por Bartolomé Hidalgo. Dice el citado autor uruguayo:

> Es curioso comprobar la ingenua sorpresa con que la mayor parte de los historiadores y críticos más lúcidos de la literatura que surge en el Río de la Plata con motivo del movimiento emancipador iniciado en 1810, descubren que esa literatura no presenta, en verdad, los rasgos de americanismo que todos dan como forzosamente insertos en ella y que, aún más, no logra para sí misma, en temas o en formas, esa libertad que tan entusiastamente se exaltaba, en el campo poético especialmente.
> El proceso, sin embargo, parece natural. La política, en sentido amplio, y la literatura no van necesariamente acordes en el tiempo por más que ambos se produzcan -plazo mediante- con interacciones entre las dos. Pero esas interacciones han de venir más tarde, concretamente en 1823, cuando la *Alocución a la poesía* de Andrés Bello perfila un programa de americanismo literario. Mientras tanto la poesía de Mayo, como se dio en llamarla -para ceñirnos a una situación geográfica determinada- no rompe, en su primera época, con los cánones estéticos neoclásicos que

rigen la poesía española de fines del siglo XVIII y principios del XIX. Los modelos no han cambiado y Quintana, Meléndez Valdés, Martínez de la Rosa, Gallegos, Lista, Arriaza. Cadalso, Moratín y otros ejercen poderosa influencia sobre Fray Cayetano Rodríguez, Vicente López, de Luca, Rojas, Juan Cruz Varela, Hidalgo, los hermanos Araúcho, etc., que no hallan otra solución poética sino aplicar las formas del neo clasicismo frío y retórico, con sus inacabables alusiones a la mitología greco-romana, al tema nuevo: la libertad, la emancipación. el odio a los tiranos, que habían de cantar, y que en cierto modo estaba ya preparando la nueva forma asumible -la patria es una nueva Musa que influye intensamente en la poesía militante con que los primeros habían hecho frente a la invasión napoleónica. Por supuesto que no todas las influencias eran españolas: Italia, Francia, Alemania e Inglaterra, juntamente con los autores de la edad clásica greco-romana y con la Biblia, colaboran en la formación de la cultura media de la época, pero aún no había estallado la revolución romántica que -ella si- habría de cambiar totalmente el panorama literario que comienza lentamente a transformarse en el Río de la Plata hacia 1832.

Bartolomé Hidalgo, en su poesía culta, no fue una excepción a la regla; sus *Octavas orientales o Marcha oriental*, que ya hemos visto como de fecha no precisada, es un himno en el que nada se distingue de sus infinitos antecesores y predecesores. Junto a versos de una. por lo menos, frescura gráfica en la descripción: «*En movibles y pequeñas chozas / Marcha el pueblo con augusto pie*», el ímpetu decae y dice: «*Ya un gran río en sus ondas lo ve*». En general, no obstante, presenta un estilo de modesta grandeza que lo hace en cierta medida soportable. El segundo himno, *la Marcha nacional oriental, o Himno oriental, antiguo*, escrito cuando hacia fines de 1816 la invasión portuguesa era inminente, revela, creemos, más sinceridad o más oficio que el anterior. No es mucho mejor, pero sus versos conservan, por lo menos, un tono más parejo y elocuente.

No está demás hacer notar que todos estos himnos y marchas patrióticas, de Hidalgo y de otros, que florecieron en la época, tienen un antecedente común que ya cita Falcao Espalter en la *Colección de canciones patrióticas hechas en demostración de la lealtad española*, en la cual todo el rimero de frases que luego habrían de campear en los himnos de los diferentes países sudamericanos está presente Resulta en verdad irónico, como dice Falcao Espalter, que los poetas de América copiaren, para enardecer el ardor patrio, a los poetas de la propia nación que detestaban en aquella época.

D.VI.1.1.1.– Octavas Orientales:

Nicolás Fusco Sansone (1952) publica estos versos bajo el título de *Marcha*

Oriental y los cita en el texto introductorio como *Marcha Nacional Oriental*, mientras que la pieza que nosotros, siguiendo a Praderio, colocamos bajo el título de *Marcha Nacional Oriental*, lleva en la compilación de Fusco Sansone el título de *Himno Oriental. Antiguo.* Eduardo de Saltrerain y Herrera (1960, Cap. IX), por su parte, se refiere a esta composición denominándola *Himno al Salto*. La letra posee la estructura de las «marchas «de entonces, estribillo llamado *Coro* y estrofas que Fusco Sansone publica separándolas de a cuatro versos pero que, por su rima, configuran octavas decasílabas (*10 abcbdbeb*). Según la información de Antonio Praderio, estas *Octavas Orientales* se publicaron, en forma anónima, en un folleto de 4 páginas, sin fecha ni pie de imprenta, aunque aparentemente proviene de la Imprenta de Montevideo y del año 1816. Fueron reproducidas por Luciano Lira en su *Parnaso Oriental* y Praderio comenta al respecto:

> Esta marcha, que se da por lo general como escrita a fines de noviembre de 1811, y ésa es la fecha que le atribuye el *Parnaso,* no figura empero en los periódicos argentinos de la fecha, no consta en ningún documento que se haya ejecutado, ni se conserva la partitura. Por otra parte, un examen sumario del texto puede hacer dudar de la contemporaneidad de la *Marcha* con los hechos a que se refiere. Expresiones tales como «su deseo es salvar el sistema» y un aire general de anacronismo, permiten sospechar que las *Octavas Orientales* fueron escritas justamente **o reformadas** el año en que son impresas, es decir 1816, con la finalidad de recordar un hecho que ya había adquirido categoría *histórica* para los habitantes de la Provincia: la «emigración» de 1811, después del éxodo del pueblo oriental .

Destaco aquí «o reformadas», ya que, como lo he dicho, creo muy posible que Hidalgo diera a conocer en 1811 la versión primera de sus *Octavas Orientales*, en cuyo caso podría considerarse a este poema, como más adelante veremos, un posible precursor, en lo formal, de la canción nacional argentina.. Me parece importante señalar que, de todas las composiciones posteriores que se han ocupado de esta gesta popular tan emblemática para los hermanos uruguayos, la publicación oficial realizada por el Museo Histórico Nacional de Montevideo en 1968 bajo el título de *Éxodo del Pueblo Oriental. Padrón de las familias que acompañaron al Gral José Artigas en 1811,* con textos que firma la señora María Julia Ardao, Subdirectora de dicha institución, ha elegido sólo dos que sin duda se han considerado «de época»: uno es el de las *Octavas Orientales*, que aparece sin nombre de autor con fecha de publicación en 1816, otro es el de una *Canción patriótica en honor del Gral. José Artigas y su ejército*, publicada por *El Censor*, de Buenos Aires, el 31 de enero de 1812 que contiene varias octavillas de forma 7 *abbcdeec* y un *CORO* que reza:

> Bravos orientales
> Himnos entonad
> Que Artigas va al templo
> De la libertad.

Es interesante destacar que las Octavas Orientales van describiendo en sus estrofas las distintas etapas del Éxodo de una manera no incompatible con su coetaneidad pues este proceso de marcha duró muchos días, mientras que el CORO tiene una función evidentemente coetánea: la de alentar la rapidez de la marcha en su huída y la de poner en los espíritus la esperanza de un «regreso» en «libertad».

D.VI.1.1.1.1.– DIGRESIÓN SOBRE LAS OCTAVAS ORIENTALES Y EL HIMNO NACIONAL ARGENTINO.

Por pertenecer a «los del Río de la Plata», Hidalgo exalta a veces, en las obras de su primera etapa montevideana, su identidad patriótica «oriental». Nadie ha dicho hasta hora, que yo sepa, que, en sus *Octavas Orientales,* **lo hace con palabras que recuerdan las estrofas escritas por Vicente López y Planes en 1813 para lo que es hoy nuestro Himno Nacional Argentino** y cuyo texto inspirador, según descubrió Carlos Vega (*El Himno Nacional Argentino,* Buenos Aires, EUDEBA, 1962) fue *La Marsellesa*, marcha patriótica francesa con letra de Claude Rouget de L'Isle (1792) .

La mayor parte de los «topus» ideológicos que imperaban en España y en Hispanoamérica son constantes en la literatura de la época: no olvidemos que el pueblo español también cantaba entonces a la patria, a la libertad y a la independencia en aquellos años de sometimiento al poder de Napoleón (Díaz Plaja, 1958). Ya Carlos Vega (1962) ha detallado las semejanzas que existen entre la letra de *La Marsellesa* y la del *Himno Nacional Argentino,* pero la coincidente selección de las que encontramos como fundamentales entre las *Octavas Orientales* y la *Canción patriótica* de López y Planes, son significativas porque también lo son las existentes entre la letra atribuida a Hidalgo y la de *La Marsellesa*. «Libertad» (...»*Liberté, Liberté cherie*...), palabra repetida como consigna, la mención de los ciudadanos como «hijos de la Patria» (...*enfants de la Patrie*...), el rechazo a la tiranía (... *contre nous de la tyrannie*...), la alusión a los campos (...*entendez-vous dans les campagnes*...) por ella arrasados y a las mujeres y de los niños que son sus víctimas (... *égorger nos fils, nos compagnes*...), son características compartidas. Por lo que, si aceptamos a las *Octavas orientales* como compuestas por Hidalgo en 1811 – yo así lo creo- colocarían al poeta montevideano como un verdadero precursor del empleo del mencionado modelo francés en el Río de la Plata. Personalmente, aún sin más pruebas, considero que las *Octavas Orientales* (aunque hayan reaparecido impresas en 1816 y fueran aceptadas entonces en perspectiva histórico-evocativa) son obra de 1811, **porque toda la poesía de Hidalgo se relaciona con los sucesos inmediatos y sólo como elementos comparativos, dentro de textos alusivos a la candente actualidad, se encuentra en ellos referencias a hechos del** pasado mediato o reciente. La adhesión a Artigas y a su *sistema*, **nunca después tan entusiasta en obras del poeta**, y la función motivadora para quienes aún marchan en la «Redota», que muestran los versos de las *Octavas Orientales*, procuran avalar mi presunción. Es interesante observar que las *Octavas Orientales* (... «Libertad entonad en la **marcha**...»), lo mismo que *La Marsellesa* (... «**Marchons, marchons**...») están incitando al pueblo a **marchar**: tienen una explícita función impulsiva dentro de la circunstancia que internamente se vive en su respectiva comunidad, mientras que la *Canción* de López y Planes se dirige al mundo externo para proclamar la buena nueva de Libertad (*«Oíd mortales el grito sagrado...»*) y luego al pueblo argentino para recordarle el compromiso de mantener para siempre *«los laureles que supimos conseguir»*, vivir *«coronados de gloria»* o, en su defecto *«con gloria morir»*. Las *Octavas Orientales* aparecen, pues, en el Río de la Plata como la primera marcha patriótica inspirada en *La Marsellesa,* pero con versos organizados como octavas decasílabicas, y no parece improbable que hayan contribuido a decidir las opciones hechas por Vicente López y Planes, que conocía sin duda la canción francesa, en el momento de escribir su celebrada letra —más tarde no carente de zoilos, sobre todo españoles— puesto que, por ejemplo, el motivo de las «rotas cadenas», presente en los versos de López y no en *La Marsellesa*, estaba ya en Bartolomé Hidalgo cuando éste menciona las «cadenas que saben romper». Existen diferencias destacables, naturalmente, entre las que, además de las funcionales que ya he señalado, están las de carácter formal. López, si bien cambia su opción formal respecto de la del llamado *romance endecasílabo* (con antecedentes en nuestro medio), que tanto mérito le valió cuando publicó *El Triunfo Argentino* (su poema heroico de 1808 escrito con motivo del rechazo a la invasión inglesa del año anterior), recurre ahora al verso decasílabo (que ha sido vinculado por autores como Menéndez y Pelayo Leguizamón, Vega y Barcia con las octavas italianas y las estrofas de la *«Canción de guerra para los asturianos»* de Jovellanos). Pero hay que destacar que no compone octavas monorrimas *10 abcbdbeb* como lo hace Hidalgo, sino cuartetos *10 abcb,* ya que, aunque los versos cuarto y quinto se encuentren ubicados a renglón seguido, no existe relación en cuanto a rima entre los primeros cuatro versos y los segundos, de modo que, el ubicarlos como octavas, es sólo una decisión del poeta que quiso que el *CORO* (un cuarteto de métrica irregular *8 a 8b 10c 10b*) se cantara al finalizar los grupos de ocho versos. Así, por lo demás, lo indica la partitura de Blas Parera que, en su parte cantable, está compuesta por tres melodías distintas: una para los primeros cuatro versos, otra para los cuatro versos siguientes y una tercera para el *CORO*. De todos modos, si las *Octavas Orientales* fueron «reformadas» en 1816 antes de su publicación, como propone Praderio, creo que **es importante tenerlas presentes, por lo temprana de su data, entre las primeras canciones patrióticas de Sudamérica**. Tiene sentido transcribir, en este contexto, toda la pieza poética de López y Planes, no sólo por sus valores patrióticos y poéticos –que no son parte del tema estrictamente abordado aquí –, sino **por la coincidencia que sus versos muestran con los temas entonces de viva actualidad que Hidalgo menciona o a los que se refiere abiertamente en su producción tanto «culta» como «gauchesca»**.

Himno Nacional Argentino

(Letra Original)

>   Coro
>   *Sean eternos los laureles*
>   *que supimos conseguir:*
>   *Coronados de gloria vivamos*
>   *O juremos con gloria morir.*

>   Oíd ¡mortales! el grito sagrado:
>   ¡Libertad, libertad, libertad!
>   Oíd el ruido de rotas cadenas:
>   Ved en trono a la noble Igualdad.
>   Se levanta a la faz de la tierra
>   Una nueva y gloriosa Nación:
>   Coronada su sien de laureles
>   Y a su planta rendido un León

>   Coro, etc.. etc.
>   De los nuevos campeones los rostros
>   Marte mismo parece animar;
>   La grandeza se anida en sus pechos,
>   A su marcha todo hacen temblar.
>   Se conmueven del Inca las tumbas
>   Y en sus huesos revive el ardor,
>   Lo que ve renovado a sus hijos
>   De la Patria el antiguo esplendor.
>   Coro, etc.. etc.
>   Pero sierras y muros se sienten
>   Retumbar con horrible fragor:
>   Todo el país se conturba con gritos
>   de venganza, de guerra y furor.
>   En los fieros tiranos la envidia
>   Escupió su pestífera hiel
>   Su estandarte sangriento levantan
>   Provocando a la lid más cruel.
>   Coro, etc.. etc.

>   ¿No los veis sobre Méjico y Quito
>   Arrojarse con saña tenaz.

Y cual lloran bañados en sangre
Potosí, Cochabamba y la Paz?
 ¿No los veis sobre el triste Caracas
Luto llanto y muerte esparcir?
¿No los veis devorando cual fieras
todo pueblo que logran rendir?

CORO, ETC.. ETC.

A vosotros se atreve ¡Argentinos!
El orgullo del vil invasor,
Vuestros campos ya pisa contando
Tantas glorias hollar vencedor.
 Mas los bravos que unidos juraron
Su feliz libertad sostener.
A esos tigres sedientos de sangre
Fuertes pechos sabrán oponer.

CORO, ETC.. ETC.

El valiente argentino a las armas
Corre ardiendo con brío y valor,
El clarín de la guerra cual trueno
En los campos del Sud resonó;
 Buenos Aires se pone a la frente
De los pueblos de la ínclita Unión,
Y con brazos robustos desgarran
Al ibérico altivo León

CORO, ETC.. ETC.

San José, San Lorenzo, Suipacha,
Ambas Piedras, Salta y Tucumán,
La Colonia y las mismas murallas
Del tirano en la Banda Oriental;
 Son letreros eternos que dicen:
Aquí el brazo argentino triunfó.
Aquí el fiero opresor de la patria
Su cerviz orgullosa dobló.

CORO, ETC.. ETC.

La victoria al guerrero argentino
Con sus alas brillantes cubrió,
Y azorado a su vista el tirano
Con infamia a la fuga se dio;

Sus banderas, sus armas se rinden
Por trofeos a la Libertad.
Y sobre alas de gloria alza el pueblo
Trono digno a su gran majestad.

Coro, etc.. etc.

Desde un polo hasta el otro resuena
De la fama el sonoro clarín.
Y de América el nombre enseñado,
Les repite ¡mortales! Oíd:
   ¡Ya su trono dignísimo abrieron
las provincias unidas del Sud!
Y los libres del mundo responden:
¡Al Gran Pueblo Argentino, Salud!

Cuesta reconocer ahora, frente al imperio de la implacable lucha por la obtención de derechos de autor, que aquellos hombres trabajaran sin más móvil que su patriotismo. **Por ello no duda Bartolomé Hidalgo en adoptar en 1816, para su Marcha Nacional Oriental, muchas expresiones consagradas por el Himno Nacional Argentino y la forma estrófica elegida por López (10 abcb), aunque con un cuarteto más regular para su Coro (10 abab). Lo mismo hizo el gran poeta Francisco Acuña de Figueroa al componer, en 1833, los versos del Himno Nacional del Uruguay, francamente coincidente en su forma estrófica y en sus ideas patrióticas** con el Himno Nacional Argentino.

Himno Nacional Uruguayo

Coro
Orientales la Patria o la Tumba!
Libertad o con gloria morir!
Es el voto que el alma pronuncia,
Y que heroicos sabremos cumplir!
I
Libertad, libertad Orientales!
Ese grito a la Patria salvó
Que a sus bravos en fieras batallas
De entusiasmo sublime inflamó.
   De este don sacrosanto la gloria
Merecimos tiranos temblad!
Libertad en la lid clamaremos,
Y muriendo, también libertad!

II
Dominado la Iberia dos mundos

Ostentaba sus altivo poder,
Y a sus plantas cautivo yacía
El Oriente sin nombre ni ser;
    Mas, repente sus hierros trozando
Ante el dogma que Mayo inspiró,
Entre libres, déspotas fieros,
Un abismo sin puente se vio.

III

Su trozada cadena por armas,
Por escudo su pecho en la lid,
De su arrojo soberbio temblaron
Los feudales campeones del Cid:
    En los valles, montañas y selvas
Se acometen con muda altivez,
Retumbando con fiero estampido
Las cavernas y el cielo a la vez.

IV

El estruendo que en torno resuena
De Atahualpa la tumba se abrió,
Y batiendo sañudo las palmas
Su esqueleto, venganza! gritó:
    Los patriotas el eco grandioso
Se electrizan en fuego marcial,
Y en su enseña más vivo relumbra
De los Incas el Dios inmortal.

V

Largo tiempo, con varia fortuna,
Batallaron liberto y señor,
Disputando la tierra sangrienta
Palmo a palmo con ciego furor.
    La justicia, por último, vence
Domeñando las iras de un Rey;
Y ante el mundo la Patria indomable
Inaugura su enseña, y su ley.

VI

Orientales, mirad la bandera,
De heroísmo fulgente crisol;
Nuestras lanzas defienden su brillo,
Nadie insulte la imagen del sol!
    De los fueros civiles el goce
Sostengamos; y el código fiel
Veneremos inmune y glorioso
Como el arca sagrada Israel.

VII
Porque fuese más alta tu gloria,
Y brillasen tu precio y poder,
Tres diademas, ho Patria, se vieron
Tu dominio gozar, y perder.
　　Libertad, libertad adorada,
Mucho cuestas tesoro sin par!
Pero valen tus goces divinos
Esa sangre que riega tu altar

VIII
Si a los pueblos un bárbaro agita,
Removiendo su extinto furor,
Fratricida discordia evitemos,
Diez mil tumbas recuerdan su horror!
　　Tempestades el Cielo fulmina,
maldiciones desciendan sobre él,
Y los libres adoren triunfante
de las leyes el rico joyel.

IX
De laureles ornada brillando
La Amazona soberbia del Sud,
En su escudo de bronce reflejan
Fortaleza, justicia y virtud
　　Ni enemigos le humillan la frente,
Ni opresores le imponen el pie:
Que en angustias selló su constancia
Y en bautismo de sangre su fe.

X
Festejando la gloria, y el día
De la nueva República el Sol,
Con vislumbres de púrpura y oro,
Engalana su hermoso arrebol.
　　Del Olimpo la bóveda augusta
Resplandece, y un ser divinal
Con estrellas escribe en los cielos,
Dulce Patria, tu nombre inmortal.

XI
De las leyes el Numen juremos
Igualdad, patriotismo y unión,
Inmolando en sus aras divinas
Ciegos odios, y negra ambición.
　　Y hallarán los que fieros insulten
La grandeza del Pueblo Oriental,

Si enemigos, la lanza de Marte
Si tiranos, de Bruto el puñal.

D.VI.1.1.2.– Marcha Nacional Oriental.

Bajo este título se publicó en *La Lira Argentina*. Para el compilador del *Parnaso* /... / es el *Himno Oriental (Antiguo)* que había sido publicado, sin indicación de autor, en el periódico bonaerense «*La Prensa Argentina*» (n° 57 del 15 de octubre de 1816, pp. 5-6). Su forma es semejante a la de las estrofas *10 abcb,* de la *Canción Patriótica* escrita en 1813 por López y Planes, que parece haber sido inspiradora de muchos de sus versos, con un *CORO* más regular que el del *Himno Nacional Argentino*, porque su forma es *10 abab*. No consta que haya sido impreso separadamente, aunque es probable que hubiera aparecido por la Imprenta de la Ciudad de Montevideo.

D.VI.1.1.3.– Inscripciones colocadas en los frentes de la pirámide erigida en la plaza de la ciudad de Montevideo en las celebraciones del aniversario del 25 de mayo, realizadas en el año 1816.

Estas inscripciones estaban colocadas en el pedestal de una «hermosa pirámide artificial», formada en la plaza de Montevideo, a semejanza de la que existe en Buenos Aires, para celebrar, seis años después, el aniversario del «Grito de la Patria», es decir el movimiento revolucionario que culminó el 25 de Mayo de 1810. Praderio estima que, seguramente no aparecieron más que en el folleto *Descripción de las fiestas cívicas celebradas en la Capital de / os Pueblos Orientales el veinte y cinco de Mayo de 1816.* (Montevideo, en el mismo año, p. 6-7), y de allí las tomó Luciano Lira para incluirlas, con alguna variante, en su recopilación.

D.VI.1.2.– Melodramáticas

La obra dramática de Bartolomé Hidalgo es una parte clave de su producción, ya que, fuera de sus piezas funcionalmente escénicas, el poeta mostró en la mayor parte de sus composiciones, tanto en lengua de norma culta como en idioma de isofonía gauchesca, una voluntad de crear vínculos de participación para sus receptores. Lo hizo en las *Marchas*, donde el *Coro* —como en la tragedia clásica— otorga letra a la voz del pueblo, en los *Cielitos*, cuya estructura de coplas y estribillos es genéticamente dialógica, en los *Diálogos* propiamente dichos y en la *Relación*, que es un nuevo *Diálogo*, género que supone la interacción de quienes los mantienen. Sus unipersonales y el pluripersonal, melodramáticos, donde la presencia de otros coros escénicos sustentan las palabras de los protagonistas, constituyen para Hidalgo, dentro de la misma línea participativa de su producción, desarrollos ideales –por su praxis de proyección escénica– de esa vocación comunicativa. Por todo ello es que creo muy aceptable la idea de que pertenezca a la pluma de Bartolomé Hidalgo el sainete gauchesco titulado *El detall de la acción de Maipú* (1818), considerado hasta ahora de autor anónimo y que incluye tanto una glosa en décimas como letras e indicaciones coreográficas de *Cielito*.

Aclaro que, en cuanto a las piezas seudoclásicas, no he seguido la costumbre instaurada –creo que a partir de una iniciativa del distinguido musicólogo Lauro Ayestarán– de considerar melólogos a las obras escénicas atribuidas a Bartolomé Hidalgo. No lo hago porque ese vocablo –que no figura en el DRAE– no fue utilizado por el autor, cuyos términos mantengo, pero creo acertado el criterio de Ayestarán de señalar el descrédito que afectó, en algún tiempo, al designador «melodrama», antiguamente aplicado a las piezas escénicas en verso para un solo actor –o para pocos–, con escaso desarrollo dramático, abundantes alusiones mitológicas y no pocas a los hechos políticos de actualidad, entre cuyos parlamentos en lenguaje grandilocuente se intercalan ejecuciones de música, generalmente orquestal y también vocal, que sirven, asimismo, de fondo durante el recitado del texto. Forma que fue cultivada por célebres autores como el francés Juan Jacobo Rousseau con *Pigmalion* (1770) y el español Tomás de Iriarte con *Guzmán el Bueno* (1789), se difundió rápidamente tanto en España como en América, pero, por haber caído en cierto ridículo el nombre «melodrama» y el adjetivo «melodramático» (acepción 4 del DRAE), comenzó a reemplazarse aquel designador por «melólogo», con el cual en el Río de la Plata tuvo señalados éxitos. Ayestarán (1953) señala que varias piezas de este género surgieron en ambas bandas del Plata: entre ellas *La lealtad más acendrada o Buenos Aires vengada* del Presbítero Juan Francisco Martínez –1807– *El nuevo Caupolicán o el bravo patriota de Caracas,* de José Manuel Sánchez –1815– *El hijo del Sud,* posiblemente de Luis Ambrosio Morante –1816– y las tres piezas atribuidas a Bartolomé Hidalgo: *Sentimientos de un patricio y La libertad civil*, ambas de 1816 y *El Triunfo* de 1818.

Todo muda, sin embargo, y en nuestros días, aunque pueda usarse esporádicamente la voz «melodramático» para designar el empleo de una expresión exagerada, a nadie se le ocurriría ridiculizar lo que se presente como «melodrama» en el plano teatral y, por ello, decidimos volver a su uso restituyéndole su propio sentido (acepciones 1, 2, 3 y 5 del DRAE).

D.VI.1.2.1.– UNIPERSONAL. SENTIMIENTOS DE UN PATRIOTA. (1816)

Se imprimió originalmente en folleto bajo el título *Sentimientos de un patricio* donde se indicaba: «Compuesto por el ciudadano B.H.». Aquí debo señalar un error en mi texto de *Trascendencia* /.../, cuando afirmo que el alegato de Hidalgo ante los ataques del Padre Castañeda es la única obra del poeta firmada con sus iniciales «B.H.», ya que lo mismo había hecho en el caso de esta pieza teatral y que, además, el poema dedicado a *D. Francisco Solano de Antuña en su feliz unión* posee su firma completa. En mi nómina coloco esta pieza bajo el título de *Sentimientos de un patricio*, ya que *patricio* y *patriota* no son términos de absoluta sinonimia y hay en el primero una connotación de nivel social que el autor, tan atacado en ese sentido, parece haber querido elegir. Praderio describe con maestría el contenido temático de esta pieza:

> /.../ aparece un oficial que incita a la lucha y encarece no desmayar en ella. Luego, al sonido de un tambor, se retira a combatir para volver con el pabellón de la Provincia y un grupo de guerreros a quienes exalta al par que realiza evocaciones históricas. Más tarde introduce en su monólogo el tema de la unión, ilustrando con ejemplos históricos los males que trae la discordia, invoca con galantería al bello sexo y termina desplegando el pabellón nacional y prometiendo derramar su sangre por la Patria. Todo esto, escrito en versos declamatorios, muy apropiados para la circunstancia, pero que en su general desvalimiento tienen una indudable elocuencia y por momentos alcanzan el brío de lo realmente inspirado.

D.VI.1.2.2.– LA LIBERTAD CIVIL. PIEZA NUEVA EN UN ACTO. (1816)

Esta obra figura como anónima. en *La Lira Argentina*. Martiniano Leguizamón (1917) la atribuye a Hidalgo por la identidad de los versos: «*La sonorosa trompa de la Fama / Del Sud publique los plausibles hechos, etc.*» que más tarde se han de publicar como principio de *El Triunfo*. El comentario de Antonio Praderio es esclarecedor. *¿Qué pensar de esto?* –dice– y reflexiona:

> Evidentemente Hidalgo pudo escribir *La Libertad Civil* a poco de *Los sentimientos de un patricio* y representarla en Montevideo, o más posiblemente en Buenos Aires, donde hizo diversas amistades. Por otra parte, es raro que la pieza no figure en otro lado que en *La Lira Argentina*, no habiendo sido recogida en *El Parnaso* como la otra obra de Hidalgo de la misma fecha, lo que hace conjeturar un origen y un ámbito de acción puramente argentino al melólogo. Ahora bien, si *La Libertad Civil* no pertenece a Hidalgo, queda el problema ya expresado antes, de los versos iguales en ambas piezas. Hidalgo, puesto que su composición de *El Triunfo* es posterior, se habría apropiado de los versos de

Esteban de Luca o de otro autor. Además, los versos que anteceden los ya famosos *La sonorosa trompa de la fama,* son de una calidad evidentemente inferior a la poesía general de Hidalgo. Precisamente en aquéllos se da una fuerza expresiva que hace que Juan María Gutiérrez los elija como muestra de la poesía culta de Hidalgo, en su *América Poética.*

Pedro Luis Barcia ha dedicado un título especial al problema que presenta la duplicación de textos en *La libertad Civil* y en *Sentimientos de un patriota* y concluye que Bartolomé Hidalgo ha sido, sin duda, el autor de ambas composiciones, en lo cual concuerda con Martiniano Leguizamón, con Mario Falcao Espalter y con Antonio Praderio, aunque no con el maestro Ricardo Rojas quien, en su *Historia de la literatura argentina* (1917) ha considerado posible que *La libertad civil* se deba a la puma de Esteban de Luca a quien pertenecen los versos en ella intercalados, extraídos de su conocida *Canción patriótica* (*La América toda / se conmueve al fin...*).

Barcia (1982) desecha esta presunción con valederos argumentos estilísticos. Praderio dice de esta pieza:

> Se trata de un melólogo pluripersonal en el cual Matilde se queja de su destino pues Adolfo ha partido a la guerra. Más tarde éste regresa con un español y varios indios, todos entonan la canción patriótica cuyo autor es Esteban de Luca y, contestando a una extensa tirada en la cual el español se manifiesta partidario de la causa de la emancipación, Adolfo termina la obrilla con unos versos -los mejores indudablemente de la pieza- en que describe la lucha e invoca, para el bien de la patria, a los magistrados, ciudadanos y guerreros /... /. La libertad civil, obra que, según Castagnino habría sido escrita con motivo de la Jura de la Independencia y acaso representada en Buenos Aires, presenta, dentro de la general mediocridad de sus versos (incluso hay varios de ellos que son disparatados), una idea que se compadecería con las expresadas por Hidalgo en otras oportunidades: una vez firme el Gobierno propio de las provincias emancipadas, todos serán hermanos y partícipes de su engrandecimiento, tanto los indios como los españoles.

D.VI.1.2.3.– EL TRIUNFO. UNIPERSONAL CON INTERMEDIOS DE MÚSICA DEDICADO AL EXCELENTÍSIMO SUPREMO DIRECTOR. (1818)

En la *Lira Argentina* se encuentra sin mención de autor, no obstante ello, parece seguro que pertenece a Hidalgo pues figura con su nombre en la *Colección de poesías patrióticas,* obra de Esteban de Luca, Vicente López y Planes y Cosme Argerich, todos los cuales conocían muy bien a Bartolomé Hidalgo y de Luca, especialmente, mantenía con él una relación de amistad. La *Colección de poesías patrióticas,* que no se puso a la venta porque después de confeccionado no satisfizo a sus compiladores, carece de carátula y de Índice, fue editada en Buenos Aires en 1827 y, según el pie, por la imprenta de «*El Tiempo*». Sigamos con nuestra transcripción antológica de textos de Praderio:

> / ... / El Triunfo, melólogo unipersonal de circunstancia, escrito con motivo de la batalla de Maipú y representado en Buenos Aires, en 1818 es, pese al acartonamiento de sus versos, el más logrado de los melólogos de Bartolomé Hidalgo. El unipersonal es de técnica muy semejante a la de Los sentimientos de un patricio. Comienza con una exaltación de la libertad, describe la batalla de Maipú, se interrumpe un breve momento para que el personaje oiga una letrilla que se canta entre bastidores, elogia a San Martín, se entona desde adentro el Himno Nacional Argentino y termina la pieza invocando el personaje a los chilenos, magistrados, la unión, juventudes, bello sexo, etc. Ya hemos señalado el acartonamiento de sus versos; no obstante ello, la versificación es suelta y presenta -lo que ya parece una característica general del autor en la poesía de modalidad culta- cierta modesta grandeza dentro de su común medianía. / Como elemento común a los tres melólogos –en el supuesto que La libertad civil fuese de Hidalgo– cabe anotar que en ellos impera en forma destacada el sentimiento de la Concordia entre todos los países hispanoamericanos y aún España si ésta se aviniera a reconocer la justicia de la causa de la Independencia, presentando a su contraria, la Discordia, con los tonos más sombríos en una forma, si no memorable, revestida de particular elocuencia. No cabe duda, sin embargo, que estos melólogos fuera del valor testimonial que puedan tener como característicos de la época y de las circunstancias históricas que precedieron su nacimiento y auge, no pueden considerarse seriamente como de algún valor dentro de la poesía dramática del momento.

Por fin, *Idomeneo* aparece citado como otro unipersonal que Falcao Espalter (1918) atribuye a Bartolomé Hidalgo. Praderio, con claros datos documentales sobre el teatro de la época (obras traducidas y piezas originales), descarta esa posibilidad que considera «totalmente gratuita», por lo que el texto que se ha recuperado no se incluye en su edición de Clásicos Uruguayos de 1986 y tampoco nosotros lo copiamos en la edición presente.

D.VI.1.3.- CIRCUNSTANCIALES.

He incluido entre las composiciones «Circunstanciales» de Hidalgo sólo tres: el epitalamio *A Don Francisco Solano Antuña en el día de su feliz unión* (1818), la *Oda* (1818) y el *Soneto contra el autor de la crítica / ... /* (1818). Se trata de piezas sin particular relevancia artística que muestran los recursos literarios y retóricos del poeta dentro del estilo y nivel característicos de la producción literaria rioplatense de su tiempo. Ellas nos hablan, sí, del medio social en el que Hidalgo se movía, pese a su tan mentada «pobreza», y al lugar que se había ganado en el mundillo literario de Buenos Aires como antes lo había hecho en el de Montevideo.

D.VI.1.3.1.– A D. Francisco S. de Antuña en su feliz unión. (1818)

Esta poesía, cuyo original firmado el 7 de enero de 1818, se encuentra en el Museo Histórico Nacional de Montevideo, fue descubierta y publicada por Mario Falcao Espalter (1918). Según Praderio «no tiene otra importancia que la de ser la única pieza que se conserva autógrafa y firmada por el autor; vale decir la única que, indudablemente, es de Bartolomé Hidalgo».

D.VI.1.3.2.– Oda. (1818)

Fue publicada en el periódico «El Censor» de Buenos Aires, n° 140, p. 5-6, del 23 de mayo de 1818. Expresa sobre ella Praderio que está precedida por un «Remitido» el cual, entre otras cosas, dice que fue compuesta por un admirador de la singular destreza con que una señorita de Buenos Aires toca la vihuela, y que el poeta «ya ha cantado el Triunfo de Maipo con mucho brío y muchas sales». Martiniano Leguizamón y Calixto Oyuela, que adjudican la composición a Hidalgo, anotan que la señorita en cuestión era María Sánchez Velazco. Recordemos que se trataba de la famosa Mariquita Sánchez, luego señora de Thompson (y años más tarde de Mendeville) a cuya tertulia, inmortalizada por el espléndido óleo de Subercassaux, llevó Esteban de Luca los versos del himno de López y Planes que aclamó la Asamblea el 11 de mayo de 1813, y a los que Blas Parera, que se encontraba en el salón, fue instado a poner música (Vega, C. 1962). Martiniano Leguizamón ha referido que cinco años después Juan Cruz Varela, en *La Corona de Mayo*, celebraría también a esta señora, pero eso no puede inferirse del texto de dicho poema donde se menciona a dos damas por los nombres Micaela y Carmen, probablemente ficticios como era usual en aquel tiempo.

D.VI.1.3.3.– Contra el autor de la crítica a la Oda de la Secretaría de la Asamblea, cantando los triunfos de la patria por la acción de Maipo (1818)

Es un soneto atribuido a Hidalgo por Juan María Gutiérrez. Se refiere, seguramente según los críticos consultados, a la *Oda. Los oficiales de la Secretaría del Soberano Congreso a la Patria, en la victoria de Maipo,* que se publicó en folleto de tres páginas, por la Imprenta de Niños Expósitos de Buenos Aires, probablemente en abril de 1818, y que corre de la página 175 a la 180 de la *Lira Argentina* como anónima. En la *Colección de poesías patrióticas* está firmada por Vicente López y comienza:

¡Oh! si hoy mi poderío
La esfera de mis votos igualase
Para cantar el belicoso brío
De la región maypuana
Que hundió en el polvo la soberbia hispana!

El autor de la réplica quiso permanecer en el anonimato y no se sabe si ésta –aunque ciertamente circuló– fue también impresa en su tiempo, porque quien la ha exhumado como obra de Hidalgo es Juan María Gutiérrez, publicándola en 1872 en la *Revista del Río de la Plata*, como pieza inédita. Dice Praderio que, al parecer, «Gutiérrez pensaba incorporarla a la segunda edición de su *América Poética,* pues figura en páginas manuscritas agregadas a la edición de Valparaíso que le perteneció». No obstante tales reparos, el soneto se ha incluido en la edición de *Obra completa* de Hidalgo de 1986.

D.VI.2.– La obra progresivamente «gauchesca» de Bartolomé Hidalgo.

Si se acepta como de su autoría el *Corpus* que hemos seleccionado, se verá que, a partir del *Cielito de la Independencia* y hasta la *Relación / ... / de 1822*, Hidalgo fue elaborando una expresión literaria totalmente distinta de la que hemos tratado en el punto D.**VI.1**.

D.VI.2.1– Composiciones en metros y formas estróficas de uso popular tradicional. Cielitos. La décima.

Segmento clasificatorio

D.VI.2.1.1.– Cielitos.
D.VI.2.1.1.1.– Cielito en lengua de norma culta: *Cielito de la independencia* (1816).
D.VI.2.1.1.2.– Cielito con inclusión de palabras de isofonía portuguesa: *Cielito oriental (1816)*
D.VI.2.1.1.3.– Cielitos en lengua con isofonía gauchesca.
D.VI.2.1.1.3.1.– *Cielitos que con acompañamiento de guitarra cantaban los patriotas al frente de las murallas de Montevideo* (1812)
D.VI.2.1.1.3.2.– *Los víveres que los godos /... /* (1813)
D.VI.2.1.1.3.3.– *No hay miedo, pues los macetas / ... /* (1814)
D.VI.2.1.1.3.4.– *Cielito a la aparición de la escuadra patriótica en el puerto de Montevideo.* (1814)
D.VI.2.1.1-3.5.– *Cielito patriótico que compuso un gaucho para cantar la*

acción de Maipú. (1818) . **Primera composición gauchesca en la historia de la Literatura.**

D.VI.2.1.1.3.6.– *A la venida de la expedición. Cielito.* (1819) .

D.VI.2.1.1.3.7.– *Un gaucho de la Guardia del Monte contesta al Manifiesto de Fernando VII y saluda al conde de Casa Flores con el siguiente cielito, escrito en su idioma.* (1820)

D.VI.2.1.1.3.8.– *Cielito patriótico del gaucho Ramón Contreras, compuesto en honor del Ejército Libertador del Alto Perú* (1821)

D.VI.2.1.1-3.9.– *Al triunfo de Lima y el Callao. Cielito patriótico que compuso el gaucho Ramón Contreras.* (1821)

D.VI.2.1.2.– **La décima**

D.VI.2.1.2.1.– **Décima en lengua de norma culta.** *Décima a un elogio de la erección del Cementerio del Norte* (1822) .

D.VI.2.2.– **Diálogos gauchescos.**

D.VI.2.1.– *Diálogo patriótico interesante entre Jacinto Chano, capataz de una estancia en las Islas del Tordillo, y el gaucho de la Guardia del Monte.* (1821)

D.VI.2.2.– *Nuevo diálogo patriótico entre Ramón Contreras, gaucho de la Guardia del Monte, y Jacinto Chano, capataz de una estancia en las Islas del Tordillo* (1821) .

D.VI.2.3.– *Relación que hace el gaucho Ramón Contreras a Jacinto Chano, de todo lo que vio en las Fiestas Mayas de Buenos Aires, en el año 1822* (1822).

Desarrollo de la clasificación

D.VI.2.1.1.– Cielitos.

Como lo he dicho en el texto que encabeza esta obra – *Trascendencia de Bartolomé Hidalgo en la literatura rioplatense*- los *cielitos* constituyen, a mi entender, la máxima expresión de la poesía del autor montevideano. Sin ser desde el principio producción claramente «gauchesca», la adopción de una forma tradicional y popular como es la del *Cielito* marca, en la obra poética de Hidalgo, un camino hacia la innovación de fuente americana, camino que también va señalando luego la manipulación lingüística que realiza entre español y portugués en el *Cielito Oriental*. Esta experiencia contrastiva no era totalmente nueva en el Río de la Plata, ya que, en el sainete anónimo *El amor de la estanciera* (fines del siglo XVIII), se pone en boca del desdeñado pretendiente portugués –Marcos– una jerga semejante frente a la del enamorado con fortuna –Juancho– quien habla como un gaucho. Sin embargo, la composición de Hidalgo es un punto de partida clave, a partir del cual el autor parece afirmarse en la certeza de que **la originalidad que busca ha de basarse en los aspectos lingüísticos y en el conocimiento público compartido de ese «idioma provincial que usan en la campaña nuestros paisanos»**. Por esa vía llegaría Hidalgo, y con él sus lectores, a desentrañar la existencia y la esencia del tipo gaucho porque, como lo ha dicho Borges (1960) «saber cómo habla un personaje es saber quién es /... / descubrir una entonación, una voz, una sintaxis peculiar, es haber descubierto un destino.»

Como yo misma he adquirido, tras la lectura de estas y otras fuentes bibliográficas y no pocas documentales, una mirada crítica no siempre coincidente con lo hasta ahora dicho, he de abordar brevemente el tema del *Cielito* como especie folklórica rioplatense.

En lo que respecta al *Cielito*, la crítica literaria se ha mantenido con frecuencia desconectada de la investigación musicológica y folklorística. Aparece aquí en plenitud la errónea adjudicación del carácter de «gauchesco» al cancionero tradicional del gaucho que no fue sino parte de su folklore. La voz «gauchesco» debe aplicarse a las *proyecciones* (Vega, 1944) o remedos intencionales de la lengua y la cultura del gaucho por parte de autores de cultura urbana. Lo «gaucho» es la tradición cultural completa, popular, anónima, oral y empírica, funcional, colectiva, localizada y vigente en su tiempo del jinete ganadero rioplatense: su folklore (Cortazar, 1949).

Entre las especies que constituyeron, desde fines del siglo XVIII en adelante, dicho folklore, estaba el *Cielo o Cielito*, que no es un romance ni hay razón para derivarlo directamente de esta noble especie épico lírica peninsular hija de los cantares de gesta, puesto que sus letras están constituidas no por tiradas monorrimas de dieciseisílabos (16 aaaa...) como prefiere Menéndez Pidal, (que suelen escribirse 8 abcbdbeb...cuando se trata de piezas populares), sino por **coplas y estribillos**. El enceguecedor «romancismo» que obnubiló a los críticos literarios españoles y a quienes los siguieron en esta línea, impidió ver lo que el erudito Samuel Armistead ha reconocido en su conferencia inaugural del Primer Encuentro-Festival de la Décima y el Verso Improvisado (Las Palmas de Gran Canaria, 1992): oscureció la visión de la extendidísima práctica popular de la décima y, en el caso de las coplas, confundió con romances lo que ya en España era una realidad de la lírica aplicada al baile popular de todas sus regiones. En el caso del *Cielo* o *Cielito* rioplatense, las coplas, selección criolla de los modelos españoles, pueden ser cuartetas octosilábicas romanceadas (8 abcb)

> ¡Oh! gallo, si tu supieras
> Lo que cuesta un buen querer
> No cantarías tan apriesa
> Al tiempo de amanecer. (V.R. Lynch, 1883)
> o bien seguidillas (7a5b7c5b)
>
> A la mar me han echado

> Los enemigos
> Porque dicen que mato
> Con un suspiro (V.R. Lynch, 1883)

y los estribillos, expresarse en cuartetas completas o dísticos en los cuales se menciona el nombre del baile en diversas formas como «Cielo, cielito que sí», «Allá va cielo y más cielo», «Digo mi cielo, cielito», entre otras variantes. Ha sido muy común designar a los bailes con palabras procedentes de las coplas más conocidas con que se cantan. Eso ocurrido con El Gato, El Triunfo, La Huella, La Refalosa, El Prado, Los Amores, El Escondido, etc.. Por ello podríamos pensar que la siguiente – que transcribo con su correspondiente estribillo en el que por excepción se reiteran los dos últimos versos de la cuarteta inicial, es, acaso, la copla más antigua que existió de la especie *«Cielo»* o *«cielito»* en Buenos Aires y también en todo el Río de la Plata:

> Vístase el cielo de luto,
> Las estrellas / de / brillantes,
> Cantando les contaré
> La vida de dos amantes.
>   Cielo, cielito que sí,
> Cielito, cielo que no,
> Cantando les contaré
> La vida de dos amantes. (V.R. Lynch, 1883)

El *Cielito,* pues, no deriva directamente del romance ni es generalmente, en cuanto al contenido temático de sus letras, una especie narrativa. Como excepción a la regla, puede presentarse el Cielito de Maypo, una de cuyas coplas

> El cielo da las victorias,
> Vamos al cielo paisanos
> Porque cantando el cielito
> Somos más americanos

se hizo famosa por ser citada por Juan María Gutiérrez en su trabajo sobre *La literatura de Mayo*. Efectivamente, las nueve estrofas del texto, sólo parcialmente narrativo, y sus correspondientes estribillos han sido escritos con la misma rima. Como veremos al tratar el punto E.2.1.1.3.5.– todos los críticos aseveran que de ningún modo esta composición podría ser atribuida a Bartolomé Hidalgo pues, no entra en la categoría de «poesía gauchesca» ya que su forma conceptista de expresión y la ausencia del léxico característico lo alejan del estilo general que hemos visto en los *cielitos*, sin firma, de Hidalgo. Yo no estoy tan segura. En ese momento, Hidalgo estaba construyendo su definitiva expresión gauchesca, pero además estaba escribiendo su mensaje en códigos lingüísticos diversos y para distintos niveles culturales y medios de difusión como lo son la poesía impresa, los libretos teatrales y las letras de cielitos, aptas para la transmisión oral por medio del canto.

El hecho es importante porque está mostrando que la forma *Cielito* había comenzado a adquirir entidad y funcionalidad aceptadas por otros poetas y por el público receptor, para cantar los temas de la Patria..

Baile de parejas interdependientes introducido por el Río de la Plata con la corriente de las contradanzas e irradiado por Buenos Aires hacia Chile y el Alto Perú con los ejércitos libertadores del General San Martín, como lo probó Vega, es una especie lírica y coreográfica que, con acompañamiento de guitarra, y con una simple melodía cuya célula básica insume sólo dos compases, da lugar a la ejecución de figuras de contradanza. Su compás es ternario como lo dice el mismo autor en *Al triunfo de Lima y el Callao...*

> Cielito, cielo que sí,
> Cielito de tres por ocho,
> Que se empezó a desgranar
> Lo mismo que *maiz* morocho

Por lo que se conoce, se bailó tanto en el Alto Perú (Cielito de Potosí), como en el Paraguay (Cielito Chopí o El Santa Fe), y seguramente en Chile. No ha podido establecerse una relación cierta entre el Cielito rioplatense y la canción mexicana titulada Cielito lindo, también emblemática para ese país. Las figuras de danza son realizadas, generalmente, por dos parejas de bailarines, aunque este número de parejas puede aumentar considerablemente en variantes como el «cielo apericonado» (con bastonero llamado Perico o Pericón), el **«cielito en batalla» (bailarines en filas enfrentadas, que es el se «echa» Contreras en lo de Alfaro, según la Relación / ... / de Hidalgo de 1822)** o el «cielito de la bolsa» una pareja queda encerrada en medio de la rueda formada por las otras, para que sus integrantes intercambien coplas intencionadas que tanto el hombre como la mujer se dicen, alternativamente, en el transcurso de éste y otros bailes y que se llaman entre nosotros «relaciones»). Sobre la coreografía del *Cielito* dice Lynch en la obra citada:

> El cielo es un baile de cuatro. Se colocan pareja frente a pareja, como en la cuadrilla. Mientras canta el guitarrero, todos valsan. Al terminar la segunda copla hacen la reja.
> La reja consiste en dar vuelta por el lugar que ocupan los demás sin abandonar la mano de su compañera. Luego siguen valsando, pero en forma de cadena, y así progresivamente.

La versión divulgada por el maestro Antonio R. Barceló, que ha sido publicada por Beatriz Durante y Waldo Belloso (1968) y por Héctor Aricó (2004). Consta de las siguientes figuras:

> Colocación de las parejas; Avance, saludo a la contraria y retroceso; Avances y retrocesos; Demanda y cambio de lugar. Las mujeres; Demanda y cambio de lugar, Los hombres; Los hombres de un lado. Mujeres del otro;

Avance, saludo y retroceso; Avance, molinete y a sus lugares; Pases y molinetes; Avance al centro y giro de las mujeres; La rueda; Relaciones; La cadena corrida; Medio giro mujeres y contramarcha; Unos detrás de otros; En sus lugares primitivos; Avance, saludo general y retroceso; Giro y saludo de cada pareja.

Héctor Aricó (2004) ha exhumado los testimonios del tradicionalista Andrés Beltrame (1933) quien da una letra que es la siguiente:

CIELITO DE LA PATRIA
1^a
El Cielito de la Patria
Hemos de cantar paisanos
Porque cantando el Cielito
Se inflama nuestro entusiasmo.
2^a
Cielito, cielo y más cielo
Cielito del corazón
Que el cielo siempre proteja
A nuestra hermosa Nación.
3^a
Si de todo lo creado
Es el Cielo lo mejor,
El Cielo ha de ser el baile
De los pueblos de la Unión.
4^a
Cielito, digo que sí,
Cielito de la victoria,
La Patria y sus dignos hijos ...
Vivan siempre en mi memoria

5^a
Allá va cielo y más cielo,
Cielo de la madrugada,
Cielo de nuestra bandera
Siempre gloriosa y amada
6^a
El Cielito d la Patria
Es el cielo más divino
Cielo del azul y blanco,
Cielo de los argentinos.

Las dos primeras coplas y las dos últimas coinciden con las que enseñaba don Antonio Barceló, discípulo a su vez de Beltrame, y que fragmentariamente, se canta hasta hoy en las instituciones tradicionalistas. La tercera, contaminada con la segunda en el texto de Beltrame copiado por Aricó, es en realidad como la hemos transcripto. Como puede observarse si se confrontan los textos, las estrofas 1ª y 2ª son de Bartolomé Hidalgo, pues corresponden al *Cielito de la Independencia* (1816) y la 4ª también, pues pertenece a *Al triunfo de Lima y el Callao. Cielito patriótico que compuso el gaucho Ramón Contreras* (1821). Las cuatro coplas que enseñaba Barceló se citan en la obra de Beatriz Durante y Waldo Belloso con la siguiente correspondencia entre el texto y la coreografía, de acuerdo con música arreglada por Waldo Belloso:

Avances y retrocesos	El Cielito de la Patria
	Hemos de cantar paisanos.
	(*Bis de ambos versos*)
Demanda con la contraria	Porque cantando el cielito
	Se inflama nuestro entusiasmo
	(*ídem*).
Avances y retrocesos	*32 compases sin copla*
Molinetes simultáneos	Cielito, cielo y más cielo
Molinetes	Cielito del corazón
	(*Bis de ambos versos*)
	Que el cielo siempre proteja
	A nuestra hermosa Nación. (*ídem*)
Molinetes pareja 1	*32 compases sin copla*
Avances y retrocesos	Allá va cielo y más cielo,
	Cielo de la madrugada,
	(*Bis de ambos versos*)
Rueda	Cielo de nuestra bandera
	Siempre gloriosa y amada. (*ídem*)
Cadena y contramarcha	*32 compases sin copla*
Espejito	El Cielito de la Patria
	Es el cielo más divino,
	(*Bis de ambos versos*)
Avance y retroceso final	Cielo del azul y blanco,
	Cielo de los argentinos. (*ídem*)

Pedro Berruti (1954) proporciona una versión de ordenamiento diferente que corresponde a la recopilación del coreólogo santiagueño Andrés Chazarreta (1916-1940). Sus figuras son: *Balanceo, Espejito, Balanceo, Cadena, Homenaje, Balanceo, Vals, Rueda, Pabellón uniendo las manos izquierdas, Pabellón uniendo las manos derechas, Vuelta entera, Giro, Contragiro, Zapateo y zarandeo, Giro final*. También la letra es diferente en esta versión noroéstica:

¡Vamos! (Música: tres acordes)
Balanceo

Cielito y cielo,
Cielo de gloria,
Pa bailar hacen falta
Mozos y mozas.

Espejito
Vayan saliendo
Uno con una
Y puestos frente a frente
Formen postura.

Balanceo.
A ver como se mueven
Esos talones,
Y enlazan las cadenas
Los corazones.

Cadena
De tu casa a la mía
Va una cadena,
/ *Recamada* / de flores,
De amores llena.

Homenaje
Ponete al frente,
Ponete al frente,
Que aunque no seas mi dueña
Me gusta verte.

Balanceo
Tiene mi linda moza
Flor en el pelo,
Y esa flor es la prenda
Que yo deseo

Vals
Que salga el valse,
Uno con otra,
Y al llegar a su puesto
Va una grandota.

Cancha a la rueda
A ver mozos y mozas,
Mucha atención;
Váyanse preparando
Pa el pabellón.

Pabellón.
Pabellón de mi patria,
Blanco y celeste,
Sobre mi pobre rancho
Quisiera verte.
Gato
Con los ojos del alma
Te estoy mirando
Y con los de la cara
Disimulando
Y con los de la cara
Disimulando.

Mudanza.
Zapateo y zarandeo. Música (8 comp.)
¡Ahura!
Que vení, que vení, que vení:
Media vuelta y parate aquí.

Las letras con que se canta el *Cielito*, lo mismo que las de casi todos los bailes criollos, tratan sobre amores, como lo demuestra la pieza recogida en Buenos Aires por Ventura R. Lynch de la cual hemos tomado ejemplos, pero está en su índole natural el teñirse con otros colores y tornarse humorísticas, satíricas, reflexivas o histórico-políticas.

La forma coreográfica *Cielito*, ha dado lugar, en el siglo XX, a la creación, en la Argentina, de numerosas «proyecciones» de la especie, que crearon «variantes» con fines de cultivo tradicionalista, particularmente para ser bailadas en las Peñas folklóricas que proliferaron en todo el país. Algunas de estas piezas, según las obras de los profesores Setembrino Melo y colaboradores (1984; 1988) y otras fuentes, se titulan: *Cielito del Porteño, Cielito del Campo, Cielito de los Bosques, Cielito de la Independencia, Cielito de Buenos Aires, Cielito de las Tres Marías, Cielito de Santa Fe, Cielito de Tandil, Cielito del Sitio de Montevideo, Cielito de Parque Patricios, Cielito de las Milicias*. La coincidencia de estas danzas con los cielitos tradicionales o con obras de Bartolomé Hidalgo, no es obligatoria y en algunas casi no existe.

Cielitos populares hubo antes y después de Bartolomé Hidalgo (O. Fernández Latour, 1960). Eran considerados propios de Buenos Aires y es en esta ciudad donde el poeta montevideano escribió la mayor parte de sus inolvidables estrofas redactadas en el «idioma provincial». Aunque eligió la convención lingüística «gauchesca», Hidalgo buscó, con sus *Cielitos*, no una innovación formal sino una estructura popularmente consagrada para refuncionalizarla con sus letras patrióticas y convertirla así en arma ideológica. Puso por obra el «cantar opinando» que luego inmortaliza José Hernández en el *Martín Fierro* y cuya filiación advierte lúcidamente Mitre. Por ello es, como lo consagró Sarmiento, el verdadero creador del género «gauchi-político».

Es frecuente comprobar, en torno de ese tema, de qué manera el patriotismo de algunos críticos incide en su objetividad. Puede ocurrirnos a todos, sin que siquiera lo advirtamos. Pero en este trabajo, y de acuerdo con el estilo conciliador de nuestro biografiado, no quiero, ni caer yo misma por esta tentadora pendiente, ni destacar disensos, sino profundizar en los puntos de consenso existentes y en los muchos signos de comprensión que nos han unido a la Argentina y al Uruguay, desde hace siglos.

Veamos qué se sabe de cada uno de los *Cielitos*, que ubicamos de acuerdo con nuestro ordenamiento.

D.VI.2.1.1.1.- CIELITO EN LENGUA DE NORMA CULTA. *Cielito de la Independencia*

El llamado *Cielito de la Independencia,* fue publicado originalmente como anónimo en el folleto *Día de Buenos Ayres*, que relataba los festejos que desde el 13 al 15 de septiembre de 1816 tuvieron lugar en la capital porteña con motivo de la Declaración de la Independencia hecha por el Congreso de Tucumán. Recogido por Carranza y por Zeballos como anónimo, Leguizamón lo publica como de Hidalgo, porque, dice, «está íntimamente ligado al de Maipú». Falcao Espalter, en cambio, lo descarta de entre las producciones del poeta diciendo que «se trata de un cielito demasiado culto e ingenioso, con imágenes pobres y rasgos de conceptismo fácil que jamás manejó nuestro cantor». También arguye que «Hidalgo estaba en Montevideo cuando tal Congreso se realizó, y que Artigas, el Cabildo y demás entidades orientales no reconocieron en modo alguno aquella famosa / sic / Junta» por lo que infiere que «El tono y el sentido de dicho cielito están diciendo a voces que no fue un oriental quien lo hizo, sino un *porteño*». Es imposible no acordar en que esta pieza difiere, en cuanto a su estilo, de las «gauchescas», pero también en que coincide en ello con el tenor de otras obras coetáneas de Hidalgo en estilo culto y no había razón para no hacerlo así, ya que el *Cielito* se bailaba entonces tanto en los salones urbanos como en la campaña rioplatense. Creo que el *Cielito de la Independencia* es de Hidalgo y está mostrando que, en 1816, las ideas del poeta no estaban ya excluyentemente identificadas con las de José Artigas: el que escribía allí era solamente «un patriota de las dos Bandas» y expresaba así sus sentimientos.

El *Cielito de Maipú*, citado por Juan María Gutiérrez en *La literatura de Mayo*, tiene tantos créditos para ser atribuido a Bartolomé Hidalgo como el de la Independencia

D.VI.2.1.1.2.– Cielito con inclusión de palabras de isofonía portuguesa. *Cielito Oriental*. Sobre el Cielito Oriental

Informa Praderio que no ha llegado a ver ningún ejemplar, pero que seguramente fue impreso en Montevideo ante el anuncio de la invasión portuguesa de 1816, ya que la versión más antigua que se conoce es la publicada el 5 de noviembre de ese año por *La Prensa Argentina*, periódico porteño que tenía una sección destinada a recoger las novedades orientales, en el que apareció sin firma. Efectivamente, entre las notas lingüísticas y filológicas que Pedro Luis Barcia dedica a esta pieza en su edición de *La Lira Argentina* de 1982 (a las cuales remitimos) aclara que ningún estudioso había hallado el antecedente de publicación periodística del *Cielito Oriental* hasta que lo situó Oscar Urquiza Almandóz en su obra publicada por EUDEBA (1972).

Aunque este *Cielito* figura como anónimo en la *Lira Argentina* y más tarde, fue recogido, también como anónimo, por Carranza en su compilación, Martiniano Leguizamón lo adjudica a Hidalgo mientras que Mario Falcao Espalter, por su parte, afirma que «*es el único cielito de cuya paternidad no se tiene duda alguna*» pues en el tomo 1 del *Parnaso Oriental* está incluido como de Hidalgo y que «*el Cielito Oriental de Hidalgo es, indisputablemente, el único que puede ostentarse con verdadera justicia al lado de sus Diálogos*». «*Su autenticidad* – agrega– *está abonada por el hecho de figurar entre los incluidos por Lira en la Guirnalda Poética de 1834, como de tal autor*». El erudito Antonio Praderio, en posesión de todo el material de que puede disponerse en los archivos de Montevideo, corrige:

> En verdad, el distinguido crítico ha sufrido aquí una inexplicable distracción. Ni en el tomo 1 ni en ninguno de los tres que componen el *Parnaso Oriental* figura el *Cielito Oriental*, ni atribuido a Hidalgo ni anónimo. El único cielito que figura es otro *Cielito Oriental* firmado por Francisco Acuña de Figueroa. Posiblemente, la confusión viene de la paridad de títulos. De modo, pues, que el *Cielito Oriental* puede ser de Hidalgo como no serlo. Evidentemente el poeta estaba en Montevideo, lugar de publicación del cielito, y éste contiene muchas de las ironías que luego se verán en otros cielitos de paternidad más cierta y asimismo un pensamiento ya expresado en la Marcha Nacional Oriental, ésta sí adjudicada a Hidalgo por el editor del *Parnaso Oriental*. En contra estaría el carácter no gauchesco del cielito, que mezcla palabras españolas con muchas en portugués fonético, aunque la edición de Falcao Espalter se empeñe en convertirlas en portugués correcto. Se trata, en fin, de un cielito que se parece -verdaderamente- muy poco a los que ya hemos visto. Considerando, por otra parte, que éste sería de los primeros del género escritos por el poeta, acaso cabría la suposición que aquél luego

hubiera cambiado de estilo, agauchándose y buscan- do un personaje para sus cielitos. En suma. debemos juzgar este *Cielito Oriental* como dudoso, aunque cierta secreta convicción nos mueva a declararlo de Hidalgo.

Es fundamental esta nota de Praderio ya que nos muestra el cambio que se fue produciendo en el panorama literario de Montevideo, en relación con la especie *Cielito,* a medida que avanzaban las tres primeras décadas del siglo XIX:, pues si bien, en cuanto a los de 1814, Mario Falcao Espalter decía que no hay inconveniente en adjudicarlos a Hidalgo porque «*el único poeta de quien se mencionan Cielitos es de él*», quince años después, ya desaparecido Hidalgo, Francisco Acuña de Figueroa publicaba y firmaba un *Cielito Oriental* que es el que se incluye en el Parnaso Oriental compilado por Luciano Lira. Muchas ideas pueden surgir a partir de este dato tan significativo.

Hay algo en el *Cielito Oriental* que copiamos como de Hidalgo, que lo enlaza con las restantes producciones de nuestro poeta: la prédica a favor de la paz dirigida a los propios invasores. El recuerdo dedicado en él a los portugueses respecto de sus quehaceres, de sus «fillos y muyeres» «he de a minina querida», y que le manden decir que ya «nao' le fica yente», se corresponde con los consejos que se dan dos años después, desde Buenos Aires, a los españoles en *A la venida de la expedición...* (1819):

> Si de paz queréis venir
> Amigos aquí hallaréis,
> Y comiendo carne gorda
> Con nosotros viviréis.

Mientras las «bigoteras retorcidas» de los portugueses del *Cielito Oriental* se corresponden con el «vigote retorcido» de los españoles en el *Cielito* de 1819, comienzan a surgir constantes más significativas: a partir del *Cielito Oriental* se implantan, en la prédica de Hidalgo, argumentos abiertamente contrarios a la monarquía que, con el beneficio de la historia, valoramos hoy por su avanzado pensamiento democrático y su valentía. El decir a los portugueses, en el *Cielito Oriental*, que su «príncipe regente» los ha mandado a morir a estas tierras, toma nuevas fuerzas en el *Cielito patriótico que compuso un gaucho...* (1818) donde se expresan mensajes irónicos para que los españoles los transmitan al «rey Fernando», a quien ya el cantor le habla directamente en *A la venida de la expedición...* (1819) y en el final de *Un gaucho de la Guardia del Monte...* (1820) . Pero no solamente el género gauchesco ha sido para Hidalgo conductor de estas prédicas: la neoclásica *Marcha Nacional Oriental* contiene, como se ha visto, el mismo discurso hacia los portugueses que el *Cielito Oriental*, y la misma idea de pacificación respecto de los españoles campea en su unipersonal *La libertad civil*. La construcción de la obra de Hidalgo es muy sólida y, dada su juventud y su permanente militancia patriótica, se va conformando a partir de los hechos inmediatos, de los cuales es reflejo fiel.

D.VI.2.1.1.3.– Cielitos en lengua con isofonía rústica rioplatense.

D.VI.2.1.1.3.1.– Cielitos que con acompañamiento de guitarras cantaban los patriotas al frente de las murallas de Montevideo (1812);
D.VI.2.1.1.3.2.– Los víveres que los godos / ... / (1813);
D.VI.2.1.1.3.3.– Flacos, sarnosos y tristes / ... / (1814)
D.VI.2.1.1.3.4.– Cielito a la aparición de la escuadra patriótica en el puerto de Montevideo (1814).

Los cielitos que hemos transcripto en nuestro *corpus «E»* bajo los números **2.1.1.3.1; 2.1.1.3.2; 2.1.1.3.3** y **2.1.1.3.4** provienen del *Diario Histórico del Sitio de Montevideo*, escrito de época de Francisco Acuña de Figueroa, cuyas *Obras completas* se habrían de publicar recién en el año 1890. El citado autor había completado y copiado ese *Diario,* conjuntamente con sus demás obras poéticas, hacia el año 1844, y donó los manuscritos a la Biblioteca Nacional de Montevideo. Aparecen en el mencionado *Diario Histórico / ... /* trece poesías transcriptas por Acuña de Figueroa, entre ellas, varias estrofas de *Cielitos*. Lauro Ayestarán (1950) transcribe las cuatro que hemos incluido, aunque sólo adjudica a Bartolomé Hidalgo las números **2.1.1.3.1** y **2.1.1.3.4** de nuestra colección y conceptúa que las dos restantes deben ser consideradas de autor desconocido. Antonio Praderio, que no incluye estos *Cielitos* en su edición de la *Obra Completa* de Hidalgo, de 1986, recoge en su contexto las estrofas que nos ocupan a partir de la primera del 2 de marzo de 1813 y realiza las reflexiones subsiguientes:

> Solían los sitiadores en las noches oscuras acercarse a las murallas tendidas detrás de la contraescarpa, a gritar improperios o a cantar versos. Anoche repitieron al son de una guitarra el siguiente:
>
>> Los chanchos que Vigodet
>> Ha encerrado en su chiquero
>> Marchan al son de la gaita
>> Echando al hombro un fungueiro.
>> Cielito de los gallegos,
>> Ay! cielito del dios Baco
>> Que salgan al campo limpio
>> y verán lo que es tabaco.

Y el día 27 de Noviembre de 1813, como nota al texto que dice: «...*Otros y hasta la Victoria / Que de cantora ponderan / Llegando a rastras al foso / Repiten sus cantinelas»,* añade:

> entre varias redondillas que cantaron, sólo he podido obtener las siguientes:
>> Vigodet en su corral

> Se encerró con sus gallegos.
> y temiendo que lo pialen
> Se anda haciendo el chancho rengo
> Cielo de los mancarrones
> Ay! cielo de los potrillos.
> Ya brincarán cuando sientan
> las espuelas y el lomillo .

El día 20 de Abril de 1814, en la nota dice:

> Los versos cantados esta noche los copió en el Parque de Artillería el Sargento Benito y son los siguientes:
> Flacos. sarnosos y tristes
> Los godos encorralados
> Han perdido el pan y el queso
> Por ser desconsiderados
> Cielo de los orgullosos
> Cielo de Montevideo
> Pensaron librar del sitio
> y se hallan en el bloqueo .

«De las trece composiciones transcriptas por Acuña de Figueroa según se ha dicho, tan sólo seis aparecen en Carranza y Zeballos. Ignoramos si la fuente de que dispuso Carranza fue el *Diario Histórico*, aunque parece probable que lo sea, pues cita a menudo tal obra, que debe haber consultado en sus manuscritos. El texto de las poesías es por lo general el mismo, salvo que une la composición ya citada como cantada el 2 de mayo de 1813 con la cantada el 27 de noviembre del mismo año bajo el título común de *Cielitos que con acompañamiento de guitarra, cantaban los patriotas al frente de las murallas de Montevideo* presentando, además, leves diferencias de ortografía fungeiro por fungueiro y puntuación, lo mismo que la cantada el 20 de abril 1814 que reproduce bajo el título *Cielito á la aparición de la escuadra patriota en el puerto de Montevideo*, el día 20 de abril.

»De *La Epopeya Americana*, pasan las poesías a Zeballos, siempre como anónimas según ya lo hemos visto, y luego Leguizamón toma dos de ellas para declararlas de paternidad de Hidalgo, junto con Falcao. Aquí corresponden las siguientes reflexiones: en primer lugar, parece raro que Acuña de Figueroa, que conocía a Hidalgo muy bien, no lo haya indicado –aun como hipótesis– como autor de tales cielitos, especialmente si se considera los sucesivos retoques que sufrió el *Diario Histórico*, con las consiguientes oportunidades de averiguar datos referentes a las poesías transcriptas. En segundo término, si estos cielitos son de Hidalgo ¿por qué no los otros, el que comienza "*Vigodet con sus gallegos*", reproducido en Carranza y Zeballos, el que comienza "*Los víveres de los godos*"

Y el que dice "*No hay miedo pues los macetas*", y que tienen las mismas características que encuentra Leguizamón en las que atribuye a Hidalgo, los mismos "criollismos usuales" que les encuentra Falcao Espalter a los dos cielitos en examen? Y, por último, el argumento de Leguizamón, por su propia generalidad, no prueba nada. El de Falcao Espalter, en cambio, incurre, a nuestro entender, en una petición de principios, pues que Hidalgo escribiera cielitos, seguramente suyos, varios años después, no significa que en aquel momento, año 1813, cuando no se conoce de él más que la *Marcha Oriental* que no tiene nada de gauchesco, por otra parte, los escribiera. Anotemos de paso que los "varios criollismos usuales en el estilo de nuestro poeta" no son tales, sino expresiones populares de uso corriente y que las "palabras portuguesas" "repetidas en tono de burla" no existen. Hay solamente, en uno de los cielitos, una expresión –*fungueiro*– de origen seguramente gallego.

»En síntesis, creemos pues que en el estado actual de las investigaciones sobre la obra de Bartolomé Hidalgo, corresponde desechar estos cielitos de sus poesías, por considerar que su paternidad resulta sumamente dudosa. Asimismo, las circunstancias en que fue oído el primero de ellos, *Cielito que con acompañamiento de guitarras cantaban los patriotas al frente las murallas de Montevideo*, según las relata Acuña de Figueroa, dos estrofas "repetidas" el 2 de mayo de 1813 y otras dos, "que sólo se han podido obtener" cantadas el 27 de noviembre de 1813, no autorizan de ninguna manera a unirlas, suponiendo gratuitamente que sean dos partes diferentes de un mismo cielito.

»Dichas piezas figuran anónimas en Carranza y en Zeballos quien los reproduce en 1905 indicando en nota que el primero, entre varios anónimos, "por el estilo parece indicar que esta humorada pertenece al talentoso fraile político que conocemos". Leguizamón, en 1917 dice, refiriéndose también al *Cielito Oriental* y al *de la Independencia*, entre otras cosas lo siguiente: «Pensamos que los cuatro pertenecen a Hidalgo, no sólo por la forma métrica que le era usual, sino por la exaltación contra los enemigos de su patria, ya fueran godos o lusitanos, que fue el tema monocorde de todos sus cantos. Además se emplean en ellos conceptos y expresiones características que se encuentran después en otras composiciones del autor, como *La libertad civil*, la *Marcha Nacional Oriental* y el *Cielito* con motivo de la venida de la armada española en 1819». Falcao Espalter, comentando el primero, llamado por él *Cielito Oriental contra los españoles (1811)* dice "en suma, si no hay inconveniente en adjudicarle (a Hidalgo) este cielito es porque del único poeta de quien se mencionan cielitos es de él", agregando: "los versos y estrofas son correspondientes a varios criollismos usuales en el estilo de nuestro poeta. Hay palabras portuguesas repetidas en tono de burla a que era aficionada la musa de Hidalgo, quien solía repetirlas a modo de chuscada..." etc., y en cuanto al segundo expresa lo mismo con el agregado de que estaba comprobada la presencia del cantor en el sitio, en la fecha de la aparición en el puerto de Montevideo de la escuadra del Almirante Brown. Concluye: "Nada gana el poeta con adjudicársele ese adefesio"».

Hasta aquí lo expresado por Praderio.

Es de hacer notar que el *Diario Histórico / ... /,* escrito en verso por **Francisco Acuña de Figueroa – quien en tiempos del sitio de Montevideo se encontraba en posición contraria a la de los patriotas**– ha sido aún mejor explotado por el ensayista Nicolás Fusco Sansone (1952) que por los críticos citados precedentemente, ya que este último autor transcribe algunas referencias muy precisas que en dichas letras aparecen, particularmente a una simbólica presencia femenina: «Victoria, la cantora».

«Era muy nombrada esta mujer patriota y varonil, que solía algunas noches acercarse detrás de la contraescarpa a cantar con guitarra».

«*¿Cuáles son sus cantos? ¿Y por qué canta?*» se pregunta Fusco Sansone, y continúa con las páginas de Acuña de Figueroa, como la referida a la noche del sábado 27 de noviembre:

> Danzando en coros festivos
> Mujeres y hombres se mezclan,
> Otros, y hasta la Victoria,
> Que de cantora ponderan,
> Llegando a rastras al foso
> Repiten sus cantinelas.

Muy bonita la anécdota aunque tan plena de connotaciones simbólicas que nos cabe la duda de que aquella **Victoria cantora** no fuera sino una figura del imaginario patriótico, al igual que la **Libertad querida** a quien se pide que «combata con sus defensores» en *La Marsellesa.* No lo sabremos nunca.

Por fortuna, y gracias a su *Diario,* conocemos sí que, desde su lugar entre los sitiados, Acuña de Figueroa escribía poemas en diversos metros y también recogía de entre «varios versos poco decentes» entonados por «las patrullas contrarias» que se acercaban a los fosos a obsequiarlos «con versos y con balas», las siguientes seguidillas:

> El ratón en su cueva
> Huye del perro
> Y de susto prefiere
> Morirse adentro,
> Así cobardes,
> Los godos van muriendo,
> Pero no salen.

El *Diario* termina el 23 de junio de 1814, último día del sitio y entrega de la Plaza. Y resulta oportuno recordar aquí que Francisco Acuña de Figueroa, aquel mismo joven realista, «contrario» manifiesto de los patriotas sitiadores, fue quien, arrastrado por la causa americana, escribió un *Cielito Oriental* en 1816 y también la letra del *Himno Nacional* de su patria, cuando se constituyó la República Oriental del Uruguay, en 1833,

Volviendo a los *Cielitos* de incierta adjudicación diré que, de entre los diversos criterios adoptados por tan ilustres críticos, he elegido el de la inclusión de los cielitos tempranos, ya que ellos bien podrían ser de Hidalgo y, en todo caso, ayudan a comprender las distintas etapas por las que ha pasado el desarrollo de la especie *Cielito patriótico* en la literatura rioplatense. Otros *Cielitos* muy próximos a la obra de Hidalgo de acuerdo con criterios propios de la determinación de concordancias, han sido incluidos en un Apéndice.

D.VI.2.1.1.3.5.– CIELITO PATRIÓTICO QUE COMPUSO UN GAUCHO PARA CANTAR LA ACCIÓN DE MAIPÚ.

Impreso existente en el Museo Mitre de Buenos Aires. Fue reproducido por la *Gaceta de Buenos Aires*, N° 70, el 13 de mayo de 1818.

Este *Cielito* es considerado el primero que publicó Hidalgo después de su instalación en Buenos Aires, y es también el primero en el cual coloca como cantor a un gaucho y en que se menciona esta última palabra. **Aunque parezca extraño, hasta ahora no se había dicho nunca que este Cielito es la composición que inaugura, en la Literatura universal, el género al que con propiedad puede llamarse «poesía gauchesca», porque el designador «gaucho» no había aparecido antes de él en la obra de ningún poeta, dentro o fuera del área rioplatense.**

Como la composición no lleva firma, según lo acostumbrado, su atribución ha merecido la atención de ilustres críticos. Mario Falcao Espalter, con algunas dudas, lo considera de Hidalgo, cita varias sentencias criollas que revelan el lenguaje gauchesco de la letra y agrega que el Cielito *A la venida de la expedición etc.,* comienza: «*El que en la acción de Maypú / Supo el cielito cantar / Ahora que viene la armada / El tiple vuelve a tomar*». En realidad, la factura de ambas piezas presenta semejanzas que hacen muy verosímil el hecho de que provengan de la misma mano. Don Antonio Praderio, por su parte, se ha demorado en explicar, con razón, que con esta composición «se planteó un problema ya, felizmente, solucionado». Se trata de lo siguiente: Juan María Gutiérrez, en su artículo sobre *La Literatura de Mayo*, cita una cuarteta del Cielito de Maypo sin decir, por cierto, que ésta fuese de Hidalgo.

«El cielo de las victorias
Vamos al cielo paisanos
Porque cantando el cielito
Somos más americanos».

Martiniano Leguizamón intentó hallar dicho *Cielito* sin lograrlo y, cuando Ricardo Rojas encuentra el que nos ocupa, en los archivos del Museo Mitre, resulta que la pieza no contiene la cuarteta que Gutiérrez había transcripto. Dice Praderio:

> En realidad, lo que ocurre es que hay dos cielitos, por lo menos, de Maipú. Uno, titulado *Cielito de Maypo* que contiene la cuarteta mencionada por Gutiérrez: que se encuentra en la Biblioteca del Congreso de la Nación en Buenos Aires, y otro, que es del que tratamos aquí, titulado *Cielito patriótico que compuso un gaucho para cantar la acción de Maypú*, obra de la que sabemos que el 13 de mayo de 1818 ya estaba en venta en Buenos Aires sin indicación de imprenta, fecha o firma. Este cielito no figura ni en la *Lira Argentina* ni en ninguna de las compilaciones posteriores hasta la obra de Leguizamón quien lo publica por gentileza de Ricardo Rojas. Aquél da como afirmada su paternidad por creer que era a él a quien se refería el autor del cielito ya mencionado que decía "el poeta ya ha cantado El Triunfo de Maypo, con mucho brío y muchas sales...".

He incluido el texto del *Cielito de Maypo* citado por Gutiérrez como **F.2. 1.–** de esta colección, con un breve estudio crítico.

D.VI.2.1.1.3.6.– A LA VENIDA DE LA EXPEDICIÓN. CIELITO.

Fue editado en Buenos Aires por la imprenta de Álvarez, como papel anónimo. No figura en *La Lira Argentina* ni en la *Colección de poesías patrióticas*, ni en las compilaciones de Lamas, ni de Gutiérrez, pero sí como anónimo en Carranza (p. 148-149) quien, sin razones explícitas, lo atribuye Bartolomé a Hidalgo. Praderio le dedica un interesante análisis:

> Creemos que su primera publicación. luego de la original, sea la reproducción facsimilar que hizo la *"Ilustración Histórica Argentina"*. Más tarde, lo reproduce facsimilarmente Leguizamón, quien lo atribuye a Hidalgo, también sin probanza alguna excepto rasgos muy generales de semejanza con el *Cielito de Maipú*, cuya autoría, es también dudosa. Del mismo modo Falcao Espalter lo compara con *Un gaucho de la Guardia del Monte etc.*, para señalar alguna significativa coincidencia. De todos modos este cielito que se refiere a una expedición de 24.000 veteranos que se alistaba en Cádiz en 1819 para venir en socorro de los ejércitos y armadas del Rey batidas en el Río de la Plata, a las órdenes del General Conde de la Bisbal, según Zeballos, y cuya fecha posible es de fines de 1819 o principios de 1820, pues en la *"Gaceta de Buenos Aires"* del 10 de noviembre y del 29 de diciembre se registran noticias referentes a la proyectada expedición, si bien no presenta las características que nos movían a aceptar como segura la paternidad de Hidalgo para los otros cielitos / ... /: ser obra de un gaucho llamado Ramón Contreras, presentar casi

todos ellos al personaje cantando después de haber terminado una tarea "gauchesca" (con la finalidad de "crear" un ambiente apropiado), ofrece cierta semejanza de tono general y de vocabulario con ellos, que nos lleva a declararlo como muy posiblemente obra de Bartolomé Hidalgo.

Para quien esto escribe la obra es de Hidalgo y resulta interesante señalar que en ella comienza a establecerse, dentro de lo que hemos denominado el **Ciclo de Chano y Contreras**, una continuidad no sólo indicada por la presencia de estos dos personajes protagónicos sino también por la de los secundarios. En el *Cielito* que nos ocupa, efectivamente, aparece el «amigo Andrés», quien poco a poco irá manifestándose como «el Pelado» y «Andrés Bordón, alias el indio pelado» *«que en las pendencias de arriba / sirvió de triste soldado, / y en Vilcapugio de un tiro / una pierna le troncharon»* y respecto de quien Hidalgo deja el relato para otra ocasión porque «ya la pluma se ha cansado» . Debemos llegar hasta el *Cielito del blandengue retirado*, que, sin mayor fundamento no ha sido atribuido a Hidalgo por los críticos, para encontrar que, el que canta es un ex soldado a quien, precisamente, le falta una pierna.

D.VI.2.1.1.3.7.– Un Gaucho de la Guardia del Monte contesta al Manifiesto de Fernando VII y saluda al Conde de Casa Flores con el siguiente cielito con el siguiente Cielito escrito en su idioma.

Esta composición apareció en Buenos Aires en agosto de 1820, sin firma, editada por la Imprenta de los Niños Expósitos. Figura como anónima en *La Lira Argentina* y como obra de Hidalgo en la *Antología Poética* de Lamas, en la *América poética* de Gutiérrez, en Carranza y en todos los autores posteriores: Rojas, Leguizamón, Falcao Espalter y Eleuterio Tiscornia. Leguizamón expresa que se refiere a otros papeles impresos en el mismo mes y año: el *Manifiesto* por la Imprenta de los Niños Expósitos, y su contestación, según Zinny, por la de la Independencia. En cuanto a su contenido, Angel Justiniano Carranza (1876) da una clara explicación:

> Ese Manifiesto o proclama de Fernando VII era dirigido a los habitantes de ultramar, y se distribuyó en Buenos Aires por manos incógnitas a varios empleados y personas respetables, acompañado con oficios del Conde de Casa Flores, residente en la Corte de Río de Janeiro. Llevados dichos pliegos a conocimiento del Gobierno (septiembre de 1820) fueron pasados al Fiscal de Estado, interesando su celo a efecto de que se persiguiera al editor, pues era reimpreso en esta ciudad por lo que al principio se le creyó apócrifo llamándosele hecho clandestino. Salió una impugnación por vía de respuesta que lo desbarataba.

D.VI.2.1.1.3.8 .– Cielito patriótico del gaucho Ramón Contreras, compuesto en honor del ejército libertador del Alto Perú.
Se lo adjudican a Hidalgo, entre otros, Martiniano Leguizamón, Mario Falcao Espalter, Lauro Ayestarán y Antonio Praderio. Apareció en Buenos Aires, sin firma, en hoja suelta editada por la Imprenta de Álvarez, en el mes de diciembre de 1820. Lauro Ayestarán, (1950) dice lo siguiente:

> En el "Índice de las hojas sueltas impresas, 1740-1839", del Archivo General de la Nación, Montevideo, aparece la siguiente referencia. *"1818. Nº 96. Chichito patriótico del gaucho Ramón Contreras, en honor del Ejército Libertador del Alto Perú".* Desdichadamente en la caja donde debía figurar este impreso, se halla solamente una carpeta en blanco. Presumiblemente se trataba de la misma pieza; lo curioso es que en el índice figura con la Indicación del año 1818. / ... / .

Quien esto escribe, en cambio, ha tenido la fortuna de hallar un ejemplar de este y de otros impresos. Lo he dicho en mi trabajo *Poesía popular impresa de la colección Lehmann-Nitsche* (1967 / 1972):

> «/ ... / Martiniano Leguizamón (1917, p. 57-58) ha publicado reproducciones facsimilares de / an / verso y reverso de la hoja suelta sin firma, impresa por la Imprenta de Álvarez que difundió, en 1819, *A la venida de la expedición. Cielito*, composición que el citado autor atribuye a Bartolomé Hidalgo. Publicadas por la misma imprenta y en forma igualmente anónima, son las dos hojas con cielitos que hemos hallado en la Biblioteca Nacional de Buenos Aires (515 A / 21.278 R) y cuyas fotocopias publicamos. Se trata de los dos últimos cielitos que se conocen del poeta, escritos entre 1820 y 1821. *Cielito patriótico del gaucho Ramón Contreras compuesto en honor del ejército libertador del Alto Perú,* (sin fecha) citado por Zinny -1875, p. 216- y otros críticos) y *Al triunfo de Lima y el Callao. Cielito patriótico que compuso el Gaucho Ramón Contreras*, también sin fecha que, según una referencia que tomamos de Horacio Jorge Becco (1953, p 139) sería la contestación a un poema de Esteban de Luca titulado: «*Al poeta Bartolomé Hidalgo, incitándole a cantar la restauración de Lima*» . La primera de esas hojas lleva al pie, en el reverso, una firma manuscrita: Bartolomé Hidalgo. / ... /»

D.VI.2.1.1.3.9.– Al triunfo de Lima y el Callao. Cielito patriótico que compuso el gaucho Ramón Contreras.
Esta pieza fue publicada en Buenos Aires, por la Imprenta de Álvarez, en una hoja suelta y sin fecha. Su data probable es agosto de 1821, y parece ser la respuesta que Hidalgo dio a la invitación que le hizo Esteban de Luca en el poema, un romancillo heptasilábico, que anteriormente he mencionado y

transcripto. Ignorado por las compilaciones más antiguas, aparece por primera vez en la *Epopeya Americana* de Carranza, ya atribuido a Hidalgo, y de ahí pasa a las antologías y obras posteriores como las de Zeballos, Leguizamón y Falcao Espalter. Su argumento reitera, con variantes circunstanciales, el esquema de y los que lo han precedido. Lo mismo que algunas otras composiciones de Hidalgo, pocas en realidad, esta pieza contiene algunas notas de pie de página, como puede verse en el *Corpus* que acompañamos. La última de estas notas es significativa porque alude a la popularidad de que gozaba entonces el «idioma provincial que usan en la campaña nuestros paisanos», es decir la que luego, en sus transposiciones literarias, fue llamada «lengua gauchesca».

D.VI.2.1.2.- La Décima.

Décima a un elogio del decreto de creación del Cementerio del Norte.

Esta singular estrofa fue publicada en su edición de la *Obra Completa* de Hidalgo por don Antonio Praderio, quien dice creer que había permanecido inédita hasta ese momento Su data es, seguramente, posterior al 3 de septiembre de 1822, puesto que en esa fecha se firmó el correspondiente decreto. Es importante la presencia de esta décima, plena de un dramático humor premonitorio, en la obra del poeta que, aparentemente, rehuyó en sus composiciones gauchescas el uso de la espinela, pese a ser ésta la estrofa payadoresca por excelencia.

D.VI.2.2.- Diálogos.

El diálogo como recurso retórico encuentra antecedentes innumerables en las literaturas clásicas y modernas. En nuestros días, un trabajo como, por ejemplo, el de Douglas Walton *Relevancia en argumentación,* (New Jersey, Laurence Erlbaum Associates, (2004) (que he consultado por sugerencia de la especialista Bertha Zamudio de Molina), al tratar en su capítulo 5 «La naturaleza dialéctica de la relevancia» propone al análisis y a su aplicación en distintos tipos de textos, un amplio espectro de posibilidades que iluminan la problemática general del diálogo y que, en nuestro caso, resulta importante tener en cuenta en los trabajos específicamente dedicados a estos recursos expresivos. ¿Qué podemos aplicar de todo ello a los *Diálogos* de Hidalgo?

Del análisis de Walton surgen distintas premisas como:

– *un mismo argumento puede ser relevante cuando forma parte de un tipo de diálogo o conversación e irrelevante si es tomado como parte de otro diálogo o conversación.* En los *Diálogos* y en la *Relación de Hidalgo* pueden hallarse, por ejemplo, pasajes narrativos de mayor o menor **relevancia política**. Así, por ejemplo, los que evocan las distintas etapas del desarrollo del proceso revolucionario rioplatense en los dos *Diálogos* de 1821, el primero de los cuales fue elogiado por Sarmiento, tienen mayor **relevancia política** que la descripción de las fiestas mayas en Buenos Aires en 1822 que es el núcleo temático de la *Relación...*, esquema manifiestamente desechado por Hernández para su *Martín Fierro*, como ya lo hemos señalado más arriba. Por otra parte, puede hallarse mayor **relevancia cultural** en la citada *Relación...* que en cualquiera de los Diálogos, ya que en éstos se intensifican, con proyección social, dos aspectos del discurso histórico esenciales en el citado esquema de Reinhard Kosseleck: el **espacio de experiencia** y el **horizonte de expectativa**.

— *Cada tipo de conversación tiene su propia y distintiva clase de relevancia, pero un diálogo tiene una meta convencional, dentro del marco conversacional, siendo los argumentos los que contribuyen a esa meta de la conversación*. Los Diálogos de Hidalgo pertenecen a la clase de los informativos, no encontramos entre ellos diálogos persuasivos ni erísticos (disputas). Los argumentos conducen siempre en ellos, a satisfacer la curiosidad de uno de los participantes respecto a «*cómo va con la Patria / que me tiene con cuidado*». La meta es, pues, tomar conocimiento de lo que ocurre y por ello corresponden a lo que Carberry (1990) denomina *diálogo informativo* que incluye dos participantes: uno que busca información y otro que procura proveerla. Sin embargo, algunos pasajes de estas piezas podrían considerarse, por *incrustamiento*, dentro de la categoría de las deliberaciones, sobre todo cuando se plantean problemas y soluciones prácticas que los paisanos proponen para las instancias políticas que atraviesa el país en ese momento. No existen en estas conversaciones *maniobras dialécticas* ni ningún tipo de *falacias a ellas asociadas* que el análisis de Walton señala como frecuentes, y entiendo que la razón fundamental para ello es que los *Diálogos* de Hidalgo se entablan siempre entre dos verdaderos amigos y la amistad, para el gaucho, es uno de sus más preciados bienes. Así es como, de las cuatro reglas que se han enunciado para el tipo básico de diálogo - *a) reglas de locución: permitidas en cada intervención (preguntas, réplicas, argumentos, etc.); b) reglas de compromiso: definen la inserción o no de proposiciones con que cuentan los participantes; c) reglas estructurales: orden con que se realizan las intervenciones; d) reglas. de ganancia / pérdida: determina las condiciones bajo las cuales un de los participantes logra su meta: ganar el juego*.— sólo las tres primeras se cumplen en las piezas de Hidalgo.

Los *Diálogos* de Bartolomé Hidalgo han sido tratados por distintos estudiosos argentinos. Ricardo Rojas (1917) conceptúa al género «dramático por definición» y se remonta para historiar su devenir a su cultivadores ilustres, desde clásicos como Horacio hasta cortesanos como Juan de Timoneda y especialmente Lope, en cuyas obras halla mezclas de lenguas barbarizadas que son puestas en boca de un extranjero o bien de expresiones rústicas que, en sus Autos, aparecen en el discurso de los pastores. Jorge B. Rivera (1968) dedica a *La forma «Diálogo»* un agradable muestrario comparativo entre las piezas del montevideano y algunas otras posteriores de distintos autores rioplatenses.

Con particular detenimiento y desde enfoques actualizados, el tema ha sido abordado también, entre otros, por dos estudiosos uruguayos de las generaciones jóvenes, ya citados en estas páginas. María Rosa Olivera-Williams lo incluye en su obra *La Poesía gauchesca de Hidalgo a Hernández* (1986) con análisis pormenorizados de la lengua gauchesca, del diálogo desde el punto de vista de su emisor y de su receptor, del diálogo como discurso «no cantado» en Hidalgo y otras consideraciones interesantes, algo afectadas en su objetividad histórica por el patriotismo de esta fina crítica literaria uruguaya de larga residencia en los Estados Unidos de Norteamérica. En la importante contribución bibliográfica se destaca el recurso a la obra de su connacional el fecundo crítico don Angel Rama. El otro de los dos estudiosos contemporáneos uruguayos que he elegido, es Leonardo Rossiello quien dedica al tema lo medular de su ensayo de 1999 *Retórica y discurso mimético: Los «Diálogos Patrióticos» de Bartolomé Hidalgo en la prehistoria de la ciudadanía*, estudio que comprende los siguientes subtítulos: *Introducción, Para una retórica del diálogo, Los diálogos patrióticos, La fijación de los textos, Algunos antecedentes, El «diálogo» literario en la época, Estructura y voces, Estrategias retóricas, Ellos y nosotros, El orden emblemático, Marcadores de pertenencia, El imaginario de comunidad.* Trabajo estructurado en torno a cánones eruditos propios del medio académico en que se ha publicado (Universidad de Göteborg, Alemania), constituye una muestra de calidad respecto de la fecundidad que la obra de Hidalgo sigue teniendo como fundamento fenoménico para el estudio de las manifestaciones literarias propias del área rioplatense. Ha elegido como edición crítica de las obras de Hidalgo la del destacado bibliógrafo don Walter Rela (1979).

D.VI.2.2.1.–Diálogo patriótico interesante entre Jacinto Chano capataz de una estancia en las Islas del Tordillo, y el gaucho de la Guardia del Monte.
(Personajes secundarios: «el amigo Sayavedra», apellido que aparece ya en el *Cancionero* de Juan Alfonso de Baena, y un paisano llamado «Tacuara»).
Se publicó sin firma ni pie de imprenta, en un folleto de 16 páginas, y

debió aparecer en el mes de enero de 1821, pues inmediatamente sale, sin fecha también, en la «*Matrona Comentadora de las Cuatro Periodistas*», periódico de Fray Francisco de Paula Castañeda, el artículo que con tanta violencia lo ataca y al que contesta Hidalgo el 6 de febrero con el folleto de 8 páginas e impreso por la Imprenta de Álvarez, que ya hemos transcripto y cuyo título es: *El autor del diálogo entre Jacinto Chano y Ramón Contreras contesta a los cargos que se le hacen por la Comentadora,* firmado B. H. La amistad de Hidalgo con Sáenz Cavia, y la atribución a aquel de los versos que reproducimos en F.I, despertaron la ira del padre Castañeda contra el poeta, aunque tras la publicación de su eficaz descargo elpatriota franciscano retrocede en esta ofensiva (Adolfo Saldías, 1907; Arturo Capdevila, 1948; Guillermo Furlong S.J., 1994).

El *Diálogo* se entabla entre los dos gauchos a los que alude el título, uno de los cuales, Jacinto Chano, ya nos ha sido presentado en el *Cielito* de 1820 y Ramón Contreras lo estaba siendo en el mismo año de 1821, como que es él quien canta el *Cielito patriótico compuesto en honor del Ejército Libertador del Perú*. La indicación previa que, con técnica de autor teatral, coloca el poeta dice «*Se supone recién llegado a la Guardia del Monte el capataz Chano, y en casa del paisano Ramón Contreras (que es el gaucho de la Guardia)*». Ya hemos copiado en páginas anteriores los comentarios que un receptor calificado como Domingo Faustino Sarmiento, hace respecto de esta pieza, dos décadas después. El esquema argumental es sencillo: introducción que alude a las contingencias del viaje, acogida cordial por parte del anfitrión quien se interesa por saber las novedades que el otro trae, plática rememorativa de las ilusiones patrióticas de los paisanos y de las decepciones sufridas, manifestaciones sobre la necesidad de unión entre los americanos, cordial despedida de ambos gauchos, cada uno de los cuales continúa con su acostumbrado quehacer.

D.VI.2.2.2.– Nuevo diálogo patriótico entre Ramón Contreras, gaucho de la Guardia del Monte y Jacinto Chano, capataz de una estancia en las Islas del Tordillo.
(Personajes secundarios: Hilario, dueño del cebruno con el que debería competir su zaino parejero; Mariano, hijo o peón de Chano; el Pelado o Andrés Bordón alias el Indio Pelado, inválido de guerra, amigo de los dos gauchos).

Según Martiniano Leguizamón esta pieza aparece, también en Buenos Aires, entre febrero y junio de 1821, publicada por la imprenta de Álvarez, sin firma y sin fecha. El esquema argumental es semejante al del *Diálogo patriótico interesante / ... /* sólo que esta vez es Ramón Contreras quien visita al capataz Jacinto Chano. Opina Praderio: «Parecería que el autor, ya prevenido por la violencia del ataque que recibió su anterior *Diálogo*, habría resuelto no tocar temas actuales y sí evocaciones de las luchas pasadas, en su mayor parte..» Creo, de todos modos, que los argumentos que aquí se presentan no son gratuitos: el gran tema oculto en los versos del *Nuevo Diálogo* es siempre el mismo que constituye el principio fundamental de los escritos patrióticos de Hidalgo: la unión de los pueblos hermanos de América.

D.VI.2.2.3.- RELACIÓN QUE HACE EL GAUCHO RAMÓN CONTRERAS A JACINTO CHANO DE TODO LO QUE VIO EN LAS FIESTAS MAYAS DE BUENOS AYRES EN EL AÑO 1822.
(Personajes secundarios: Sayavedra el domador, quien ya ha sido mencionado en el *Diálogo patriótico interesante...*, y Alfaro, un pulpero.

Aunque se presume que esta composición habrá estado impresa en folleto, éste no ha sido hallado. La primera versión que de él se conoce es la que aparece en *La Lira Argentina* como anónima. En la *Antología poética* de Andrés Lamas, en la *América Poética* de Juan María Gutiérrez y en todas las obras posteriores aparece ya atribuida a Bartolomé Hidalgo. Antonio Praderio destaca lo siguiente:

> En realidad esta nueva producción presenta algunos rasgos en cierto modo nuevos que la hacen diferir de los *Diálogos* anteriores. En primer término, el título que ya no es *Diálogo* sino *Relación*, y por otra parte su tema, que ya no es una conversación seria, sino una visión ligeramente humorística, que se irá agravando en diálogos posteriores, –ya no de Hidalgo, por supuesto– que se decían en los sucesivos aniversarios de Mayo en Buenos Aires, según Un Inglés y de los cuales hemos visto uno, protagonizado por Chano y Contreras. / **Se refería Praderio al de 1825** / . Estas diferencias, sin embargo, no alcanzan a ocultarnos las similitudes de esta *Relación* con los *Diálogos* ya mencionados, tanto en la estructura formal, (conversación sobre caballos al principio, una voz principal en el diálogo, en este caso Contreras que viene a visitar a Chano), como el tono general de amistad y el lenguaje. Creemos, pues, que dada la antigüedad y el presumible conocimiento de causa de Lamas y Gutiérrez en la atribución a Hidalgo de esta relación ella es casi segura.

Son varios los críticos que han interpretado que, en la *Relación,* desciende el nivel de patriotismo militante de Bartolomé Hidalgo. Yo no lo entiendo exactamente así. Desde un punto de vista antropológico, los rituales que jalonan los diversos tiempos del devenir de las personas y de las sociedades tienen una profunda significación en el mantenimiento de sus salud mental y afectiva, de su autoestima, y de la construcción de su imagen pública y privada. En el caso de las naciones, tales rituales son fundamentales para la afirmación de su identidad patriótica y para su desarrollo cívico. Los gobiernos de la Patria vieja se preocuparon por el contenido de los cantos que los niños entonaban en las escuelas y que la gente en general coreaba en las plazas y cantaba en las pulperías, aceptando «canciones contraídas a la libertad é independencia de la Patria» y desechando aquellas que, como indicaba el Oficio del Cabildo de Buenos Aires del 18 de agosto de 1812 (*«Sobre las canciones indecentes que se cantan»*), contuvieran expresiones conducentes «a sólo avivar el fuego de la discordia». Las Fiestas Mayas, en el Río de la Plata, poseen una significación en extremo rica en elementos de arraigo ancestral. Por una parte, eran propias de los padres de las generaciones criollas, pues significaban la continuidad con los actos procedentes de la prehistoria europea en los cuales (como en las Mayas españolas, o en la erección del Maibaum en Baviera) el culto a los árboles se manifiesta como una ofrenda, impetratoria, propiciatoria y sobre todo mágica, a la naturaleza que renace con cada primavera. Los arcos con flores son elementos propios de las fiestas de mayo en el solsticio de verano septentrional y pasaron a América donde hoy reviven, transfuncionalizadas e incorporadas al ciclo litúrgico del Cristianismo, en la Danza de las Cintas de la Navidad Jujeña y en los arcos o varas floridos del espectacular Tincunacu riojano o de los humildes misachicos noroésticos. Estos antecedentes españoles europeos fueron recordados sin duda por el poeta argentino Juan Ramón Rojas en su *Oda al Veinte y Cinco de Mayo. Compuesta al 25 de Mayo de 1813, día de su aniversario, delante de la Plaza de Montevideo*, cuando, en una de sus enfervorizadas estrofas dice:

> Jamás el tiempo borre tu memoria
> Ni estos gratos loores;
> Siempre te llamen *Mayo de las Flores*
> Y precursor de gloria:
> El malo huya de ti, tiemble, se oculte,
> Y al despecho se entregue y se sepulte.

El 25 de mayo, por otra parte había tenido un antecedente americano en 1809, con la revolución de Chuquisaca, sangrientamente aplastada después de extenderse a Potosí, Cochabamba y La Paz, como lo dice nuestro *Himno*. Por lo expuesto, creo que la lectura que debemos realizar de la *Relación que hace el gaucho Ramón Contreras de todo lo que vio en las Fiestas Mayas de Buenos Aires en 1822* exige mayor profundidad interpretativa que la que se muestra al encontrar en ella elementos «graciosos» y «divertidos» como los que se destacan desde el título en las dos inmediatamente posteriores, ya no de Hidalgo naturalmente, de 1823 y 1825.

Chano tenía razones personales para unirse a esas funciones de Mayo:

> De ese día por el cual
> Me arrimaron un balazo,
> Y pelearé hasta que quede
> En el suelo hecho miñangos,

y en el relato de Contreras se muestra que no era un sentimiento individual el de su amigo:

> Mire que a muchos patriotas
> Las lágrimas les saltaron.

Pero, al margen de las contingencias que en el texto se narran, queda en el espíritu del lector el mismo mensaje de unión, de integración de estamentos sociales y culturales en el sentimiento superior de Patria, que la prédica de Hidalgo había venido vertiendo desde sus composiciones iniciales. Esta *Relación,* a mi entender, está escrita más para los *puebleros* que para los campesinos, y su finalidad es que los primeros tomen conciencia de la fuerte presencia social del **paisano gaucho**, héroe de guerra y capaz de sacrificarse hasta el final de su vida por la Patria, quien debía ser tenido en cuenta en la organización social naciente para que no cayera el proyecto de Patria en manos de tiranos y no pasara ... lo que pasó por fin, que el gaucho fuera envuelto en las redes de la marginación, como cincuenta años después lo contaba, cantando, el gaucho Martín Fierro.

Los versos finales que el autor pone en boca de Chano - ya identificado con el mismo Hidalgo entre el público rioplatense: ya Bartolomé Chano o Jacinto Hidalgo, ya el Indio Pelado, ya Contreras...ya hasta Maldonado, en el error del insigne maestro sanjuanino –, son absolutamente conmovedores:

> Ni oírlo quisiera, amigo,
> Como ha de ser, padezcamos
> A bien que el año que viene,
> Si vivo iré a acompañarlo...

No había de ser nomás y el joven poeta debería morir antes de que concluyera aquel año de 1822.

E.– Obra poética de Bartolomé Hidalgo
Corpus textual

Adolphe D'Hastrel (1805-1875): *El cantor* (detalle); dibujo acuarelado, c.1845

E.1.– Composiciones en lengua y formas de norma culta.

Jean Léon Pallière (1823-1887): *El gato, baile campestre* (detalle); dibujo litografiado, c.1858

E.1.1.– Épico-líricas

E.1.1.1.– Octavas Orientales (1811)

Coro
Orientales la Patria peligra,
Reunidos al Salto volad:
LIBERTAD entonad en la marcha
Y al regreso decid LIBERTAD.

¡Cuan gozoso se miró el tirano
Ostentando su injusto poder,
Y observando en los campos de Oriente
A los libres desaparecer!
Sólo espinas los campos producen;
En el día de la lobreguez,
Sol y aurora las puertas de rosa
No gustaron abrir esta vez.

Coro

Precipitan del Desaguadero
al Indiano que supo triunfar;
en Oriente se pierden los lauros
que la Patria nos hizo ganar:
Sin recursos, y sin más fortunas
que jurar LIBERTAD, LIBERTAD,
los nativos del ínclito Oriente
empezaron con ansia a entonar.

Coro

Gloria, ¡oh Patria! que tus Orientales
Muerte gritan con harto placer,
Y tranquilos bajan a la huesa

Sin cadenas que saben romper:
La valiente jornada del Salto
Se resuelven todos a emprender;
Su deseo es salvar el sistema,
O en su honor con valor perecer.

Coro

En movibles, y pequeñas chozas
Marcha el Pueblo con augusto pie;
Ya en un monte se oculta afanoso,
Ya un gran río en sus ondas lo ve:
La constancia redobla sus votos,
allí fue el recordar, allí fue
La esperanza de librar a Oriente,
Que sellaron como eterna Ley.

Coro

Ni el cansancio, la sed, la fatiga
A la virgen pueden arredrar
Ni a la esposa que su tierno infante
Por instantes lo mira expirar:
El anciano con voz balbuciente
A sus hijos procura animar,
Y el ardiente clamor de la Patria
De sus pechos ahuyenta el pesar.

Coro

Llega el tiempo en que retrocedieran
Estos hijos de la Patria honor,
Sumergidos en triste miseria,
Pero llenos de gloria, y valor:
Su caudillo los guía animoso,
Y el tirano violes con rubor,
Cuando el pecho contra el muro estrechan,
Inflamados de eternal rencor.

Coro

Las cenizas de las almas libres

Al gran Salto fuéronse a esconder;
Muere el padre, la hermana, el amigo
Sin que el llanto se mire verter:
Salve ¡oh Salto! mansión destinada
A los libres que el Sol vio nacer,
¡Justo asilo de una acción heroica,
Quién tus timbres pudiera tener!

Coro

Orientales la Patria peligra,
reunidos al Salto volad:
LIBERTAD entonad en la marcha
y al regreso decid LIBERTAD.

E.1.1.2.– Marcha Nacional Oriental (1816)

Coro

A campaña, Sudamericanos,
Oíd el eco del libre oriental;
A campaña, que un nuevo tirano
Subyugarnos quiere a Portugal.

Sangre, luto, llanto y más sufrieron
Los valientes nativos del Sud;
Gloria, nombre, Patria y más ganaron
Por su esfuerzo, constancia y virtud;
    Libres, libres clamaban ufanos,
Y la Fama que libres oyó,
Llevó el eco de un polo a otro polo,
Y el tirano del eco tembló.

Coro.

¿Y es posible, que estando tranquilos
Disfrutando nuestra libertad,
Y ofreciendo al portugués vecino
Nuestros bienes y nuestra amistad,
    Quiera ahora robar nuestras casas,
Nuestros campos venir a talar,

Y sediento del oro y riquezas
Nuestro suelo querer usurpar?

Coro.

¡Miserables! la espada, y la muerte
Os esperan, la rabia y furor:
En Oriente ya no habrá tiranos,
Es la muerte partido mejor.
  Hombres libres de nuestras provincias,
Las legiones del Sud animad,
Y soberbias que entren en la lucha,
En la lucha de la libertad.

Coro.

Por convenio de *Fernando el triste*
Se ha resuelto esta guerra empeñar,
Y esta Banda Oriental es la presa,
Que el inicuo quiere devorar.
  Portugueses, volved las espaldas,
El consejo del justo atended:
Portugueses, id a vuestros lares,
O el enojo de un libre temed.

Coro

Tiernos hijos, gratas compañeras,
Desechad la congoja y pesar;
Enjugad el patriótico llanto,
Nuestros pechos os van a escudar.
  La cadena rompióse por siempre,
No más grillos, ni yugo opresor:
Preparad el laurel y la palma,
Y tejed la corona de honor.

Coro.

¿Qué os detiene pérfidos tiranos ?
A robar nuestros campos venid,
Y veréis a los hijos de Oriente,
Cual se arrojan a la fuerte lid.

Vuestra sangre saldrá a borbotones,
Que los libres luego pisarán,
Y al contorno de tiranos yertos
Esta marcha dulce cantarán.

Coro.

A campaña, Sudamericanos,
Oíd el eco del libre oriental;
A campaña que un nuevo tirano
Subyugarnos quiere a Portugal.

E.1.1.3.– Inscripciones colocadas en los frentes de la pirámide erigida en la plaza de la ciudad de Montevideo, en las celebraciones del aniversario del 25 de mayo, realizadas en el año 1816 (1816)

I
Llegara el veinticinco, y al instante
¡Oh Sudamericanos!
Desaparecieron grillos y tiranos,
Y el día más brillante,
Que el meridiano suelo visto había
Cual vosotros también resplandecía.

II
Ved el gran Mayo bravos orientales;
Mirad a Mayo hermoso,
Siempre esplendente, siempre majestuoso
Con lauros inmortales:
Himnos cantad a su eternal memoria,
Y su nombre grabad en vuestra historia.

III
Temblad tiranos, dijo Mayo augusto,
Respetadme tiranos;
Y vosotros, ¡oh Sudamericanos!
Vivid ya sin disgusto;
Temed, sangrientos, que mis rayos vibre
Que aunque algún día esclavo, ya soy libre.

IV
La libertad a nuestro patrio suelo
Descendió en carro de oro;
Rompió el horrible yugo, calmó el lloro,
Y alegre se vio el cielo,
Y al disputar los meses esta gloria
Dijo la libertad: MAYO y victoria.

E.1.2.– Melodramáticas

E.1.2.1.– Unipersonal sentimientos de un patricio [1816]

Especie de bosque. - Música patética, y concluida saldrá por el centro un Oficial con espuelas, sable y látigo.

Oficial.

¡Oh Patria! ¡oh Patria! ¿A tu sagrado nombre
Quién resistir podrá? ¿Quién indolente
Verá que los tiranos hoy tu seno
Rasgan atroces; manchan insolentes?
¿Cuál es el que en la crápula sumido
A su pasión se entrega, y torpemente
Deja que le redoblen las cadenas
Y la cerviz al yugo le sujeten?
¿Quién que a ti pertenezca es tan ingrato
Que te mire ultrajar impunemente?
¡De imaginarlo sólo me estremezco!
Pechos de mármol, insensibles seres:
De libertad el grito hiende el aire:
Romped los grillos, y después alegres
Tomad las armas y el derecho justo
Disputad; que ya veo los laureles
Sobre vuestras cabezas confundiendo
El despótico orgullo de los crueles.
La depresión y el vil abatimiento

Con entereza

Huyan de un alma noble, pues no debe
Sino sólo pensar que nació libre,
Y libertad clamar, o heroica muerte.
Pero si alguno hubiese entre nosotros
Que estos mis sentimientos no alimente,

Desparézcase al punto, y no profane
Lugar que sólo un libre ocupar puede.

Música apacible, entretanto saca una gaceta que lee para sí y después dirá:

Patricios constantes,
Sudamericanos,
Amigos, hermanos
En cordura y valor siempre triunfantes;
Heroicas legiones
Que al Perú victorias, libertad y glorias
Lleváis, dando por leyes condiciones:
Diamantinos pechos,
Que al audaz tirano
Con espada en mano
Disputáis de la Patria sus derechos;
¡Nunca infortunado
El hado os estreche!
Tampoco os despeche
Algún pequeño triunfo del malvado!
A un triste accidente
Vuela una ventura:
Suerte y desventura
También hemos tenido en el Oriente
En asedio duro
Yo ví a mis paisanos
Presentarse ufanos,
Y estrecharse animosos contra el muro.
Lloraban la suerte
De aquel destinado
Tal vez por el hado
A recibir con gloria honrosa muerte.
En la pena mudos,
Si un poco descansan
Furiosos se avanzan
Presentando sus pechos por escudos.

Cajas dentro.

Pero el parche suena
Y el deber me llama,

El pecho se inflama
Y a presencia del gozo huye la pena.

   Vase

   *Música bélica: se correrá un telón que hasta este acto debe cubrir el resto
   del bosque: varios árboles, uno con el pabellón de la Provincia, y saldrán
   por entre ellos 16 soldados, 14 con fusiles, 2 sin ellos, y algunos mal
   uniformados: los formará delante de los árboles un sargento, y quedarán
   descansando sobre las armas. La música habrá tocado todo este tiempo; el
   Oficial dirá señalando a ellos:*

¡Helos allí a los valientes hijos
De la Patria, mis caros compañeros!
¡Desnudos, con miserias y fatigas,
Pero de heridas y de honor cubiertos!
¡A los que presididos de mi espada
De constancia y valor dieron ejemplo,
Y entre el cañón, la muerte y terrorismo
El ponderoso yugo sacudieron!
¡Salud amigos! ¡Salud almas libres!
¡Hijos dignos del Sud que combatiendo
Por la causa más justa de los hombres
Libertáis de tiranos nuestro suelo!
Proseguid, proseguid: siempre mi brazo
Estará con vosotros, y mi aliento.
Seis años de fatigas, y de glorias;
Seis años que olvidados del recreo
De nuestro hogar, esposas, tiernos hijos
Corremos las campañas cuando Febo
Con sus ardientes rayos nos aflige,
O cuando el aquilón en crudo invierno
Derriba plantas, árboles, y troncos
Y el campo delicioso deja yermo;
Seis años no nos bastan, bravos héroes:
Aún es fuerza pelear con gran denuedo:
La América del Sud nos dio su cuna;
Y su causa ardorosos defendiendo,
Nuestra existencia, nuestros intereses
Es de justicia que sacrifiquemos.
Quien falta a sus deberes pierde al punto
Toda la dignidad de sus derechos.

¿Cuál tendremos nosotros a la Patria
Sin retribuirle cuanto le debemos?
De nuestro horror al yugo, nadie duda.
¿Quién no nos vio con el luciente acero
Lidiar el treinta y uno, y el catorce
De sangre, y humo, y de sudor cubiertos?
¿En la terrible acción dada en Las Piedras
Nos vio retroceder el monstruo fiero?
Del Paraná las náyades alegres
La acción celebran, cuando en San Lorenzo
Perdió el tirano; y luego bulliciosas
Tienden por la planicie sus cabellos.
Amigos, los trabajos en nosotros
Asombrarnos no deben, y excediendo
En tesón al famoso, al gran Leonidas,
Redoblemos las glorias y el esfuerzo.
La vida muelle y el colchón de rosas

Con entereza

Huya a la vista de un audaz guerrero,
Que no es justo sus miembros se recreen
Mientras que brazos pide el patrio suelo.

Música: el Oficial reconocerá a los soldados desarmados, arrancará de un árbol dos varas en las que se enastarán dos cuchillos, y ellos volverán a su formación.

Mas no sólo el valor y la constancia
Presidir deben hoy nuestros derechos.
Otras virtudes hay, otras virtudes
Que nuestro nombre heroico hagan eterno:
Unión sin ambición, filantropía,
Dulce fraternidad: mirad guerreros
Cuáles son los canales que derraman
El almo bien a nuestro patrio suelo!
¿Qué males no ha causado la discordia?
Los dilatados y soberbios reinos
Fueron destruidos luego que este monstruo
Fijó su torva vista, y ceño horrendo!
¡Mirad la historia, y asombraos amigos!

¡Ved a los valerosos Agarenos
Por siete siglos dominar la Iberia;
Mas desunidos en pequeños reinos
Ceder a la cautela y vigilancia
Del infante Pelayo y compañeros!
Hernán Cortés con un puñado de hombres
Surca el Oceano procurando puerto,
Que el Nuevo Mundo le negara siempre,
A no estar en discordia y fieros celos
Los hijos de Tlascala y Motezuma;
Y valientes cual simples los primeros,
A Motezuma hicieron cruda guerra
De triunfos coronando al Extremeño,
Y llorando, aunque tarde, el Nuevo Mundo,
Que cedieran por fin a un extranjero!
En el Perú, Pizarro, ese vil monstruo
Con sus secuaces crueles y perversos,
Obtuvo gran poder sobre los Incas;
Porque en gran desunión, observó luego
A Huáscar y Atahualpa, que engañados
Ambos su vida y libertad perdieron.
Venid a nuestros días, ved los males
Que trae la desunión: ¡ved los Chilenos!
Ved... ¡el sentimiento amigos

Con sensibilidad
No da curso a mi voz, un triste velo
Echar quiero a la historia desgraciada
Que hizo tan gran perjuicio al gran suceso!
Pero no importa; aún en tiempo estamos

Con tono agradable
De reparar los males y los yerros.
¡Unión, amigos, la amistad sagrada
De laureles nos ciña y de trofeos!
Amor a vuestros jefes, fieles hijos,
Gran subordinación, justo respeto:
¡Tiemblen los enemigos cuando sepan
Que la unión nos sostiene en lazo estrecho!
Convidemos con ella siempre al hombre

Que libre quiera ser, que este derecho
A todos concedió Naturaleza:
Cochabambinos fuertes, y Paceños,
Cordobeses, Salteños, Tucumanos,
Argentinos y hermanos los más tiernos
Del resto de Provincias que hoy defienden
La libertad del Meridiano suelo,
Con la unión os convida vuestro hermano
Que ansia por estrecharos en su pecho!
Los que por adopción la justa causa
Defendéis, también sois mis compañeros:
Con labio cariñoso a ti este día
Me quiero dirigir ¡amable sexo
Interesado en nuestra gloria y pena:
Las que amáis con tesón mis sentimientos
Recibid de mi afecto los servicios,
Ya que ocupo un lugar en vuestro afecto!
¡Todos corred que ansioso entre mis brazos
Quiero oprimiros, y admiraros quiero!

Toma el pabellón y dirigiéndose a los soldados dirá.

Mirad el pabellón que esta Provincia
Reconoce por suyo: defendedlo:

Los soldados presentan las armas y las preparan

¡Tremole desplegado en nuestros muros
Símbolo fiel de tan heroico esfuerzo!
Si el tirano intentase arrebatarlo,

Con entereza

Antes en sangre y muerte se halle envuelto,
El día se encapote, gima el aire,
La bóveda celeste al ronco estruendo
Despida rayos, y la triste noche
Aumente su pavor: retiemble el suelo;
Neptuno mande con acento horrible
Al Oceano que salga de su centro:
Todo tiemble y destruya si se pierde
El pabellón que ufano doy al viento.

¡VIVA LA PATRIA, AMIGOS!

Los soldados responderán con una descarga que mandará el sargento, quedando en su primera posición: cajas y música con marcha a un mismo tiempo, y concluida, el Oficial dirigiéndose al pueblo dirá:

¡Oh, qué gloria!
Sagradas sombras de mis compañeros,
Cenizas frías de hombres inmortales
Del sepulcro salid, oíd mis acentos:
Antes que al yugo la cerviz humille
Asiento y lauro entre vosotros quiero:
Cuando llegue el instante de mis días,
Dejaré a mis amigos el empeño
De estampar en la losa que me cubra
Estos mis liberales sentimientos:
Por libertar mi Patria de tiranos
La sangre derramé: tomad ejemplo.

E.1.2.2.- LA LIBERTAD CIVIL. PIEZA NUEVA EN UN ACTO. (1816)

Actores
Adolfo. (Americano.)
Un Español.
Matilde.
Acompañamiento de Indios.
Gabinete particular: aparece en él Matilde, abandonada a un fuerte dolor, y después de un intermedio de música triste dice:

Matilde.

¡Ya mis acerbas penas
Su término tocaron,
Ellas me laceraron
El triste corazón!
Y aquellas horas llenas
De placer y alegría
Se han trocado este día
En amarga aflicción.
¡En vano disimulo,

Todo esfuerzo es en vano,
Que este dolor tirano
Me trata con rigor!
Las voces, que articulo
Confundidas del llanto
Aumentan mi quebranto,
Aumentan mi dolor.
Adolfo, tierno amigo,
Sincero y fino amante.
Por ti mi amor constante
Me arrastra a padecer.
Tú solo eres testigo
De mi fe, y mi ternura,
¿Podrá la parca dura
Esta pasión vencer?
Sólo ella, amado dueño
Podrá, que en tanto viva
Será eterna, y activa
Esta mi inclinación.
Vuelve a mi grato sueño
Y haz que a su amigo vea,
Vive unida a mi idea,
Dulcísima ilusión.
Ya mis acerbas penas, etc.

Intermedio de música estrepitosa, en el que Matilde correrá enajenada a todas partes, y dirá:

Adolfo, Adolfo, espera.
Ven, Matilde te llama,
Matilde, que te ama,
Y que muere por ti.
¡Oh dicha pasajera!
¿No oyes Adolfo mío?
Mas se fue, ¡hado impío!
¿De mí qué quieres di?
No abandones ingrato
A Matilde infelice,
Y tu fama eternice
La diosa del amor.
La fe con que te trato
Hoy pueda disculparme,
Y si es error amarme
No salgas del error.

Intermedio de música triste.

Renunció al cautiverio,
Y a los colonos llama,
Su pecho se le inflama
De la patria al clamor.
Se oyó en nuestro hemisferio
La voz de libertad,
De unión, y de igualdad.
Y dice con ardor:
Corred, fieles amigos,
De nuestra madre al seno,
Con ánimo sereno
Los hierros le quitad.
Corred a ser testigos
Del triunfo del Estado,
Que el destino ha fijado
En él la libertad.
Combatid con los crueles,
Que a nuestra patria oprimen,
Tened horror al crimen,
Premiando la virtud.
Entonces los laureles
Serán nuestra divisa,
Pues que libre el pie pisa
La América del Sud.
A Dios, mi bien me dice,
Mi honor es lo primero,
Sin él vivir no quiero,
O muerte, o libertad.
No mi infamia autorice.
Nuestro amor, dulce amiga,
El tormento mitiga,
Yo vuelvo, a Dios quedad.
Y partió como un rayo
Al campo de batalla,
Adonde, ¡oh Dios! se halla
Sin mis ruegos oír.
Me abandono a un desmayo,
Vuelvo en mí, no le miro,
Le dirijo un suspiro,
Y le quiero seguir.

Fuese, y quedé anegada
En este amargo llanto,
Que durará entre tanto
Que no le vuelva a ver.
Ya estoy determinada,
Voy donde está mi dueño,
Si él muere en el empeño,
Quiero en él perecer.

Voces dentro.

¡Viva la Patria! ¡Viva la libertad civil!

Matilde.

¿Pero qué voces bellas
Anuncian nuestra suerte?

Tiros.

¡Oh Dios! si habrá la muerte
Llevádose a mi amor!

Exaltada.

Mis flébiles querellas
A la celeste cumbre
Suban, y vierta lumbre
El trueno abrasador.
Si por librar tu suelo,
Mi bien, rindes la vida,
De esta mortal herida,
¿Quién librarme podrá?
Venganza clamo al cielo
Contra todo tirano,
No me quejaré en vano,
Que el cielo escuchará.

El templo de la Libertad: fuera de él estará el Español con el gorro de la Libertad. Intermedios de música agradable, e irán saliendo del templo varios Indios, que ocuparán las puertas colaterales; y después saldrán por el bastidor de la derecha Adolfo con gorro de la Libertad, y enlazado con Matilde.

Adolfo.

Matilde adorada,
Vuelvo a tu presencia,
Tu amor, tu inocencia
Terminen mi ventura deseada.
Los ministros crueles
Hoy del terrorismo
Fueron al abismo,
Y la patria nos cubre de laureles.
La muerte provoca
A la misma muerte,
Ella anda de suerte
Entre las filas con su horrible boca,
Que al fuerte ardoroso
Lo baja a la huesa,
Y corre, y no cesa
De Mavorte su carro polvoroso.
Y él, y Belona
Miran la batalla,
Y la suerte falla
En pro de nuestro esfuerzo, y lo pregona.
Propicio hoy el hado
Nos colma de bienes,
Y libres ya tienes
Las provincias unidas del Estado.
Yo corro a tus brazos
Tranquilo y contento,
De amarte sediento,
Y de morir entre tan dulces lazos.

Matilde.

Adolfo, bien mío:
Los lazos tus brazos
Rompen, y otros lazos
Les prepara de amor, el amor mío.
Mis ansias cesaron

Le abraza.

En este momento,
Cesó mi tormento,
Y en gozo y alegría se trocaron.
Hoy tu acero vibre

Contra el opresor:
¡Qué gloria mayor,
Que ocupar el asiento de hombre libre!
Reciba tu amada
Parte en tus deseos;
De grandes trofeos
Tu altiva frente mires adornada.

Adolfo. A los Indios .Al Español.

Hijos del Mediodía,
Mirad a vuestro hermano,
Tendedle vuestra mano,
Con ansia le estrechad.
Que la filantropía
Con su poder nos ligue,
Y a amarnos nos obligue
Su blanda autoridad.

Los Indios avanzarán hacia donde está el Español, le abrazan alternativamente; igualmente que a Adolfo, y Matilde. Ellos se abrazan recíprocamente, y volverán a sus puestos: durante esta escena se entonará adentro la canción patriótica con los siguientes versos:

La América toda
Se conmueve al fin,
Y a sus caros hijos
Convoca a la lid:
A la lid tremenda,
Que va a destruir
A cuantos tiranos
La osan oprimir.

Coro.

Sudamericanos,
Mirad ya lucir
De la dulce patria
La aurora feliz.

La Patria en cadenas
No vuelva a gemir.
En su auxilio todos
La espada ceñid.
El padre a sus hijos

Podrá ya decir:
Gozad de derechos
Que no conocí.

Coro

Sudamericanos, etc.

Adolfo

Y tú, Español amigo,
Que con murado pecho
Defiendes el derecho
De nuestra libertad;
Ella te da su abrigo,
Y el suelo americano
Te aclama ciudadano,
Y ofrece su amistad.

Le abraza.

Matilde

Y tú, Español amigo, etc.

Le abraza.

Español.

El placer no me deja hablar, hermanos,
Pero tengo la gloria,
Que entre columnas hoy de Americanos
Ayudé a la victoria
De la sagrada causa del Estado
Con firme planta, y pecho denodado.
La patria en su defensa siempre obliga
A quien vive en su seno:
¿Ella no me recibe? ¿no me abriga?
¿No es mi contento pleno?
¿No disfruto de grandes beneficios?
Pues de ella son sin duda mis servicios.
Los tiranos que tanto la oprimían,
También me encadenaron:
Con nuestros bienes su fortuna hacían;
Y aunque jamás trataron
De adelantar las ciencias y las artes,

Reinaba el despotismo en todas partes.
Ví que mis hijos, parte de mi vida,
Trabajaban en vano,
Y ser hijos del suelo americano
Era causa admitida,
Para que renunciando a toda suerte,
Tuviesen triste vida y triste muerte.
Ví que el sabio, político y virtuoso
En secreto lloraba
Los males, y siempre temeroso
De declamar estaba
Contra la corrupción que era injusticia
Murmurar del desorden, e impericia.
¿Qué derecho hay, me dije, que prohiba
Que mi hijo inocente
Entre la sociedad lugar reciba,
Y dirija prudente
Las riendas del gobierno entronizando
La virtud, y los vicios desterrando?
Al del poder que os tuvo sumergidos
En vil abatimiento
Doblegasteis el cuello, y oprimidos
Ni aun justo el sentimiento,
Se atrevía a salir de vuestro labio,
Que publicarlo entonces era agravio.
En fin la Libertad tan suspirada
Se acerca a estas regiones,
Nos quita los pesados eslabones,
Y ya en nuestra morada,
Penetra un sol que nunca ha penetrado:
Él preside a las armas del Estado.
Sepúltase al tirano y al instante
Se llena mi deseo,
Pues a mi hijo con ánimo constante
Ya trabajar le veo,
Y el premio, que le da su patria madre
Llena de gozo a su tranquilo padre.
Si algunos Españoles deseosos
De ideas liberales
Trabajan y se muestran afanosos,
De gratitud señales
Les da la patria con afecto tierno,

Y les eleva ufana hasta el gobierno.
Esta igualdad en fin, este derecho
Me arrastró con violencia,
Que sólo alimentaba ya en el pecho
Gloria de independencia:
Deseando tenga término felice
De América la causa, y se eternice.

    Matilde.
La patria ha triunfado
Del fiero enemigo,
Presencial testigo
Adolfo fue, mi dueño idolatrado.
Mirad, sexo hermoso,
A un libre guerrero,
Que hoy nuestro hemisferio
De mirarlo también se halla gozoso.
Haced la ventura
Del patricio justo,
Inspiradle el gusto,
Mitigad sus quebrantos con dulzura.
Que uno el sentimiento,
Placer se respire,
Y qué el mundo admire
Vuestra constancia y fiel convencimiento.
Y llenas de amores
Volad al instante,
Y al guerrero amante,
Guirnalda le tejed de hermosas flores.
Verás que afanoso
De honor y amor lleno
Vierte en vuestro seno
Los placeres, las penas, y el reposo.

    Adolfo.
La sonorosa trompa de la Fama
Del Sud publique los plausibles hechos,
Y de un polo al otro circulando
Resuene altiva con marcial estruendo:
Remóntese agitada hasta el Olimpo,
Corra a los campos, y en lo más espeso
De los montes repita nuestro triunfo,
Y a las salobres ondas llegue el eco.

¡Día feliz aquél que el fiel colono
Sintió la libertad de sus derechos!
Aquél, que la cadena quebrantando,
El cuchillo empuñó, libró su suelo
De los tiranos crueles ambiciosos
Que esclavizarlo sólo pretendieron.
Mucho puede exclamar, ¡libres nacimos!
¡Divino suspirar! ¡dichoso acento!
La América del Sud encadenada
De opresión mil gemidos lanzó tiernos,
Y sus hijos a voz tan penetrante
Despertaron, lloraron, y se unieron.
Examinan la causa de su madre,
Y la alma libertad corre a sus pechos;
En ellos se introduce, y al instante
Huye la depresión, y fausto el genio
De independencia anima a los colonos
A morir, o vencer en justo duelo:
Ellos gritan: la muerte, o la victoria.
¡El cielo se enlutó! ¡retembló el suelo!
Y jurando firmeza en la venganza,
Trincheras fabricaron de sus pechos.
El déspota insistió, y el plomo ardiente,
Y el fuego protegido de otro fuego
Lo persiguieron con arrojo tanto,
Que a su pesar cedió, doblegó el cuello,
Y la aurora felice en carro de oro
Alegre dominó nuestro hemisferio.
Gloria, laurel y palma al magistrado,
Que sabio, liberal y justiciero
Premedita, dispone, y sigue ufano
Tan gran sistema, tan feliz empeño.
Ciudadanos de clases diferentes,
Labrador, comerciante, circunspecto
Legislador, filósofo sensato,
Recibid de un patricio su respeto.
Y vosotros campeones nacionales,
Soldados los más bravos, más guerreros,
Que el armígero dios prodigar supo,
Las glorias duplicad que al sacro templo
Abre las puertas Jano, y nos presenta
Bustos indianos, dignos mausoleos.
Continuad ardorosos en la lucha:

Con frémito espantoso el bronce horrendo
Anuncie a los tiranos, y a nosotros
Trágico terminar, dulce momento;
Para que a todo el mundo con asombro

    Todos
De hombres libres el triunfo se haga eterno.

E.1.2.3.– EL TRIUNFO UNIPERSONAL CON INTERMEDIOS DE MÚSICA. DEDICADO AL EXMO. SUPREMO DIRECTOR. (1818)

> *Salón adornado con la mayor magnificencia; colocado el busto del General San Martín; la música habrá tocado un rasgo agradable: al concluirse saldrá el actor vestido de particular, y quedará sobre la izquierda mirando el retrato: y después dirá, convirtiéndose al público:*

La sonorosa trompa de la Fama
Del Sud publique los plausibles hechos,
Y desde un polo al otro circulando
Resuene altiva con marcial estruendo;
Remóntese agitada hasta el Olimpo,
Corra a los campos, y en lo más espeso
De los bosques celebre nuestro triunfo
Y a las salobres ondas llegue el eco.
(Día feliz aquél que el fiel colono
Sintió la libertad de sus derechos!
Aquél que la cadena quebrantando
El cuchillo empuñó, libró su suelo
De los tiranos crueles, orgullosos
Que esclavizarlo sólo pretendieron

> *Pequeño rasgo de música triste. El actor dirá con sensibilidad.*

La América del Sud encadenada
De opresión mil gemidos lanzó tiernos,
Y sus hijos a voz tan penetrante
Despertaron, lloraron y se unieron:
Examinan la causa de su madre,
Y la alma libertad corre a sus pechos
En ellos se introduce, y al instante

Con entereza

Huye la depresión, y fausto el Genio
De independencia anuncia a los colonos
O morir, o vencer en justo duelo:

Con más entereza

Ellos claman: la muerte, o la victoria,
El cielo se enlutó, retembló el suelo,
Y jurando firmeza en la venganza
Trincheras fabricaron de sus pechos;
El déspota insistió, y el plomo ardiente,
Y el fuego protegido de otro fuego
Lo persiguieron con arrojo tanto
Que a su pesar cedió, doblegó el cuello,
Y la aurora felice en carro de oro
Alegre dominó nuestro hemisferio.

Música dentro de bastidores y se cantará la siguiente letrilla (el actor se aproximará a escucharla):

Firme desvelo
Americanos,
Que en los tiranos
Brilla el rencor.
Constancia y celo:
Que vuestro canto
No trueque en llanto
El opresor.
Pero aún faltaban, sí, dobles fatigas
Que superar, el enemigo fiero
Cual león que ruge desde horrenda gruta
Por devorar al tímido cordero
Maquina acciones sanguinarias, negras:
Busca nuevos esclavos, y con ellos
Tala, y destroza, y aniquila y todo
La cabaña infeliz, el basto pueblo.
El hombre libre pronto se presenta
Con dignidad sus planes destruyendo,
Y ocho años le vio el sol en las campañas
Las tiranas falanges combatiendo,
Hasta que se fijaron sus destinos
En el cinco de abril, día selecto,
Día cuya memoria será eterna
Más allá de la tumba y de los tiempos.

Los versos que siguen indicarán al actor las veces que debe se en el retrato de San Martín.

Ved resonar de SAN MARTÍN el nombre
Por las llanuras y encumbrados cerros;
Ved al anciano que de gozo llora,
Y con trémulas manos pide al Cielo
Dilate la existencia a un ciudadano
Que consagra a la patria vida y celo.
No le turba el contraste que sufriera
El día diez y nueve, que su aliento
Con la mezcla del bien y la desgracia
Brilló, y brilló otra vez; reúne presto
Sus divisiones que venganza eterna
Repiten, y se agitan en secreto.
Fue efímera la dicha del contrario
Cual resplandor que arroja en el momento
De consumirse la luciente antorcha
Y a noche triste es condenada luego.
Héroe de Chacabuco, tú presides
La independencia del indiano suelo:
Tú surcaste afanoso el ancho Océano
Por tomar parte en nuestro justo empeño,
Y odiando el crimen, la virtud amando,
Instruyendo a los libres con desvelo,
Supiste sus deberes enseñarles
A la par de sus ínclitos derechos.
Héroe del gran Maipú, sitio admirable,
Sitio de sangre, llanto y de trofeos
Donde la tiranía halló su tumba,
Y nuestra libertad su augusto templo!
¡Tú viste a SAN MARTÍN a la cabeza
De los bravos con ánimo sereno!
Desprecian el peligro con tal jefe,
Su sangre a borbotones mancha el suelo
¡Qué importa, más el pecho les inflama!
Gritan, viva la PATRIA, y dando al viento
Los pabellones de la independencia
Disputan sable en mano, y cuerpo a cuerpo.
Nadie desmaya, todos son valientes;
Los contrarios pelean con denuedo;
Los patriotas redoblan el coraje,
El plomo silbador el aire hendiendo
Lleva la muerte y luto a todas partes
Y cubre de cadáveres el suelo...

MAS TRIUNFARON LAS ARMAS DE LA PATRIA!

En este momento, sin introducción alguna, se cantará adentro este verso, con la marcha nacional:

Triunfo, triunfo que el americano
Libre el suelo de ingratos dejó,
Y al romper la cadena ominosa
Muerte eterna con gloria juró.
Cumplió ufano la grande protesta:
Libertad, libertad pronunció
El tirano a sus pies quiso verle,
Y a sus pies el tirano se vio.

Sean eternos, etc.

Sí, triunfaron las armas de la Patria,
Osorio en humo, en sangre fue deshecho,
Todos del hombre libre a la presencia
Rinden por siempre sus altivos cuellos.
¡Patria adorada ve tu grande obra
En quien los Andes dominó soberbio!
¡Cenizas inmortales de araucanos,
Del sepulcro salid, venid guerreros
Oh Tucapel, Caupolicán valiente,
Cuyos brazos temibles persiguieron
Al déspota español con bizarría;
Mirad a SAN MARTÍN que defendiendo
Vuestros derechos justos, libre deja
El país más hermoso y más ameno!
Y tú, pueblo de Chile, pueblo hermano,
Que de constancia y de virtudes lleno,
Tú mismo te impusiste la sentencia
De muerte o triunfo en el pasado duelo,
Canta unido por siempre al argentino
Las glorias de la Patria y sus derechos,

Música alegre

Gloria, laurel y palma al magistrado,
Que sabio, liberal y justiciero
Se olvida de sí mismo por salvarnos
Sin que desgracias, privación ni riesgos
Perturben sus medidas acertadas:
Por él el orden recobró su imperio

Y adonde el orden reina, el justo vive;
Sepulta sus ideas el perverso,
La unión renace, y la discordia horrible
Despechada se oculta en el averno.
Unión, sagrada unión: vive en nosotros!
Alimenta ardorosa nuestros pechos,
Tiemble el tirano cuando considere

    Con fuerza

Que una es la voluntad, uno el esfuerzo:
Ciudadanos de clases diferentes
Labrador, comerciante, circunspecto
Legislador, filósofo sensato
Recibid de un patricio sus respetos;
Ciencias, comercio, industria, bellas artes
Cual se ven florecer en nuestro suelo
Todo a vuestras tareas es debido,
Y a la protección justa del gobierno.
Juventud tierna que dejando el ocio
Corréis a cultivar vuestros talentos,
Llegará tiempo que sirváis de escudo
A vuestra madre patria, en cuyo seno
Reposáis, envidiando ya la suerte
Del que leyes observa y ciñe acero.
Hijas del Mediodía, sexo hermoso

    Con dulzura

Que partícipe sois de estos contentos,
Volad de Flora a las mansiones gratas,
Tejed guirnaldas, y con dulce afecto
Cubrid la sien del vencedor hermano,
Del amante feliz, esposo tierno.
Y vosotros campeones nacionales,

    Con entereza.

Soldados los más bravos y guerreros
Que el armígero Dios prodigar supo
Las glorias duplicad, que al sacro templo
Abre las puertas Jano, y nos presenta
Bustos indianos, dignos mausoleos.
Continuad ardorosos en la lucha:
Con frémito espantoso el bronce horrendo

Anuncie a los tiranos y a nosotros
Trágico terminar, dulce momento,
Para que a todo el mundo con asombro
De hombres libres el triunfo se haga eterno.

E.1.3.– Circunstanciales.

E.1.3.1.– A D. Francisco S. De Antuña en su feliz unión (1818)

Mortal: tú como nadie entraste ufano
Del dios de Gnido en el augusto templo,
Y te admiro exaltado y te contemplo
Al coronarte Venus por su mano.

Toma, dijo la diosa,
Lleva en dulce himeneo
Mi gloria y tu deseo,
La mujer más hermosa;

De quien celos, mortal, ahora tuviera
Si de placeres la deidad no fuera.

Entre la multitud que suspiraba,
Tus ardientes clamores sólo oía,
Ví que nadie cual tú la merecía,
Y tu fuego *la diosa* respiraba:

Feliz te hice con ella
En mi templo sagrado,
Y en mi templo no ha entrado
Otra más linda y bella;

De quien celos, mortal, ahora tuviera
Si de placeres la deidad no fuera.

E.1.3.2.– Oda (1818)

¿Qué mano angelical en mis oídos
Derrama generosa su dulzura ?
¿Quién embargando ¡oh dioses! mis sentidos

Su canto lleva a la celeste altura
Y roba la armonía de las aves?
Con trinos suaves
En plectro de oro,
Al bello coro
Suspenso tiene:
Todo detiene,
Y Apolo que le escucha con espanto
Depone el cetro, y se desciñe el manto.

Seres sensibles quien... pero ella asoma,
Y al anunciar su armónico instrumento
De nuestro Oriente aun a los tigres doma:
El astro brillador para al momento
La carrera precisa de sus giros:
Sólo suspiros
Y agitaciones,
Los corazones
Sienten, se inflaman,
Y temen, y aman,
Así cual suele la inocente hermosa
Si ve entre espinas la fragante rosa.

Las cuerdas pulsa la inmortal criatura
Y en cada nota la pasión señala,
Señala la pasión, y con ternura
Toda se entrega a la fatal escala,
Y llanto o júbilo a la vez inspira;
Pronto la admira
El dulce Orfeo,
Y por trofeo
Rinde su lira,
Y aun él suspira,
Y exclama: a tu presencia yo me inclino
Feliz hija del Sud genio divino.

No hay más allá, gritó la Fama luego,
Y aligera su vuelo remontando
No hay más allá, repite con gran fuego,
El eco en las montañas resonando:
Entre tanto que pulsa la amorosa
Y deliciosa

Que a amar convida,
Que muerte y vida
A un tiempo ofrece;
Y se estremece,
Que aun ella siente la impresión divina
De tus músicos juegos, argentina.

Salve sin fin, honor del sexo hermoso,
Dichosa americana, lleva el premio
Que ganó tu virtud, y que afanoso
Rinde a tus plantas el sonoro gremio:
Los hijos de las Musas se apresuran,
Todos procuran
Darte loores
Y lauro, y flores;
Mas con esmero
Soy el primero
En cantar tus elogios a porfía:
Pues tus dotes dan gloria al Mediodía.

E.1.3.3.– SONETO CONTRA EL AUTOR DE LA CRITICA A LA ODA DE LA SECRETARIA DE LA ASAMBLEA CANTANDO LOS TRIUNFOS DE LA PATRIA POR LA ACCIÓN DE MAIPO. (1818)

Anda rebelde! Calla! ¿Enmudeciste
El labio hasta hoy para cantar mis loores,
Y Alecto te ha inspirado sus furores
Cuando a un buen hijo celebrar me viste?

En tu silencio criminal insiste;
No hace falta tu voz: tengo cantores:
Yo no te quiero, sierpe, entre mis flores,
Sigue el destino vil con que naciste."

Así dijo la América indignada
Al caponeio autor de la invectiva,
Su musa a una botica confinada.

Entre tarros de ungüento se le estiba.
Repose allí en buen hora la malvada,
Donde ha pecado el galardón reciba.

A LA VENIDA DE LA EXPEDICION

CIELITO.

EL que en la accion de Maipu
Supo el cielito cantar,
Ahora que viene la armada
El tiple vuelve á tomar.
  Cielito, cielo que sí,
  Eche un trago amigo Andrés
  Para componer el pecho,
  Y despues le cantaré.

La PATRIA viene á quitarnos
La expedicion española,
Cuando guste D. Fernando
Agarrelá........por la cola.
  Cielito digo que sí,
  Corage, y laton en mano,
  Y entreverarnos al grito
  Hasta sacarles el guano.

El conde de *no sé que*
Dicen que manda la armada,
Mozo mal intencionado
Y con casaca bordada.
  Cielo, cielito que sí,
  Cielito de los dragones,
  Ya lo verás conde viejo
  Si te valen los galones.

Ellos traen caballeria
Del vigote retorcido;
Pero vendrá *contra* el suelo
Cuanto demos un silbido.
  Cielito, cielo que sí,
  Son ginetes con exceso,
  Pero en levantando el poncho
  Salieron por el pescuezo.

Con mate los convidamos
Allá en la accion de Maipú,
Pero en esta me parece
Que han de comer *Caracú.*
  Cielito, cielo que sí,
  Echen la barba en remojo,
  Por que segun olfateo
  No han de pitar del muy flojo.

Ellos dirán: viva el rey
Nosotros LA INDEPENDENCIA,
Y quienes son mas *Cojudos*
Ya lo dirá la *experencia.*
  Cielito, cielo que sí,
  Cielito del Terutero,
  El gudo que escape vivo
  Quedará como un arnero.

E.2.– La obra progresivamente «gauchesca» de Bartolomé Hidalgo

En teniendo un buen fusil,
Municion y *chiripá*,
Y una baca *medio en carnes*
Ni cuidado se nos da.
　Cielito digo que sí,
Cielo de nuestros derechos
Hay Gaucho que anda caliente
Por tirarse cuatro al pecho.

Dicen que esclavas harán
A nuestras americanas,
Para que lleven la alfombra
A las señoras de España.
　Cielito, cielo, que sí
La cosa no es muy liviana........
Apartesé amigo Juan
Deje pasar esas ranas.

No queremos españoles
Que nos vengan á mandar,
Tenemos americanos
Que nos sepan gobernar.
　Cielito, cielo que sí,
Aquí no se les afloja,
Y entre las bolas y el lazo
Amigo Fernando escoja.

Aquí no hay cetro y coronas
Ni tampoco inquisicion,
Hay *puros mozos amargos*
Contra *toda* expedicion.
　Cielito, cielo que sí,
Union y ya nos entramos,
Y golpeándonos la boca
Apagando los sacamos.

Sáquen del trono, españoles,
A un rey tan bruto y tan flojo
Y para que se entretenga
Que vaya *á plantar abrojos.*
　Cielito, cielo que sí,
Por él habeis trabajado,
Y grillos, afrenta y muerte
Es el premio que os ha dado.

Si de paz quereis venir,
Amigos aqui allareis,
Y comiendo carne gorda
Con nosotros vivireis.
　Cielito, cielo que sí,
El rey es hombre cualquiera,
Y morir para que él viva
La puta........! es una sonsera.

　　Si perdiésemos la accion
　　Ya sabemos nuestra suerte,
　　Y pues juramos ser libres
　　O LIBERTAD Ó LA MUERTE.
　　　Cielito, cielo que sí,
　　A ellos y cerrar la espuela,
　　Y al godo que se equivoque
　　Sumirselo hasta las muelas.

BUENOS AYRES:
IMPRENTA DE ALVAREZ.

Cielito patriótico «Al triunfo de Lima y el Callao»,
que compuso el gaucho Ramón Contreras

E.2.1.– Composiciones en metros y formas estróficas de uso popular tradicional. Cielitos. La décima.

E.2.1.1.– Cielitos.

E.2.1.1.1.– Cielito en versos de norma culta. *Cielito de la Independencia.* (1816)

Si de todo lo criado
Es el cielo lo mejor,
El Cielo ha de ser el baile
De los Pueblos de la Unión:

Cielo, cielito y más cielo,   5
Cielito siempre cantad
Que la alegría es del cielo,
Del cielo es la libertad.

Hoy una nueva Nación
En el mundo se presenta,   10
Pues las Provincias Unidas
Proclaman su independencia.

Cielito, cielo festivo,
Cielo de la libertad,
Jurando la independencia   15
No somos esclavos ya.

Los del Río de la Plata
Cantan con aclamación,
Su libertad recobrada
A esfuerzos de su valor: 20

Cielito, cielo cantemos,
Cielo de la amada Patria,
Que con sus hijos celebra
Su libertad suspirada.

Los constantes argentinos   25
Juran hoy con heroísmo

Eterna guerra al tirano,
Guerra eterna al despotismo:

Cielito, cielo cantemos,
Se acabarán nuestras penas,   30
Porque ya hemos arrojado
Los grillos, y las cadenas.

Jurando la independencia
Tenemos obligación
De ser buenos ciudadanos   35
Y consolidar la unión:

Cielo, cielito cantemos,
Cielito de la unidad,
Unidos seremos libres,
Sin unión, no hay libertad.   40

Todo fiel Americano,
Hace a la Patria traición,
Si fomenta la discordia
Y no propende a la unión:

Cielito, cielo cantemos,   45
Que en el cielo está la paz,
Y el que la busque en discordia
Jamás la podrá encontrar.

Oprobio eterno al que tenga
La depravada intención,   50
De que la Patria se vea
Esclava de otra nación:

Cielito, cielo festivo,
Cielito del entusiasmo,
Queremos antes morir   55
Que volver a ser esclavos.

Viva la Patria patriotas,
Viva la Patria y la Unión,
Viva nuestra independencia,
Viva la nueva Nación;   60

Cielito, cielo dichoso,
Cielo del Americano,
Que el cielo hermoso del Sud
Es cielo más estrellado.

El cielito de la Patria   65
hemos de cantar paisanos,
porque cantando el cielito
se inflama nuestro entusiasmo;

Cielito, cielo, y más cielo,
Cielito del corazón,   70
Que el cielo nos da la paz
Y el cielo nos da la UNIÓN.

E.2.1.1.2.– CIELITO EN LENGUA CON PALABRAS DE ISOFONÍA PORTUGUESA. CIELITO ORIENTAL (1816])

El portugués con afán
Dicen que viene bufando;
Saldrá con la suya cuando
Veña ó rey *Dom* Sebastián.

Cielito cielo que sí,   5
Cielito locos están,
Ellos vienen reventando,
¿Quién sabe si volverán?.

Dicen que vienen erguidos,
Y muy llenos de confianza;   10
Veremos en esta danza
Quiénes son los divertidos.

Cielito, cielo que sí,
Cielo hermoso y halagüeño,
Siempre ha sido el portugués   15
Enemigo muy pequeño.

Ellos traen *facas* brillantes,

Espingardas muy lucidas,
Bigoteras retorcidas
Y burrufeiros bufantes.   20

Cielito cielo que sí,
Portugueses, no arriesguéis,
Mirad que habéis de fugar,
Y todo lo perderéis.

Voso príncipe *reyente*   25
Nao hes para conquistar,
Naceu so para falar,
Mas aquí ya *he differente*.

Cielito cielo que sí,
Fidalgos ya vos *entendo*,   30
De tus pataratas *teys*
/A/ todito el mundo lleno.

Vosa señora Carlota
Dando pábulo a su furia
Quiere *faceros* injuria   35
De pensar que sois pelota.

Cielito cielo que sí,
¿Nao' conocéis *majadeiros*
Que en las infelicidades
Vosotros sois *os primeiros*?   40

¿Queréis perder *vosa* vida,
Vosos fillos y muyeres,
He deyser vosos quehaceres
He a minina querida?

Cielito cielo que sí,   45
Es inmutable verdad
Que todo se desconcierta
Faltando la humanidad.

¿Qué cosa pudo mediar
Para faceros sair   50
Y a nosas terras veir

Con armas a conquistar?

Cielito cielo que sí,
Con razón *ficais temendo*
Ya has visto *fidalgos* que   55
Poco a poco vais *morrendo*.

A *vos* /o/ príncipe reyente
Enviadle pronto a decir
Que todos vais a *morrer*
Y que nao' le fica yente.   60

Cielito cielo que sí,
Cielito de Portugal,
Voso sepulcro va a ser
Sin duda á Banda Oriental.

A Deus, a Deus faroleiros,   65
Portugueses mentecatos,
Parentes do maragatos,
Insignes alcahueteiros.

Cielito cielo que sí,
El Oriental va con bolas,   70
Mirad portugueses que hay
Otro Don Pedro *Sebolas*.

E.2.1.1.3.– Cielitos en lengua con isofonía rústica rioplatense.

E.2.1.1.3.1.– Cielito que con acompañamiento de guitarra cantaban los patriotas al frente de las murallas de Montevideo (1812)

Los chanchos que Vigodet
Ha encerrado en su chiquero
Marchan al son de la gaita
Echando al hombro un *fungeiro*.

Cielito de los gallegos   5

¡Ay! Cielito del dios Baco,
Que salgan al campo limpio
Y verán lo que es tabaco.

Vigodet en su corral
Se encerró con sus gallegos   10
Y temiendo que lo pialen
Se anda haciendo el chancho rengo.

Cielo de los mancarrines
¡Ay! Cielo de los potrillos,
Ya brincarán cuando sientan   15
Las espuelas y el lomillo.

E.2.1.1.3.2.– LOS VÍVERES DE LOS GODOS... CIELITO (1812)

Los víveres de los godos
Cayeron con su goleta
Pero ahi le mandamos bombas
En lugar de la galleta

Cielo de sus vanidades   5
Ay! Cielo de su tormento,
De comer tantos porotos
Están muy llenos de viento.

E.2.1.1.3.3.– NO HAY MIEDO, PUES LOS MACETAS... CIELITO. (1814)

No hay miedo, pues los macetas
No han de atropellar el cerco:
Que Artigas anda a las yeguas,
Y dejó a los potros dentro.

Cielito de los reyunos,   5
Ay! Cielo de los porteños,
Que al decir ¡Viva la patria!
Se ca... los gallegos.

E.2.1.1.3.4.– Cielito a la aparición de la escuadra patriótica en el puerto de Montevideo. (1814)

Flacos, sarnosos y tristes
Los godos encorralados,
Han perdido el pan y el queso
Por ser desconsiderados.

Cielo de los orgullosos,   5
Cielo de Montevideo,
Piensan librarse del sitio
Y se hallan en el bloqueo.

E.2.1.1.3.5.– Cielito patriótico que compuso un gaucho para cantar la acción de Maipú (1818)

No me neguéis este día
Cuerditas vuestro favor,
Y contaré en el CIELITO
De Maipú la grande acción.

Cielo, cielito que sí,   5
Cielito de Chacabuco,
Si Marcó perdió el envite,
Osorio no ganó el truco.

En el paraje mentado
Que llaman Cancha Rayada,   10
el General SAN MARTÍN
Llegó con la grande Armada.

Cielito, cielo que sí,
Era la gente lucida,
Y todos mozos amargos   15
Para hacer una envestida.

Lo saben los enemigos
Y al grito ya se vinieron,
Y sin poder evitarlo

Nuestro campo sorprendieron.   20

Cielito, cielo que sí,
Cielito del almidón,
No te aflijas godo viejo
Que ya te darán jabón.

De noche avanzaron ellos   25
Y allá tuvieron sus tratos;
Compraron barato, es cierto,
¡Qué malo es comprar barato!

Cielito, cielo que sí,
Le dijo el sapo a la rana,   30
Canta esta noche a tu gusto
Y nos veremos mañana.

Se reúnen los dispersos
Y marchan las divisiones,
Y ya andaban los paisanos   35
Con muy malas intenciones.

Allá va cielo, y más cielo,
Cielito de la cadena,
Para disfrutar placeres
Es preciso sentir penas.   40

Pero ¡bien *ayga* los indios!
Ni por el diablo aflojaron,
Mueran todos los gallegos,
VIVA LA PATRIA, gritaron.

Cielito digo que no,   45
No embrome amigo Fernando,
Si la Patria ha de ser libre
Para qué anda reculando.

Al fin el cinco de abril
Se vieron las dos armadas   50
En el arroyo Maipú,
Que hace como una quebrada.

Cielito, cielo que no,
Cielito digo que sí,
Párese mi don Osorio 55
Que allá va ya SAN MARTÍN.

Empiezan a menear bala
Los godos con los cañones,
Y al humo ya se metieron
Todos nuestros batallones. 60

Cielito, cielo que sí,
Cielo de la madriguera,
Cuanto el godo pestañó
Quedó como tapadera.

Peleó con mucho coraje 65
La soldadesca de España,
Habían sido guapos viejos
Pero no por la mañana.

Cielo, cielito que sí,
La sangre amigo corría 70
A juntarse con el agua
Que del arroyo salía.

Cargaron nuestros soldados
Y pelaron los latones,
Y *todo lo que* cargaron 75
Flaquearon los guapetones.

Cielito, cielo de flores,
Los de lanza atropellaron;
Pero del caballo, amigo,
Limpitos me los sacaron. 80

Osorio salió matando
Al concluirse la contienda,
Sin saber hasta el presente
Dónde fue a tirar la rienda.

Cielito, cielo que sí, 85

Cielito de los reveses;
Nos ganaron el albur
Y perdieron los entreses.

Godos como infierno, amigo,
En ese día murieron,   90
Porque el Patriota es temible
En gritando al entrevero.

Cielo, cielito que sí,
Hubo tajos que era risa,
A uno el lomo le pusieron   95
Como pliegues de camisa.

Quedó el campo enteramente
Por nuestros americanos,
Y Chile libre quedó
Para siempre de tiranos.   100

Cielito, cielo que sí,
Por ser el godo tan terco,
Se ha quedado el infeliz
Como avestruz contra el cerco.

Hubo muchos prisioneros   105
De resultas del combate,
Y según todas las señas
No les habían dado mate.

Cielito, cielo que sí,
Americanos unión.   110
Y díganle al rey Fernando
Que mande otra expedición.

Ya, españoles, se acabó
El tiempo de un tal Pizarro,
Ahora como se descuiden   115
Les ha de apretar el carro.

Cielito, cielo que sí,
Cielito del disimulo,

De balde tiran la taba
Porque siempre han de echar culo. 120

Ya puede el virrey de Lima
Echar su barba en remojo,
Si quiere librar el cuero
Vaya largando el abrojo.

Cielito, cielo que sí, 125
Largue el mono, no sea primo,
Porque cuanto se resista
Ya quedó como racimo.

Viva nuestra libertad
Y el general SAN MARTÍN, 130
Y publíquelo la Fama
Con su sonoro clarín.

Cielito, cielo que sí,
De Maipú la competencia
Consolidó para siempre 135
Nuestra augusta independencia.

Viva el Gobierno presente
Que por su constancia y celo
Ha hecho florecer la causa
De nuestro nativo suelo. 140

Cielito, cielo que sí,
Vivan las Autoridades,
Y también que viva yo
Para cantar las verdades.

E.2.1.1.3.6.– CIELITO A LA VENIDA DE LA EXPEDICIÓN (1819)

El que en la acción de Maipú
Supo el cielito cantar,
Ahora que viene la armada
El tiple vuelve a tomar.

Cielito, cielo que sí, 5
Eche un trago amigo Andrés
Para componer el pecho,
Y después le cantaré.

La PATRIA viene a quitarnos
La expedición española, 10
Cuando guste don Fernando
Agarrelá... por la cola.

Cielito digo que sí,
Coraje, y latón en mano,
Y *entreverarnos al grito* 15
Hasta sacarles el *guano*.

El conde *de no sé qué*
Dicen que manda la armada,
Mozo mal intencionado
Y con casaca bordada. 20

Cielo, cielito que sí,
Cielito de los dragones,
Ya lo verás conde *viejo*
Si te valen los galones.

Ellos traen caballería 25
Del bigote retorcido;
Pero vendrá *contra* el suelo
Cuando demos un silbido.

Cielito, cielo que sí,
Son jinetes con *exceso*, 30
Pero en levantando el poncho
Salieron por el pescuezo.

Con mate los convidamos
Allá en la acción de Maipú,
Pero en ésta me parece 35
Que han de comer *Caracú*.

Cielito, cielo que sí,
Echen la barba en remojo,

Porque según olfateo
No han de *pitar del muy flojo*.   *40*

Ellos dirán: viva el rey
Nosotros LA INDEPENDENCIA,
Y quienes son más *Cojudos*
Ya lo dirá la *experencia*.

Cielito, cielo que sí,   *45*
Cielito del *Terutero,*
El *godo* que escape vivo
Quedará como un arnero.

En teniendo un buen fusil,
Munición y *chiripá,*   *50*
Y una vaca *medio en carnes*
Ni cuidado se nos da.

Cielito digo que sí,
Cielo de nuestros derechos
Hay *Gaucho* que *anda caliente*   *55*
Por *tirarse* cuatro *al pecho*.

Dicen que esclavas harán
A nuestras americanas,
Para que lleven la alfombra
A las señoras de España.   *60*

Cielito, cielo que sí,
La cosa no es *muy liviana*...
Apartesé amigo Juan
Deje pasar esas ranas.

No queremos españoles   *65*
Que nos vengan a mandar,
Tenemos americanos
Que nos sepan gobernar.

Cielito, cielo que sí,
Aquí no se les afloja,   *70*
Y entre las *bolas y el lazo*
Amigo Fernando escoja.

Aquí no hay cetro y coronas
Ni tampoco inquisición,
Hay *puros mozos amargos*   75
Contra *toda* expedición.

Cielito, cielo que sí,
Unión y ya nos entramos,
Y *golpeándonos la boca*
Apagando los sacamos.   80

Saquen del trono, españoles,
A un rey tan bruto y tan flojo
Y para que se entretenga
Que vaya a *plantar abrojos.*

Cielito, cielo que sí,   85
Por él habéis trabajado,
Y grillos, afrenta y muerte
Es el premio que os ha dado.

Si de paz queréis venir,
Amigos aquí hallaréis,   90
Y comiendo carne gorda
Con nosotros viviréis.

Cielito, cielo que sí,
El rey es hombre cualquiera,
Y morir para que él viva,   95
¡La puta...! es una sonsera.

Si perdiésemos la acción
Ya sabemos nuestra suerte,
Y pues juramos ser libres
O LIBERTAD O LA MUERTE.   100

Cielito, cielo que sí,
A ellos y cerrar la espuela.
Y al godo que se equivoque
Sumírselo hasta las muelas.

E.2.1.1.3.7.- Un gaucho de la Guardia del Monte contesta al manifiesto de Fernando VII y saluda al Conde de Casa Flores con el siguiente Cielito, escrito en su idioma (1820)

Ya que encerré la tropilla,
Y que recogí el rodeo,
Voy a templar la guitarra
para explicar mi deseo.

Cielito, cielo que sí, 5
Mi asunto es un poco largo
Para algunos será alegre
Y para otros será amargo.

El otro día un amigo,
Hombre de letras por cierto, 10
Del rey Fernando a nosotros
Me leyó un gran manifiesto.

Cielo, cielito que sí,
Este rey es medio sonso,
Y en lugar de don Fernando 15
Debiera llamarse *Alonso*.

Ahora que él ha conocido
Que tenemos disensiones,
Haciendo cuerpo de gato [1],
Se viene por los rincones. 20

Cielito, cielo que sí,
Guarde amigo el papelón,
Y por nuestra independencia
Ponga una iluminación.

Dice en él que es nuestro padre 25
Y que lo reconozcamos;
Que nos mantendrá en su gracia
Siempre que nos sometamos.

Cielito digo que sí,
Ya nos largamos el mono, 30

---

1 Con maña, con sutileza.

No digo a Fernando el 7,
Pero ni tampoco al nono.

Después que por todas partes
Lo sacamos apagando [2],
Ahora el rey con mucho modo   35
De humilde la viene echando.

Cielo, cielito que sí,
Ya se le murió el potrillo [3],
Y si no que se lo digan
Osorio, Marcó y Morillo.   40

Quien anda en estos maquines [4]
Es un conde Casa Flores,
A quien ya mis compatriotas
Le han escrito mil primores.

Cielito digo que no,   45
Siempre escoge don Fernando
Para esta clase de asuntos
Hombres que andan deletreando.

El conde cree que ya es suyo
Nuestro Río de la Plata   50
¡Cómo se conoce amigo
Que no sabe con quién trata!

Allá va cielo, y más cielo
Cielito de Casa Flores,
Dios nos librará de plata   55
Pero nunca de pintores.

Los que el yugo sacudieron
Y libertad proclamaron,
De un rey que vive tan lejos
Lueguito ya se olvidaron.   60

Allá va cielo, y más cielo,
Libertad, muera el tirano,
O reconocernos libres,
O adiosito y sable en mano.

---

2   En fuga precipitada.
3   Demuestra las ningunas ventajas que han conseguido los realistas
4   Intriga (tiene otras acepciones).

¿Y qué esperanzas tendremos   65
En un rey que es tan ingrato
Que tiene en el corazón
Uñas lo mismo que el gato?

Cielito, cielo que sí
El muchacho es tan clemente,   70
Que a sus mejores vasallos
Se los merendó en caliente [5].

En política es el diablo,
Vivo sin comparación,
Y el reino que le confiaron   75
Se lo largó a Napoleón.

Cielito, digo que sí,
Hoy se acostó con corona,
Y cuando se recordó,
Se halló sin ella en Bayona.   80

Para la guerra es terrible,
Balas nunca oyó sonar,
Ni sabe qué es entrevero,
Ni sangre vio colorear.

Cielito, cielo que sí,   85
Cielito de la herradura,
Para candil semejante
Mejor es dormir a obscuras.

Lo lindo es que al fin nos grita,
Y nos ronca con enojo   90
Si fuese algún guapo... vaya:
Pero que nos grite un flojo!

Cielito, digo que sí,
Venga a poner su contienda,
Y verá si se descuida   95
Dónde va a tirar la rienda.
Eso que los reyes son
Imagen del Ser divino,
Es (con perdón de la gente)
El más grande desatino.   100

---

5   Los liberales que ha sacrificado.

Cielito, cielo que sí,
El evangelio yo escribo,
Y quien tenga desconfianza
Venga le daré recibo.

De estas imágenes una 105
Fue Nerón que mandó a Roma
Y mejor que él es un toro
Cuando se para en la loma.

Cielito, cielo que sí,
No se necesitan reyes 110
Para gobernar los hombres
Sino benéficas leyes.

Libre y muy libre ha de ser
Nuestro jefe, y no tirano,
Este es el sagrado voto 115
De todo buen ciudadano.

Cielito, y otra vez cielo
bajo de esta inteligencia,
Reconozca, amigo rey,
Nuestra augusta independencia. 120

Mire que grandes trabajos
No apagan nuestros ardores,
Ni hambres, muertes y miserias,
Ni aguas, fríos y calores.

Cielito, cielo que sí, 125
Lo que te digo, Fernando.
Confesá que somos libres,
Y no andés remoloneando.

Dos cosas ha de tener
El que viva entre nosotros, 130
Amargo, y mozo de garras [6]
Para sentársele a un potro.

Y digo cielo y más cielo,
Cielito del espinillo, 135
Es circunstancia que sea

---

6 Valiente y fuerte sobre el caballo.

Liberal para el cuchillo [7].

Mejor es andar delgado [8],
Andar águila [9] y, sin pena,
Que no llorar para siempre
Entre pesadas cadenas.   140

Cielito, cielo que sí,
Guárdense su chocolate,
Aquí somos puros indios
Y sólo tomamos mate.

Y si no le agrada, venga   145
Con lucida expedición,
Pero si sale matando [10]
No diga que fue traición.

Cielito, los españoles
Son de laya [11] tan fatal,   150
Que si ganan es milagro,
Y traición si salen mal.

Lo que el rey siente es la falta
De minas y plata y oro,
Para pasar este trago   155
Cante conmigo este coro.

Cielito digo que no,
Cielito, digo que sí,
Reciba, mi don Fernando.
Memorias de Potosí.   160

Ya se acabaron los tiempos
En que seres racionales,
Adentro de aquellas minas
Morían como animales.

Cielo, los reyes de España   165
¡La puta que eran traviesos!
Nos cristianaban al grito [12]
Y nos robaban los pesos.

---

7   Diestro en el cuchillo.
8   Escaso de alimento.
9   Pobre.
10 Lo mismo que en la nota 3.
11 Condición.
12 Con prontitud, con actividad.

Y luego nos enseñaban
A rezar con grande esmero,   170
Por la interesante vida
De cualquiera *tigre overo*.

Y digo cielo y más cielo,
Cielito del cascabel,
¿Rezaríamos con gusto   175
Por un tal don Pedro el Cruel?

En fin cuide amigo rey
De su vacilante trono,
Y de su tierra, si puede,
Haga cesar el encono.   180

Cielito cielo que sí,
Ya los constitucionales
Andan por ver si lo meten
En algunos pajonales.

Y veremos si lo saca   185
La señora *Inquisición*,
A la que no tardan mucho
En arrimarle latón [13].

Cielito, cielo que sí,
Ya he cantado lo que siento,
Supliendo la voluntad   190
La falta de entendimiento.

E.2.1.1.3.8.– Cielito patriótico del gaucho Ramón Contreras, compuesto en honor del ejército libertador del Alto Perú (1821])

Si quiere saber Fernando
Cuál será de Lima el fin,
Que le escriba cuatro letras
Al general San Martín.

Cielito, cielo que sí,   5
Cielito de la ciruela,

---

13   En destruirla.

Ya se anda medio sentando
Don Joaquín de la Pezuela.

Adonde quiera que asoma
Nuestra patriótica armada,
Disparan los pezuelistas
Sin reparar las quebradas.

Allá va cielo y más cielo,
Cielo de los *liberales,*
Que atropellan como tigres
Al dejar los pajonales.

En Pasco, O'Relly y los suyos
Las avenidas cubrieron,
Pero los indios amargos
Bajo el humo se metieron.

Cielito, y ya se largaron
A cobrarles la alcabala,
Y ya los atropellaron,
Y ya les menearon bala.

Entró la caballería,
Y los latones pelando,
Hasta el último tambor
Lo sacaron apagando.

Cielito, cielo que sí,
Cielo de las tropas reales,
Muchas memorias les manda
Don Juan Antonio Arenales.

A su vista y ligereza
Y á su *aquel* en el cuchillo,
Le debe la madre patria
La intendencia de Trujillo.

Cielito, y pues que consigue
Que el tirano se le rinda,
Merece que una corona

Le ponga una moza linda.   40
O'Relly, Marcó y Osorio
Deben juntarse este día,
Uno a contar sus desgracias,
Los otros sus cobardías.

Cielo, y para divertirse   45
Malilla pueden jugar
De cuatro, pues Vigodet
De zángano vendrá a entrar.

¿En qué piensa, amigo rey...?
Cante conmigo, y no gima,   50
Y en sus cortas oraciones
Vaya encomendando a Lima.

Cielito, cielo que sí,
Cielito de la merienda,
Le paro diez contra veinte   55
A que pierde la contienda.

Ya en otro cielo le dije
Nuestra amarga resistencia,
Y nuestra eterna constancia
Por lograr la independencia.   60

Cielito, cielo que sí,
Escuche mi don Fernando:
Confiese que somos libres,
Y deje de andar roncando.
La constitución de España   65
Es buena, y pues que la alabo,
Que se vengan con la vela
Y les daremos el cabo.

Cielito: «Entre con confianza»
Le dijo el león a la zorra,   70
Pero ella le contestó:
«No conozco á mazamorra».

Gloria eterna al bravo inglés,
A ese atrevido almirante,

Que a todo barco español. 75
Se lo lleva por delante.

Cielito, entró en el Callao,
Y como si fuese rata,
Se coló por todas partes
Y se limpió una fragata. 80

Y dicen que tiemblan tanto
Con sólo su nombradía,
Que en diciendo ahí viene Cokran
Se asusta la barquería.

Allá va cielo y más cielo, 85
Con cualquiera botecito
Dicen que entra en el Callao,
Y ya también les da el grito.

Los hechos de San Martín
Hoy la Fama los pregona, 90
Y la patria agradecida
De laureles lo corona.

Y digo cielo, y más cielo
Tan valiente general
Y patriota tan constante, 95
Debiera ser inmortal.

Hasta que entremos en Lima
El tiple vuelvo a colgar,
Y desde hoy iré pensando
Lo que les he de cantar. 100

Cielito digo que sí,
Iré haciendo mis borrones,
Para cantarles un cielo
En letras como botones.

E.2.1.1.3.9.- Al triunfo de Lima y el Callao. Cielito patriótico que compuso el gaucho Ramón Contreras (1821)

Descolgaré mi *changango*
Para cantar sin reveses,
El triunfo de los patriotas
En la Ciudad de los Reyes.

Cielito, cielo que sí,   5
Están los sanmartinistas
Tan amargos y ganosos,
Que no hay quien se les resista.

Apartando una torada
Me encontraba en mis haciendas   10
Pero al decir Lima es nuestra
Le largué al bagual la rienda.

Cielito, cielo que sí,
Cielito de fray Cirilo,
Y ya *enderecé* hasta el pueblo,   15
Y ya me vine en un hilo.

Estaba medio cobarde
Porque ya otros *payadores*
Y versistas muy sabidos
Escribieron puras flores [1].   20

Allá va cielo y más cielo,
cielito de la mañana...
Después de los ruiseñores
bien puede cantar la rana.

Lima anduvo *endureciendo*   25
Entre el temor y el encono,
Y por ajuste de cuentas
Don Laserna largó el mono.

Cielito, cielo que sí,
Bien se lo pronostiqué,   30
Pero ya que así lo quiso

---

[1] Luca, Lafinur, López y Varela

Tenga paciencia el virrey.

Desconfiando de su alzada
Quitaron a don Pezuela,
Porque el infeliz tenía,   35
Medio *picada* una muela.

Cielito, y luego a Laserna
Le encargaron el gobierno...
¡Ah, mozo para un encargue
Si no hubiera sido invierno!   40

Huyó con todas *las platas*
Y aun alivió los conventos,
No dejando ni ratones
Con la fuerza del tormento.

Cielito, cielo que sí,   45
Tome bien la derecera,
Porque con la pesadumbre
No dé en una vizcachera.

Con puros mozos de *garras*
San Martín entró triunfante,   50
Con jefes y escribinistas
Y todos los *comendantes*.

Cielito, cielo que sí,
Dijo cese la pendencia,
Ya reventó la coyunda,   55
Y viva la independencia.

Y en cuanto gritaron viva
Ya salieron *boraceando*
Los libres con las banderas
Que a la patria consagraron.   60

Cielo y ya las *garabinas*
Y los cañones roncaron,
Y hasta las campanas viejas
Allí dejaron el *guano*.

¡Qué bailes y qué funciones!
Y aquel beber tan prolijo,
Que en el rico es alegría
Y en el pobre es pedo fijo.

Cielito, cielo que no,
Por el bravo San Martín;
No hubo ciego violinista
Que no rompiese el violín.

Cayó Lima: unos decían,
Ya tronó: gritaban otros,
¡Oiganle al matucho viejo
Qué mal se agarró en el potro!

Cielito digo que sí,
Todo era humor y alegría,
Y andaba mandando fuerza
Toda la *mujerería*.

¿Y qué me dicen Señores,
De un tal general Cantera
Que diz que vino al Callao
A llevarse una sonsera...2?

Cielito, digo que sí,
Cielitos de los excesos,
Este infeliz sucumbió
Como ratón en el queso.

Como el hambre lo apretaba
Dejó el castillo al instante,
Y sacó la soldadesca
A ver si le daba el aire.

Cielito, cielo que sí,
Cielito de tres por ocho,
Que se empezó a desgranar
Lo mismo que *maiz* morocho.

Más de ochocientos soldados
Se pasaron de carrera,

---

2   Dos millones.

y en un tris no más estuvo
Que se viniese Cantera.   100

Cielito digo que sí,
De hambre morir no quisieron,
Y les encuentro razón
Porque estarían muy fieros.

Viéndose entonces perdido   105
Irse pensó por la costa,
Y Cockran meneando bala
Fue matando esta langosta.

Cielito digo que sí,
Por fin el pobre fugó,   110
Y el Callao con sus cangallas
A San Martín se rindió.

Sólo el general Ramírez
Queda, y también Olañeta,
Pero pronto me parece   115
Que entregarán la peseta.

Cielito, cielo que sí,
Cielito del bien que quiero,
Estos pobres han quedado
Dando vueltas al *potrero*.   120

La patria según mi cuenta
Es lo mismo que el banquero,
Que por precisión se lleva
La plata de enero a enero.

Cielito, en este supuesto   125
sepa el amigo Fernando,
Que mientras él tenga apuntes
La patria sigue tallando.
Que los medios que le quedan
Los va a perder, y muy presto,   130
Y él no tiene *caracú*
para coparnos el resto.

Cielito, cielo que sí,
Cielito de los corrales,
O han de agachar sin remedio 135
O han de ir a los pajonales.

Provincias de Buenos Aires
Y de Cuyo, valerosas,
Con triunfo tan singular
Debéis estar muy gozosas. 140

Cielito, cielo que sí,
Cielito del fiero Marte,
En empresas tan sublimes
Os tocó la mejor parte.

Y con esto honor y gloria 145
A los sudamericanos,
Que supieron con firmeza
Libertarnos del tirano.

Cielito digo que sí,
Cielito de la victoria, 150
La Patria y sus dignos hijos
Vivan siempre en mi memoria [3].

---

[3] Como considero bien fácil de inteligencia el idioma provincial de que usan en la campaña nuestros paisanos, omito hacer explicaciones.

E.2.1.2.– La Décima

La «redondilla de diez versos» que quedó determinada como estructura estrófica propia de las letras hispánicas a partir de 1591, por haber sido utilizada por Vicente Espinel (*Rimas*) y consagrada por su ilustre discípulo Lope de Vega (*Laurel de Apolo* y otras obras), pasó al Nuevo Mundo y se desarrolló aquí como forma dilecta del cancionero popular local en todos los países de Hispanoamérica.

Se trata de diez versos octosilábicos que riman abba, accddc.

Surgida en España, a mi entender, como forma capaz de competir con el «itálico modo» del consagrado soneto, fue tenida por menor en nuestras costas y por ello se la relegó, en tiempos del auge del estilo seudoclásico, quedando su cultivo para la poesía de circunstancias o bien para la decididamente popular.

La voz décima, como ya lo hemos dicho, es usada sobre todo como sinónimo de «glosa», si bien existen, tanto en la producción poética culta como en la popular, composiciones en décimas que no son glosas e incluso décimas sueltas, como la de Bartolomé Hidalgo que aquí transcribimos.

E.2.1.2.1.– Décima en lengua de norma culta. Décima a un elogio del decreto de erección del Cementerio del Norte (1822)

Supiste pintar de suerte.
Amigo la tumba fría,
Que yo exaltado a porfía,
Me puse a llamar la muerte;
Vivir me era un mal tan fuerte,   5
Que a pesar de mi criterio
Tuve por gran cautiverio
La vida: y sin dilasarme
Volé al momento a enterrarme
En el Santo Cementerio.   10

E.2.2.– Diálogos

E.2.2.1.– Diálogo patriótico interesante entre Jacinto Chano, capataz de una estancia en las Islas del Tordillo, y el gaucho de la Guardia del Monte (1821)

Se supone recién llegado a la Guardia del Monte el capataz Chano, y en casa del paisano Ramón Contreras (que es el gaucho de la Guardia).

Contreras

¡Con que amigo! ¿diaonde diablos
Sale? Meta el redomón,
Desensille, votoalante...
¡Ah pingo que da calor!

Chano

De las islas del Tordillo   5
Salí en este mancarrón;
¡Pero si es trabuco, Cristo!
¿Cómo está señó Ramón?

Contreras

Lindamente, a su servicio...
¿Y se vino del tirón?   10

Chano

Sí, amigo; estaba de balde,
Y le dije a Salvador:
«Andá traéme el azulejo,
Apretamelé el cinchón
Porque voy a platicar   15
Con el paisano Ramón.
Y ya también salí al tranco,
Y cuanto se puso el sol
Cogí el camino y me vine;

Cuando en esto se asustó 20
El animal, porque el poncho
Las verijas le tocó...
¡Qué sosegarse este diablo!
A bellaquear se agachó
Y conmigo a unos zanjones 25
Caliente se enderezó.
Viendomé medio atrasado
Puse el corazón en Dios
Y en la viuda, y me tendí;
Y tan lindo atropelló 30
Este bruto, que las zanjas
Como quiera las salvó.
¡Eh puta el pingo ligero!
¡Bien haya quien lo parió!
Por fin después de este lance 35
Del todo se sosegó,
Y hoy lo sobé de mañana
Antes de salir el sol,
De suerte que está el caballo
Parejo que da temor. 40

Contreras

¡Ah, Chano... pero si es liendre
En cualquiera bagualón!...
Mientras se calienta el agua
Y echamos un cimarrón
¿Qué novedades se corren? 45

Chano

Novedades... qué sé yo;
Hay tantas que uno no acierta
A qué lado caerá el dos,
Aunque le esté viendo el lomo.
Todo el pago es sabedor 50
Que yo siempre por la causa
Anduve al frío y calor.
Cuando la primera patria
Al grito se presentó
Chano con todos sus hijos, 55
¡Ah tiempo aquel, ya pasó!
Si fue en la patria del medio

Lo mismo me sucedió,
Pero amigo en esta patria...
Alcancemé un cimarrón. 60

Contreras

No se corte, déle guasca,
Siga la conversación,
Velay mate: todos saben
Que Chano, el viejo cantor
Adonde quiera que vaya 65
Es un hombre de razón,
Y que una sentencia suya
Es como de Salomón.

Chano

Pues bajo de ese entender
Empréstemé su atención, 70
Y le diré cuánto siente
Este pobre corazón,
Que como tórtola amante
Que a su consorte perdió,
Y que anda de rama en rama 75
Publicando su dolor;
Así yo de rancho en rancho,
Y de tapera en galpón
Ando triste y sin reposo,
Cantando con ronca voz 80
De mi patria los trabajos
De mi destino el rigor.
En diez años que llevamos
De nuestra revolución
Por sacudir las cadenas 85
De Fernando el baladrón
¿Qué ventaja hemos sacado?
Las diré con su perdón.
Robarnos unos a otros,
Aumentar la desunión, 90
Querer todos gobernar,
Y de facción en facción
Andar sin saber que andamos:
Resultando en conclusión
Que hasta el nombre de paisano 95

Parece de mal sabor,
Y en su lugar yo no veo
Sino un eterno rencor
Y una tropilla de pobres,
Que metida en un rincón   100
Canta al son de su miseria;
¡No es la miseria mal son!

    Contreras
¿Y no se sabe en qué diasques
Este enredo consistió?
¡La pujanza en los paisanos   105
Que son de mala intención!
Usté que es hombre escribido
Por su madre digaló,
Que aunque yo compongo cielos
Y soy medio payador,   110
A usté le rindo las armas
Porque sabe más que yo.

    Chano
Desde el principio, Contreras,
Esto ya se equivocó.
De todas nuestras provincias   115
Se empezó a hacer distinción,
Como si todas no fuesen
Alumbradas por un sol;
Entraron a desconfiar
Unas de otras con tesón,   120
Y al instante la discordia
El palenque nos ganó,
Y cuanto nos descuidamos
Al grito nos revolcó.
¿Por qué nadie sobre nadie   125
Ha de ser más superior?
El mérito es quien decide,
Oiga una comparación:
Quiere hacer una volteada
En la estancia del Rincón   130
El amigo Sayavedra.
Pronto se corre la voz
Del pago entre la gauchada;

Ensillan el mancarrón
Más razonable que tienen.   135
Y afilando el alfajor
Se vinieron a la oreja
Cantando versos de amor;
Llegan, voltean, trabajan;
Pero amigo, del montón   140
Reventó el lazo un novillo
Y solito se cortó,
Y atrás dél, como langosta,
El gauchaje se largó...
¡Que recostarlo, ni en chanza!   145
Cuando en esto lo atajó
Un muchacho forastero,
Y a la estancia lo arrimó.
Lo llama el dueño de casa,
Mira su disposición   150
Y al instante lo conchaba.
Ahora pues pregunto yo:
¿El no ser de la cuadrilla
Hubiera sido razón
Para no premiar al mozo?   155
Pues oiga la aplicación.
La ley es una no más,
Y ella da su protección
A todo el que la respeta.
El que la ley agravió   160
Que la desagravie al punto:
Esto es lo que manda Dios,
Lo que pide la justicia
Y que clama la razón;
Sin preguntar si es porteño   165
El que la ley ofendió,
Ni si es salteño o puntano,
Ni si tiene mal color.
Ella es igual contra el crimen
Y nunca hace distinción   170
De arroyos ni de lagunas
De rico ni pobretón:
Para ella es lo mismo el poncho
Que casaca y pantalón:
Pero es platicar de balde,   175

Y mientras no vea yo
Que se castiga el delito
Sin mirar la condición,
Digo que hemos de ser libres
Cuando hable mi mancarrón.   180

  Contreras
Es cierto cuanto me ha dicho,
Y mire que es un dolor
Ver estas rivalidades,
Perdiendo el tiempo mejor
Sólo en disputar derechos   185
Hasta que ¡no quiera Dios!
Se aproveche algún cualquiera
De todo nuestro sudor.

  Chano
Todos disputan derechos,
Pero amigo sabe Dios   190
Si conocen sus deberes:
De aquí nace nuestro error,
Nuestras desgracias, y penas.
Yo lo digo, sí señor,
¡Qué derechos ni qué diablos!   195
Primero es la obligación,
Cada uno cumpla la suya,
Y después será razón
Que reclame sus derechos;
Así en la revolución   200
Hemos ido reculando,
Disputando con tesón
El empleo y la vereda,
El rango y la adulación.
Y en cuanto a los ocho pesos...   205
¡El diablo es este Ramón!

  Contreras
Lo que a mí me causa espanto
Es ver que ya se acabó
Tanto dinero, por Cristo;
Mire que daba temor   210
¡Tantísima pesería!

¡Yo no sé en qué se gastó!
Cuando el general Belgrano
(Que esté gozando de Dios)
Entró en Tucumán, mi hermano   215
Por fortuna lo topó,
Y hasta entregar el rosquete
Ya no lo desamparó.
Pero ¡ah contar de miserias!
¡De la misma formación   220
Sacaban la soldadesca
Delgada que era un dolor!
Con la ropa hecha miñangos,
Y el que comía mejor
Era algún trigo cocido   225
Que por fortuna encontró.
Los otros cual más cual menos
Sufren el mismo rigor.
Si es algún buen oficial
Que al fin se inutilizó,   230
Da cuatrocientos mil pasos
Pidiendo por conclusión
Un socorro: no hay dinero.
Vuelva... todavía no...
Hasta que sus camaradas   235
(que están también de mi flor)
Le largan una camisa
Unos cigarros y a Dios...
Si es la pobre y triste viuda
Que a su marido perdió   240
Y que anda en las diligencias
De remediar su aflicción,
Lamenta su suerte ingrata
En un mísero rincón.
De composturas no hablemos: 245
Vea lo que me pasó
Al entrar en la ciudad
Estaba el pingo flacón
Y en el pantano primero
lueguito ya se enterró,   250
Seguí adelante ¡ah barriales!
Si daba miedo, señor.
Anduve por todas partes

Y vi un grande caserón
Que llaman de las comedias, 255
Que hace que se principió
Muchos años, y no pasa
De un abierto corralón,
Y dicen los hombres viejos
Que allí un caudal se gastó. 260
Tal vez al hacer las cuentas
Alguno se equivocó
y por decir cien mil pesos...
Velay otro cimarrón.
Si es en el Paso del Ciego 265
Allí Tacuaral perdió
La carreta el otro día;
Y él por el paso cortó
Porque le habían informado
Que en su gran composición 270
Se había gastado un caudal.
Con que amigo no sé yo
Por más que estoy cavilando
Adónde está el borbollón.

Chano

Eso es querer saber mucho 275
Si se hiciera una razón
De toda la plata y oro
Que en Buenos Aires entró
Desde el día memorable
De nuestra revolución, 280
Y después de buena fe
Se diera una relación
De los gastos que han habido,
El pescuezo apuesto yo
A que sobraba dinero, 285
Para formar un cordón
Desde aquí a Guasupicuá;
Pero en tanto que al rigor
Del hambre perece el pobre,
El soldado de valor, 290
El oficial de servicios,
Y que la prostitución
Se acerca a la infeliz viuda

Que mira con cruel dolor
Padecer a sus hijuelos; 295
Entretanto, el adulón,
El que de nada nos sirve
Y vive en toda facción,
Disfruta grande abundancia;
Y como no le costó 300
Nada el andar remediado
Gasta más pesos que arroz.
Y amigo de esta manera,
En medio del pericón
El que tiene es Don Fulano, 305
Y el que perdió se amoló;
Sin que todos los servicios
Que a la patria le prestó,
Lo libren de una roncada
Que le largue algún pintor. 310

Contreras

Pues yo siempre oí decir
Que ante la ley era yo
Igual a todos los hombres.
Chano
Mismamente, así pasó,
Y en papeletas de molde 315
Por todo se publicó;
Pero hay sus dificultades
En cuanto a la ejecución.
Roba un gaucho unas espuelas,
O quitó algún mancarrón, 320
O del peso de unos medios
A algún paisano alivió:
Lo prenden, me lo enchalecan,
Y en cuanto se descuidó
Le limpiaron la caracha, 325
Y de malo y salteador
Me lo tratan, ni a un presidio
Lo mandan con calzador;
Aquí la ley cumplió, es cierto,
Y de esto me alegro yo, 330
Quien tal hizo que tal pague.
Vamos pues a un señorón.

Tiene una casualidad.
Ya se ve... se remedió...
Un descuido que a cualquiera 335
Le sucede, sí señor.
Al principio mucha bulla,
Embargo, causa, prisión,
Van y vienen, van y vienen,
Secretos, admiración, 340
¿Qué declara? que es mentira,
Que él es un hombre de honor.
¿Y la mosca? no se sabe,
El estado la perdió,
El preso sale a la calle 345
Y se acaba la función,
¿Y esto se llama igualdad?
La perra que me parió.
En fin dejemos amigo,
Tan triste conversación, 350
Pues no pierdo la esperanza
De ver la reformación.
Paisanos de todas layas,
Perdonad mi relación:
Ella es hija de un deseo, 355
Puro y de buena intención.
Valerosos generales
De nuestra revolución,
Gobierno a quien le tributo
Toda mi veneración, 360
Que en todas vuestras acciones
Os dé su gracia el Señor,
Para que enmendéis la plana
Que tantos años se erró:
Que brille en vuestros decretos 365
La justicia y la razón,
Que el que la hizo la pague,
Premio al que lo mereció,
Guerra eterna a la discordia,
Y entonces sí creo yo 370
Que seremos hombres libres
Y gozaremos el don
Más precioso de la tierra:
Americanos, unión,

Os lo pide humildemente 375
Un gaucho con ronca voz
Que no espera de la patria
Ni premio ni galardón,
Pues desprecia las riquezas
Porque no tiene ambición. 380
Y con esto hasta otro día,
Mande usté amigo Ramón
A quien desea servirle
Con la vida y corazón.
Esto dijo el viejo Chano 385
Y a su pago se marchó,
Ramón se largó al rodeo
Y el diálogo se acabó.

E.2.2.2.– NUEVO DIÁLOGO PATRIÓTICO ENTRE RAMÓN CONTRERAS, GAUCHO DE LA GUARDIA DEL MONTE, Y JACINTO CHANO, CAPATAZ DE UNA ESTANCIA EN LAS ISLAS DEL TORDILLO [1821]

RAMÓN Contreras visita al capataz JACINTO Chano.

Chano

¿Qué dice, amigo Ramón,
Qué anda haciendo por mi pago
En el zaino parejero?

Contreras

Amigo, lo ando vareando,
Porque tiene que correr 5
Con el cebruno de Hilario.

Chano

¡Qué me cuenta! Si es así
Voy a poner ocho a cuatro
A favor de este bagual.
Mire, amigo que es caballo 10
Que en la rompida no más
Ya se recostó al contrario.

Contreras

¿Y cómo fue desde el día
Que estuvimos platicando?

Chano

Con salú; pero sin yerba: 15
Desensille su caballo,
Tienda el apero y descanse.
Tomá este pingo, Mariano,
Y con el bayo amarillo
caminá y acollarálo. 20
Mire que de aquí a la Guardia
¡hay un tirón temerario!

Contreras

Y con tantos aguaceros
Está el camino pesado,
Y malevos que da miedo 25
Anda uno no más topando.
Lo bueno que yo afilé
A mi gusto el envenado,
Le hice con las de domar
Cuatro preguntas al zaino, 30
Y en cuanto lo vi ganoso,
Y que se iba alborotando
Le aflojé todo y me vine,
Pero siempre maliciando.
Velay yerba amigo viejo, 35
iremos cimarroneando.

Chano

¿Y cómo va con la patria
Que me tiene con cuidado?
Ayer unos oficiales
Cayeron por lo de Pablo 40
Y mientras tomaron mate,
Lo asentaron, y mudaron,
Leyeron unas noticias
Atento del rey Fernando,
Que solicita con ansia 45
Por medio de diputados
Ser aquí reconocido,
Su constitución jurando.

Contreras

Anda el runrún hace días,
Por cierto no lo engañaron:　　　　　50
Los diputados vinieron,
Y desde el barco mandaron
Toda la papelería
A nombre del rey Fernando;
¡Y venían roncadores...　　　　　　　55
La puta en los maturrangos!
Pero amigo nuestra junta
Al grito les largó el guacho
Y les mandó una respuesta
Más linda que S. Bernardo...　　　　60
¡Ah gauchos escribinistas
En el papel de un cigarro!
Viendo ellos que no embocaban,
Y que los habían torneado,
Alzaron los contrapesos　　　　　　65
Y dando vueltas al barco,
Se fueron sin despedirse.
Vayan con doscientos diablos.

Chano

Mire que es hombre muy rudo
El amigo D. Fernando:　　　　　　　70
Lo contemplo tan inútil
Según me lo he figurado,
Que creo que ni silbar
Sabe, como yo soy Chano.
De balde dimos la baja　　　　　　　75
A todos sus mandatarios,
Y por nuestra libertad
Y sus derechos sagrados
Nos salimos campo afuera,
Y al enemigo topando,　　　　　　　80
El poncho a medio envolver
Y el alfajor en la mano,
Con el corazón en Dios
Y en el santo escapulario
De nuestra Virgen del Carmen,　　　85
Haciendo cuerpo de gato;
Sin reparar en las balas

Ni en los fuertes cañonazos,
Nos golpeamos en la boca
Y ya nos entreveramos;   90
Y a éste quiero a éste no quiero,
Los fuimos arrinconando,
Y a un grito: ¡viva la patria!
El coraje redoblamos,
Y entre tiros y humareda,   95
Entre reveses y tajos
Empezaron a flaquear,
Y tan del todo aflojaron,
Que de esta gran competencia
Ni memoria nos dejaron.   100
De balde en otras aiciones
Les dimos contra los cardos;
Y si no que le pregunten
A Posadas el mentado
Cómo le fue allá en las Piedras,   105
Y después allá en los barcos.
Diga Tristán... más no quiero
Gastar pólvora en chimangos,
Porque era Tristán más triste   110
Que hombre pobre enamorado.
Muesas en la del Cerrito;
Marcó flojo y sanguinario
En la aición de Chacabuco,
Osorio ese hombre fortacho   115
Allá en los Cerros de Espejo,
En la pendencia de Maipo,
Hable Quimper y ese O'Relly
Y otros muchos que ahora callo.
Todo es de balde, Contreras,   120
Pues si conoce Fernando
Que aunque haga rodar la taba
Culos no más sigue echando,
¿no es una barbaridad
el venir ahora roncando?   125
Mejor es que duerma poco,
Porque amigo á sus vasallos
El nombre de libertad,
Creo que les va agradando,
Y como él medio se acueste,   130

Cuanto se quede roncando,
Ya le hicieron trus la baca,
Y ya me lo capotearon.

Contreras

¡Ah Chano, si de sabido
Perdiz se hace entre las manos,   135
Cuanto me ha dicho es ansina
Y yo no puedo negarlo;
Pero esté usté en el aquel
Que ellos andan cabuleando
A ver si nos desunimos   140
Del todo, y en este caso
Arrancamos lo que es nuestro
Y hasta el chiripá limpiarnos.

Chano

¡No toque amigo ese punto
Porque me llevan los diablos!   145
¿Quién nos mojaría la oreja
Si uniéramos nuestros brazos?
No digo un rey tan lulingo;
Mas ni todos los tiranos
Juntos, con más soldadesca   150
Que hay yeguada en nuestros campos
Nos habían de hacer roncha;
Pero amigo, es el trabajo
Que nuestras desavenencias
Nos tienen medio atrasados.   155
¡Ah sangre, amigo, preciosa
Tanta que se ha derramado!
¿No es un dolor ver, Contreras,
Que ya los americanos   160
Vivimos en guerra eterna,
Y que al enemigo dando
Ratos alegres y buenos
Los tengamos bien amargos?
Pero yo espero desta hecha   165
Saludar al sol de mayo,
En días más lisonjeros
Unido con mis hermanos.
Y así no hay que recular,

Que ya San Martín el bravo 170
Está en las puertas de Lima
Con puros mozos amargos,
Soldadesca corajuda,
Y sigún me han informado
En Lima hay tanto patriota 175
Que Pezuela anda orejeando,
Y en logrando su redota
Ha de cambiar nuestro Estado,
Pues renace el patriotismo
En el más infeliz rancho. 180

Contreras

Sí, Señor, dejuramente.
¡Ah momento suspirado!
Y en cuanto esto se concluya
Al grito nos descolgamos
Con latón y garabina, 185
A suplicarle a un tapado
Que largue no más lo ajeno,
Porque es terrible pecado
Contra el gusto de su dueño
Usar lo que no se ha dado; 190
Y en concencia yo no quiero
(Porque soy muy buen cristiano)
Que ninguno se condene
Por hecho tan temerario.

Chano

¡Eso sí, Ramón Contreras! 195
¿Se acuerda del fandangazo
Que vimos en lo de Andújar
Cuando el general Belgrano
Hizo sonar los cueritos
En Salta a los maturrangos? 200
Por cierto que en esta aición
(Sin intención de dañarnos)
Hizo un barro el general
Que aun hoy lo estamos pagando.
El quiso ser generoso 205
Y presto miró su engaño,
Cuando hizo armas en su contra

El juramentado Castro,
Que quebrantando su voto
Manchó su honor y su grado.   210
Estas generosidades
Muy lejos nos han tirado,
Porque el tirano presume
Que un proceder tan bizarro
Sólo es falta de justicia;   215
Pero esto ya se ha pasado,
Y no será malo amigo
Si por fin escarmentamos.
Por ahora saque el cuchillo,
Despachemos este asado   220
Y sestearemos después,
Para ir a lo del Pelado
A ver si entre su manada
Está, amigo, mi picazo,
Que hace días que este bruto   225
De las mansas se ha apartado.
Comieron con gran quietud,
Y después de haber␣sesteado
Ensillaron medio flojo,
Y se salieron al tranco   230
Al rancho de Andrés Bordón,
Alias el Indio Pelado
Que en las pendencias de arriba
Sirvió de triste soldado,
Y en Vilcapugio de un tiro   235
Una pierna le troncharon.
Dieron el grito en el cerco,
Los perros se alborotaron,
Bordón dejó la cocina,
Los hizo apear del caballo;
Y lo que entre ellos pasó   240
Lo diremos más despacio
En otra ocasión, que en ésta
Ya la pluma se ha cansado

E.3.3.– Relación que hace el gaucho Ramón Contreras a Jacinto Chano, de todo lo que vio en las fiestas mayas en Buenos Aires, en el año 1822 [1822]

Chano

¡Con que mi amigo Contreras,
Qué hace en el ruano gordazo!
Pues desde antes de marcar
No lo veo por el pago.

Contreras

Tiempo hace que le ofrecí   5
El venir a visitarlo,
Y lo que se ofrece es deuda:
¡Pucha! pero está lejazos.
Mire que ya el mancarrón
Se me venía aplastando.   10
¿Y usté no fue a la ciudad
A ver las fiestas este año?

Chano

¡No me lo recuerde amigo!
Si supiera, ¡voto al diablo!
Lo que me pasa por Cristo!   15
Se apareció el veinticuatro
Sayavedra el domador
A comprarme unos caballos:
Le pedí a dieciocho reales,
Le pareció de su agrado,   20
Y ya no se habló palabra,
Y ya el ajuste cerramos;
Por señas, que el trato se hizo
Con caña y con mate amargo.
Caliéntase Sayavedra,   25
Y con el aguardientazo
Se echó atrás de su palabra,
Y deshacer quiso el trato.
Me dio tal coraje amigo
Que me aseguré de un palo,   30
Y en cuanto lo descuidé
Sin que pudiera estorbarlo

Le acudí con cosa fresca:
Sintió el golpe, se hizo el gato,
Se enderezó, y ya se vino   35
El alfajor relumbrando:
Yo quise meterle el poncho,
Pero amigo quiso el diablo
Trompezase en una taba,
Y lueguito mi contrario   40
Se me durmió en una pierna
Que me dejó coloreando:
En esto llegó la gente
Del puesto, y nos apartaron.
Se fue y me quedé caliente   45
Sintiendo, no tanto el tajo
Como el haberme impedido
Ver las funciones de Mayo:
De ese día por el cual
Me arrimaron un balazo,   50
Y pelearé hasta que quede
En el suelo hecho miñangos.
Si usted estuvo Contreras
Cuénteme lo que ha pasado.

Contreras
¡Ah fiestas lindas, amigo!   55
No he visto en los otros años
Funciones más mandadoras,
Y mire que no lo engaño.
El veinticuatro a la noche
Como es costumbre empezaron.   60
Yo vi unas grandes columnas
En coronas rematando
Y ramos llenos de flores
Puestos a modo de lazos.
Las luces como aguacero   65
Colgadas entre los arcos,
El cabildo, la pirami,
La recoba y otros lados,
Y luego la versería
¡Ah cosa linda! un paisano   70
Me los estuvo leyendo
Pero ¡ah poeta cristiano,

Qué décimas y qué trobos!
Y todo siempre tirando
A favor de nuestro aquél: 75
Luego había en un tablado
Musiquería con fuerza
Y bailando unos muchachos
Con arcos y muy compuestos
Vestidos de azul y blanco, 80
Y al acabar, el más chico
Una relación echando
Me dejó medio... quién sabe.
¡Ah muchachito liviano,
Por Cristo que le habló lindo 85
AL VENTICINCO DE MAYO!
Después siguieron los fuegos
Y cierto que me quemaron
Porque me puse cerquita,
Y de golpe me largaron 90
Unas cuantas escupidas
Que el poncho me lo cribaron.
A las ocho de tropel
Para la Merced tiraron
Las gentes a las comedias; 95
Yo estaba medio cansado
Y enderecé a lo de Roque:
Dormí, y al cantar los gallos
Ya me vestí; calenté agua,
Estuve cimarroneando; 100
Y luego para la plaza
Cogí y me vine despacio:
Llegué ¡bien haiga el humor!
Llenitos todos los bancos
De pura mujerería, 105
Y no amigo cualquier trapo
Sino mozas como azúcar,
Hombres, eso era un milagro;
Y al punto en varias tropillas
Se vinieron acercando 110
Los escueleros mayores
Cada uno con sus muchachos
Con banderas de la patria
Ocupando un trecho largo,

Llegaron a la pirami 115
Y al dir el sol coloreando
Y asomando una puntita...
Bracatán, los cañonazos,
La gritería, el tropel,
Música por todos lados, 120
Banderas, danzas, funciones,
Los escuelistas cantando,
Y después salió uno solo
Que tendría doce años,
Nos echó una relación... 125
¡Cosa linda amigo Chano!
Mire que a muchos patriotas
Las lágrimas les saltaron.
Más tarde la soldadesca
A la plaza fue dentrando 130
Y desde el fuerte a la iglesia
Todo ese tiro ocupando.
Salió el gobierno a las once
Con escolta de a caballo,
Con jefes y comendantes 135
Y otros muchos convidados,
Doctores, escribinistas,
Las justicias a otro lado,
Detrás la oficialería
Los latones culebreando. 140
La soldadesca hizo cancha
Y todos fueron pasando
Hasta llegar a la iglesia.
Yo estaba medio delgado
Y enderecé a un bodegón, 145
Comí con Antonio el Manco
Y a la tarde me dijeron
Que había sortija en el bajo;
Me fui de un hilo al paraje.
Y cierto no me engañaron. 150
En medio de la Alameda
Había un arco muy pintado
Con colores de la patria:
Gente, amigo, como pasto,
Y una mozada lucida 155
En caballos aperados

Con pretales y coscojas,
Pero pingos tan livianos
Que a la más chica pregunta
No los sujetaba el diablo.   160
Uno por uno rompía
Tendido como lagarto,
Y... zas... ya ensartó... ya no...
¡Oiganlé que pegó en falso!
¡Qué risa, y qué boracear!   165
Hasta que un mocito amargo
Le aflojó todo al rocín
Y ¡bien haiga el ojo claro!
Se vino al humo, llegó
Y la sortija ensartando   170
Le dio una sentada al pingo
Y todos VIVA: gritaron.
Vine a la plaza: las danzas
Seguían en el tablado;
Y vi subir a un Inglés   175
En un palo jabonado
Tan alto como un ombú,
Y allá en la punta colgando
Una chuspa con pesetas,
Una muestra y otros varios   180
Premios para el que llegase:
El Inglés era baqueano:
Se le prendió al palo viejo,
Y moviendo pies y manos
Al galope llegó arriba,   185
Y al grito ya le echó mano
A la chuspa y se largó
De un pataplús hasta abajo:
De allí a otro rato volvió
Y se trepó en otro palo   190
Y también sacó una muestra
¡Bien haiga el bisteque diablo!
Después se treparon otros
Y algunos también llegaron.
Pero lo que me dio risa   195
Fueron, amigo, otros palos
Que había con unas guascas
Para montar los muchachos,

Por nombre rompecabezas;
Y en frente, en el otro lado,   200
Un premio para el que fuese
Hecho rana hasta toparlo;
Pero era tan belicoso
Aquel potro, amigo Chano,
Que muchacho que montaba,   205
Contra el suelo, y ya trepando
Estaba otro, y zas al suelo;
Hasta que vino un muchacho
Y, sin respirar siquiera,
Se fue el pobre resbalando   210
Por la guasca, llegó al fin
Y sacó el premio acordado.
Pusieron luego un pañuelo
Y me tenté, ¡mire el diablo!
Con poncho y todo trepé   215
Y en cuanto me lo largaron
Al infierno me tiró,
y sin poder remediarlo
(Perdonando el mal estilo)
Me pegué tan gran culazo   220
Que si allí tengo narices
Quedo para siempre ñato
Luego encendieron las velas
Y los bailes continuaron
La cuetería y los fuegos.   225
Después todos se marcharon
Otra vez a las comedias.
Yo quise verlas un rato
Y me metí en el montón,
Y tanto me rempujaron   230
Que me encontré en un galpón,
Todo muy iluminado,
Con casitas de madera
Y en el medio muchos bancos.
No salían las comedias   235
Y yo ya estaba sudando,
Cuando amigo, derrepente
Árdese un maldito vaso
Que tenía luces dentro
Y la llama subió tanto   240

Que pegó fuego en el techo:
Alborotóse el cotarro,
Y yo que estaba cerquita
De la puerta, pegué un salto
Y ya no quise volver.　　　　　　　　245
Después me anduve paseando
Por los cuarteles, que había
También muy bonitos arcos
Y versos que daba miedo.
Llegó el veintiséis de mayo　　　　　250
Y siguieron las funciones
Como habían empezado.
El veintisiete lo mismo:
Un gentío temerario
Vino a la plaza: las danzas,　　　　　255
Los hombres subiendo al palo,
Y allá en el rompecabezas
A porfía los muchachos.
Luego con muchas banderas
Otros niños se acercaron　　　　　　260
Con una imagen muy linda
Y un tamborcito tocando:
Pregunté qué virgen era.
La Fama, me contestaron:
Al tablado la subieron　　　　　　　265
Y allí estuvieron un rato,
Adonde uno de los niños
Los estuvo proclamando
A todos sus compañeros.
¡Ah, pico de oro! Era un pasmo　　　270
Ver al muchacho caliente,
Y más patriota que el diablo.
Después hubo volantines,
Y un Inglés todo pintado,
En un caballo al galope　　　　　　275
Iba dando muchos saltos.
Entretanto la sortija
La jugaban en el Bajo.
Por la plaza de Lorea
Otros también me contaron　　　　　280
Que había habido toros lindos.
Yo estaba ya tan cansado

Que así que dieron las ocho
Corté para lo de Alfaro,
Sonde estaban los amigos   285
En beberaje y fandango:
eché un cielito en batalla,
y me resbalé hasta un cuarto
donde encontré a unos calandrias
calientes jugando al paro.   290
Yo llevaba unos realitos,
Y así que echaron el cuatro
Se los planté, perdí en boca,
Y sin medio me dejaron.
En esto un catre viché,   295
Y me le fui acomodando,
Me tapé con este poncho
Y allí me quedé roncando.
Esto es, amigo del alma,
Lo que he visto y ha pasado.   300

   Chano

Ni oírlo quisiera, amigo,
Como ha de ser, padezcamos
A bien que el año que viene,
Si vivo iré a acompañarlo,
Y la correremos juntos.   305
Contreras lió su recado
Y estuvo allí todo un día;
Y al otro ensilló su ruano,
Y se volvió a su querencia
Despidiéndose de Chano.   310

F.– Apéndice. Piezas contemporáneas de Hidalgo de atribución dudosa o continuadoras de su obra, posteriores a 1822.

Anonimato y atribución en la teoría y la práctica de lo metaliterario.

Es muy frecuente que, en los cancioneros europeos manuscritos, se encuentre un buen número de composiciones de autor desconocido. Así lo afirma Vicenç Beltran Pepio, de la Universidad de Barcelona (2006) cuando escribe:

> En los cancioneros europeos, y no sólo en los medievales, /.../ resulta frecuente la presencia de poemas, secciones y hasta manuscritos completos sin mención expresa del autor. Otras veces, esta mención se ha simplificado hasta contener sólo un nombre, un apellido, un título o, incluso, un apodo o seudónimo. Las condiciones y circunstancias en que se operaron /sic/ este tipo de atribuciones debieron ser muy variadas, a veces puro accidente, en algún caso, incluso de tipo estructural y voluntario; en otras ocasiones, se debieron a las circunstancias, condiciones o deseos de unos compiladores que trabajaban para un público restringido, que suplía con sus conocimientos la parquedad de su ejemplar. De la diversidad de las circunstancias de composición, de los intereses de los compiladores, sus comanditarios o sus usuarios depende la multiplicidad de los procedimientos de atribución, mucho más concretos y, a veces, fáciles de determinar que la problemática general de autoría o de anonimato en otras parcelas de la literatura medieval.

Tras proporcionar muy buenos ejemplos procedentes de distintos cancioneros españoles, italianos e ingleses, el autor observa:

> No podemos olvidar que los cancioneros medievales, y a veces también en siglos posteriores, nacían para el uso de una corte feudal o un círculo literario concreto, cuyos miembros compartían una misma cultura poética en cuya creación o conservación colaboraban activamente y eran

partícipes de unos conocimientos que nosotros desearíamos hoy conservar. Semejante parece haber sido el contexto en que se crearon numerosos manuscritos latinos, procedentes de monasterios cuya cultura oral transmitía la autoría de cada texto, sin necesidad de formalizarla en las copias de sus obras. De ahí que las notorias insuficiencias de información que hoy les achacamos quizá no lo fueran, en absoluto, cuando los datos relativos a los autores, las obras o las circunstancias de su composición (tras las que nosotros nos afanamos) eran para ellos parte de su experiencia no ya literaria, sino incluso vital. Es más, la forma del libro con la que nosotros estamos familiarizados, totalmente estandarizada, destinado a un público amplio y anónimo ante el que resulta necesario explicitar toda la información necesaria para que el lector lo identifique (generalmente mediante el desarrollo de una portada ad hoc), es un producto genuino de la imprenta, y no se impuso hasta el siglo XVI, nada más alejado de las condiciones de producción y uso del libro durante la Edad Media.

El enfoque que el mencionado catedrático ha dado a este artículo contiene numerosos asertos que resultan pertinentes en el caso de la crítica a la obra de Bartolomé Hidalgo desde el punto de vista de la problemática de atribución y no debe extrañarnos, cuando los críticos españoles que, a principios del siglo XX, encararon el análisis del *Martín Fierro* de José Hernández - y, a partir de él, de todo el fenómeno de la poesía gauchesca que lo había precedido y que persistía lozanamente en su mismo tiempo-, se refirieron muchas veces a estas composiciones «modernas» que presentaban problemas propios de los Cancioneros y códices medievales europeos.

En todas las compilaciones de poesía patriótica americana del período de la emancipación, se presentan similares conflictos y es visible que la sola utilización de la imprenta no cambió la costumbre secular de no unir, automáticamente, el nombre de los autores al texto de sus obras. Tengamos presente que hojas y pliegos sueltos impresos, así como libritos de la llamada literatura de cordel, circularon en forma anónima tanto en Europa como en América para uso popular, lo cual no significaba en todos los casos que sus destinatarios fueran las clases culturalmente más bajas de la sociedad, ya que, en principio, exigían un receptor alfabetizado. He estudiado este tema en varios trabajos (Fernández Latour de Botas, O. 1969-71; 1988) y recomiendo especialmente tener en cuenta los del sabio alemán Robert Lehmann-Nitsche (v.gr. *Santos Vega*, 1917) y, si fuera posible, la consulta de sus colecciones de libritos In 8º que constituyen lo esencial de su legado al Instituto Ibero-Americano de Berlín, así como la colección de hojas sueltas de su Biblioteca Criolla que quien esto escribe recibió como donación y que legó, tras estudiarlas, a la Academia Nacional de la Historia.

En el caso de las composiciones de Bartolomé Hidalgo hemos tenido en cuenta algunos criterios de eficacia analítica:

a) **La fecha de los acontecimientos a los que alude la composición.** Sólo a título comparativo, rememorativo y aleccionador Hidalgo hace referencia a hechos del pasado. Lo mismo que en las composiciones del folklore literario, los referentes de sus temas proceden del pasado inmediato o del presente.
b) **Las recurrencias en la expresión.** Aunque muchas veces puedan tratarse de frases, topus o simplemente, palabras de uso generalizado en su tiempo, es posible identificar aquellos elementos recurrentes en función del pensamiento de cada uno de los autores y de otros rasgos expresivos contextuales, lo cual, en el caso de Hidalgo, es sobresaliente. Aquí el **procedimiento contrastivo** y el **criterio de las concordancias** resultan auxiliares fidedignos.
c) **La atribución generalizada entre sus coetáneos de todo lo que tuviera, en el Río de la Plata, caracteres «gauchescos».** Nada más claro, en este sentido que la necesidad que siente Hidalgo de negar tal singularidad como lo hace para refutar los cargos del Padre Castañeda:

> /.../ ni el idioma de los paisanos, que poco tiene que saber, es reservado a mis conocimientos: lo sabe Cavia, lo saben muchos que pudiera citar, /.../

Muchos sabían, tal vez, ese «dioma de los paisanos» pero, como razona con lógica simple el crítico uruguayo Mario Falcao Espalter respecto a uno de los cielitos del primer sitio de Montevideo:

> ... si no hay inconveniente en adjudicarle este cielito, es porque del único poeta de quien se mencionan cielitos es de él.

La situación tal vez hubiera cambiado en los años siguientes y es probable que otros escritores cultos incorporaran la forma Cielito como vehículo para su fervor patriótico o sus mensajes socio-políticos. Sin embargo es mejor transcribir aquí los Cielitos y otras piezas impresas que han llegado hasta nosotros con características compatibles con las pautas **1.–** y **2.–** arriba mencionadas, aún con riesgo de que no pertenezcan a la pluma de Hidalgo, antes que descartar alguna composición que pueda pertenecerle.

F.1.- ROMANCILLO MONORRIMO (NORMA CULTA).

Esta pieza fue publicada en el *Nº 1 de las Cuatro Cosas, o El antifanático: el amigo de la ilustracion, cuya hija primógenita es la tolerancia: el glosador de los papeles públicos internos y externos; y el defensor del crédito de Buenos aires y demas provincias hermanas*, periódico editado por Pedro Feliciano Sáenz

Cavia, Buenos Aires, Imprenta de Expósitos, sin fecha (enero 1821) /Biblioteca Nacional, Buenos Aires/.

Sueño del poeta compañero de Cuatro cosas (1821)
Soñaba cierto día,
¡Tiemblo de recordarlo!
Que la verdad eterna
Con el semblante airado
Se acerca a mi y me dice:
«Si amas el desengaño,
Sígueme sin tardanza»
Yo de la cama salto,
Y sin saber por donde,
Presto nos encontramos
En un lúgubre sitio,
En un inmenso espacio,
Donde ruinas, escombros,
Cenizas humeando
Por doquiera se vian,
Y mil y mil estragos
Causados por el fuego,
Por el puñal causados,
¡Ay triste! Lo cubrían
Cuerpos ensangrentados.
«¿Sabes, dijo la Diosa,
Donde nos encontramos?
Donde, ha poco, habitaban
Todos vuestros hermanos,
Vuestros deudos y amigos,
Si, los americanos»
¿Y quien, diosa infalible,
Digole, ahogado en llanto,
Quien fue el negro instrumento
De tan negro atentado?
«Vele allí cual se ostenta
Ese monstruo nefando;
Ella es, si, la Discordia:
Ella armó vuestro brazo
De su puñal sangriento;
Mirad el resultado.»
Dijo, y en el instante
Se aparece en un carro

Tirado por dragones,
Y de tigres cercado,
Francisco Castañeda.
Con la tea en la mano,
Los ojos encendidos
Centellas arrojando,
De vívoras crinada
La cabeza, que ufano
Erguía y ostentaba,
Salió el monstruo del carro,
Dio un espantoso grito
Que los montes doblaron,
Y al instante festivas
A este tigre cercaron
La Envidia, la Venganza,
El Fanatismo infausto,
Que de la Hipocresía
Venía acompañado.
Alli con alarido
Las furias se abrazaron,
Y viendo el campo yermo,
Y en su sangre nadando,
Los amigos, los deudos,
Hijos, padres, hermanos,
Tiernas madres, esposas,
Parbulitos y ancianos,
Nuestro es el triunfo, dijo
Aquel monstruo nefando,
Y todas un rugido
Tan horrible lanzaron
En señal de victoria,
Que recuerdo agitado
Y saltando del lecho
Lleno de sobresalto,
Juzgaba que veía
Lo que estaba soñando.

F.2.– CIELITOS

F.2.1.– CIELITO DE MAYPO (1818).

Es el citado por Gutiérrez en «La Literatura de Mayo"» (*Revista del Río de la Plata*, tomo II), versión de Eduardo Jorge Bosco quien lo ha hallado entre los papeles de la Colección de Juan María Gutiérrez existente en la Biblioteca del Congreso de la Nación, tomo titulado *Poesía Americana* (con actualización ortográfica nuestra). Originalmente se ha difundido como hoja suelta, sin firma y sin fecha, si bien, de acuerdo con lo que expresan los versos 66 y 67, ha sido compuesto en 1818, pues se hace referencia a la promulgación de la independencia de Chile el 12 de febrero de dicho año. Aunque observa muy bien sus características formales y estilísticas, Bosco descarta terminantemente la posibilidad de que pertenezca a Bartolomé Hidalgo, tanto porque es visible que se trata de una composición monorrima, a la manera, esta sí, del romancero español, como por su "lenguaje y tono excepcionalmente cultos", según se anima a asegurarlo. Con buen criterio asocia al desconocido autor de este *Cielito* con el del *Cielito de la Independencia*

Yo concuerdo en esto último y, por lo mismo, creo que es posible que ambos sean obras del poeta montevideano, como parece indicarlo el hecho de que, aunque se estaba refiriendo a los sucesos ocurridos en territorio chileno, traiga a colación los de la Banda Oriental en los versos 59 y 60. Aun escribiendo *Cielitos*, Bartolomé Hidalgo no dejaba de ser el culto autor de Odas, Sonetos y Melodramas y, si comparamos las composiciones que, sobre el tema de la batalla de Maypo o Maipú son generalmente atribuidas a él, veremos que existen muchos elementos en común. No encuentro alarde de alta cultura en los versos de estilo coloquial de este **Cielito**. Por lo demás, Hidalgo ensayaba todas las formas para un mejor tratamiento de sus temas patrióticos y, como lo hemos dicho ya, se dirigía a públicos diversos y a distintos usuarios, particularmente en el caso de la especie *Cielito* que, como danza social, era tanto parte del repertorio bailado en los salones urbanos y como en el patio de los ranchos y pulperías de campaña. Por lo expuesto incluyo en esta sección al *Cielito de Maypo* citado por Gutiérrez, según la transcripción de Eduardo Jorge Bosco (1952).

CIELITO DE MAYPO

El cielo da las victorias,
Vamos al cielo paisanos
Porque cantando el cielito
Somos más americanos.

Cielito, cielo y más cielo,   5
Cielito del entusiasmo
Quien la ganó en Chacabuco
Nos la ha coronado en Maypo.

La tercera es la vencida
Dicen viejas y muchachos: 10
Ya están, pues en San Lorenzo,
En Chacabuco y en Maypo.

Cielo, cielito y más cielo,
Cielito que está bien claro
Que el General San Martín   15
Seguidas las ha ganado.

Estímulos del honor
Son los contrastes, y en vano
Lidia la fortuna loca
Contra el que es firme y honrado.   20

Cielito de la victoria,
Cielito de los paisanos
Para nuestro San Martín
No valen vuelcos de dado

Con San Martín no han podido   25
Los de Burgos tan mentados,

Ni contra sus granaderos
Los lanceros de a caballo.

Cielito de la victoria
Cielito del entusiasmo   30
Cielito de San Martín
Y de sus bravos soldados.

Como aves de mal agüero
La noche del jueves santo
Se disfrazaron los godos   35
A sorprender nuestro campo.

Cielito, cielo con luna
Que al acercarse ha nublado
La chusma de sarracenos
Con su vapor infestado.   40

Las sombras de sus figuras
Al poco nos dieron asco
Por eso en aquel momento
Nos fuimos y los de dejamos.

Cielito pero no fue   45
De miedo como han pensado
Porque los mismos después
Les hemos pegado el chasco.

A los banquetes que han hecho
Los godillos mentecatos   50
Trajo Escalada de Chile
Para postre unos helados.

Cielito como son fríos
Apenas los han probado
Les dio terciana dentera   55
Escalofríos y pasmo.

Marcó perdió en Chacabuco
Osorio ha perdido en Maypo,
Vigodet en Montevideo
Muesas y Elío en el campo.   60

Cielito de la victoria
Cielito de los paisanos,
Vengan generales godos
Que acá los examinamos.

La unión dio la libertad   65
A Chile el año pasado;
En este la independencia
La unión también ha fijado.

Cielito, viva la unión
Que tantos bienes ha dado   70
No hay que temer en unión,
A la unión americanos.

F.2.2.– Cielito del Bañado.

Tomo este texto de la citada obra de Eduardo Jorge Bosco, quien no describe la fuente. Señala el crítico su "lenguaje mucho más zafado que el de cualquier otro cielito conocido" y observa que "el tono de confianza y burla para dirigirse al rey es semejante al que emplea Hidalgo". Menciona también Bosco un "aparente origen chileno de este cielito" que estaría denunciado en versos como el N° 62 y por el uso del "verís" por "verás", que es común en el nororeste argentino y también en Chile. Yo considero que un chileno no se habría expresado así como lo hace el autor en el verso N° 7; por otra parte, Hidalgo conocía los matices regionales del habla cuyana, ya que si madre era sanjuanina . Señala también Bosco que "Por las estrofas finales hay algunos versos que ayudarían a sostener la diferencia existente entre el cielito y el pericón". No hay realmente datos como para sostener tales diferencias que, por su parte, los musicólogos y coreólogos ya han establecido. Lo único que podría señalarse, para dar razón a un crítico tan lúcido como Bosco, respeto de alguna diferencia de las que existen entre ambas contradanzas criollas que se revele en el texto, es el grito de "Viva la Patria" que, en el Pericón, lanzan los bailarines cuando hacen las figuras del "Pabellón", desatando y extendiendo con ambas manos los pañuelos que llevan al cuello: celestes en las damas y blancos en los caballeros.

Las referencias históricas a las batallas de Chacabuco (12 de febrero de 1817), a la sorpresa de Cancha Rayada (19 de marzo de 1818) y a la acción de Maipú (5 de abril de 1818) son acordes con las demás piezas de época atribuidas tanto a Hidalgo como a otros poetas. En ésta hay una linda idea distinta (versos 81 a 84): se desafía al rey de España a venir a pelear personalmente, con su espada, al lugar donde San Martín, con su poncho, quiere tomarse un desquite: a Cancha Rayada, el campo del único repliegue en derrota del Ejército de los Andes. Yo creo que este *Cielito* también podría ser obra de Hidalgo, y lo hallo emparentado con la glosa cuyo tema comienza «De San Martín valeroso...» que incluyo bajo F.3.2.– .

Cielito del Bañado.

Atención noble auditorio
Que el cielo va a comenzar,
Y en los fandangos de lujo
Solo esto se ha de cantar

Cielo, ya los maturrangos   5
Pueden decirle a su rey,
Los criollos de Buenos–Ayres
Dicen que lo lamba un guey.

En Talca los sarracenos
Pisándose se colaron,   10
Y en una noche el laíto
De las casas nos ganaron.

Cielito, pero en Maypú
Perdieron, y se barrunta
Que toítos los gallegos   15
Cagaron pa la dijunta.

Ah diablos! Si pensarán
Los perros maturranguitos
Que no sabemos pelear
Porque andamos con ponchitos.   20

Cielo más escarmentados
Quedarán con esta aición,
Que cuantas dis que tuvieron
Con el probe Napoleón

Gallegos a vuestro rey   25
En lugar de la corona

Le hi de chantar algún día
Mi sudadero y carona.

Cielito VIVA LA PATRIA
Y el general SAN MARTIN   30
Porque a Osorio y a Marcó
Me los ha cagao al fin.

Los pocos godos que quedan
Andan como tamberaje:
Al grito de la criollada   35
Adiós diablos el coraje.

Cielito, cielo, eso sí
Esto se llama jugar:
Con cualquiera taba vieja
Carne a Fernando han de echar.   40

Puta digo con la gente
Que apretandose con maña,
Los hizo más que correr
A toítos los de España.

Cielito, cielo y más cielo   45
Con calzoncillos y espuelas,
Se han de largar hasta Lima
A /a/molar a ño Pezuela.

Que dirán de SAN MARTIN
Cuando vean un papel   50
Que dis: Posta a ño Fernando,
Ahi sí que te quiero ver.

/Cielo/ Si va por Ingalaterra
Lo han de creer o reventar
Ah gallegos ¡ ese día   55
Del susto se han de bostiar.

A mí se me hace dirá
Fernando en esta ocasión:
Caramba que me amolaron !
La puta con PURREDON   60

Cielo, eso sí, rey viejo;
Venite al cielo chileno;
Jugate con SAN MARTIN;
Verís si te chanta el freno.

Mandanos otra armadita, 65
Como esa que se ha acabao,
Y verís si la sacamos
Como a pastorear ganao.

Cielito que han de venir,
Si en el cielo americano 70
Hay un letrero que dice:
Aquí dio fin el marrano.

Sacanos plata como antes:
Mandanos otros virreys;
Y verís si nos limpiamos 75
Con ellos, vos y sus leys.

Cielito, ya no hay remedio,
Cielito, tené paciencia,
Que la América del Sud
Ha jurao su independencia. 80

Fernando no seas matrero;
Largate, pues, con tu espada,
Que SAN MARTIN con el poncho
Te aguarda en cancha rayada.

Cielito, cielo, animate; 85
Cielo a malhaya llegués,
Que te han de sacar el cuero
Por ser la primera vez.

Vení hijo e puta y quemá
Esta gran Constitución 90
Que empieza: no reconozco
A Fernando y su nación.

Verís que Cielo bailamos
Sobre vos y tu bamboya:

Mandá más guapos de Burgos   95
Les sumiremos la boya.

Acabese ya el cielito
Y comience el pericón
Diciendo viva la Patria
SAN MARTIN Y PURREDON.   100

Cielo dispensen la falta
Que en Maypú tuvo el abril
Pues cuatro mil setecientos
Corrieron a cinco mil.

Dispense también le digo   105
Ño Fernando el gran arrojo;
Y cuando sepa esta aición
Pongasé bien en remojo.

Cielito adiós españoles
Que devalde nos cansamos,   110
Pues pronto querrá la Virgen
Que por Lima nos veamos.

F.2.3.– Cielito del Blandengue Retirado (1821 ?).

De acuerdo con la noticia que da don Lauro Ayestarán (1950) este Cielito, en impreso de la época, se encuentra archivado, junto con muchos otros impresos, a fs. 88 de un tomo caratulado «Documentos Históricos. 1821-1823» de la Biblioteca Nacional de Montevideo. Fue citado por primera vez, revela el musicólogo, por el estudioso Juan E. Pivel Devoto en su trabajo *El Congreso Cisplatino (1821)*, publicado por la *Revista* del Instituto Histórico y Geográfico del Uruguay en 1936. Explica también Ayestarán que no ha podido hallar la «Continuación» que anuncia la última palabra impresa en el contexto original.

    Son ilustrativas las notas que acompañan al texto de este *Cielito* cuando lo reproduce Jorge B. Rivera (1968). En cuanto a la ubicación histórica de las personas nombradas: el triunviro porteño Manuel de Sarratea; Blasito y Encarnación, ambos lugartenientes del caudillo José Artigas; Lorenzo Batle y Francisco Muñoz, hombres del partido «alvearista», que se destacaron después como «unitarios». Vázquez, según Rivera, pudo ser tanto Santiago

Vázquez, Ministro de Relaciones Exteriores del presidente Suárez, como el comandante Ventura Vázquez aquel que, con muchos jóvenes distinguidos de Montevideo, se había se plegado al ejército de Sarratea durante los episodios del "Salto Chico", como, por lo demás, parece haberlo hecho también Bartolomé Hidalgo. En realidad, el *Cielito del Blandengue Retirado* es una suerte de resumen de las desilusiones de un criollo oriental a partir del "Grito de la Patria". Pudo haber sido escrito antes de 1821 y difícilmente deba ubicárselo después, puesto que no refleja los sucesos ocurridos entre 1817 y 1818, como los otros *Cielitos* patrióticos de su tiempo. En realidad, éste constituye la antítesis de un *Cielito patriótico*: entran en su composición ideas que es posible encontrar en varias composiciones de transmisión popular tradicional, como la glosa que tiene por tema:

> Desde el Grito de la Patria
> Sigue nuestro padecer,
> Los pueblos pacificados
> Sin esperanzas de ver. (En: Fernández Latour, O., 1960)

O como aquella cuyo tema dice:

> Veintiún años hi servido
> De capitán de milicia:
> Ni de lienzo una camisa
> En mi vida hi merecido. (En: Fernández Latour, O., 1960)

Como lo advierte Rivera, por lo demás, toda la composición parece prefigurar la protesta social del gaucho Martín Fierro.

Aunque ningún crítico lo atribuye a Bartolomé Hidalgo, yo creo que podría pertenecerle, no sólo porque, en caso de ser ésta composición de 1821 o 1822, él es el único poeta de los que entonces cultivaban el lenguaje gauchesco (Cavia, Castañeda, Araúcho) a quien le fue imposible proseguir su obra por haberlo alcanzado la muerte, sino también porque hay en él numerosos rasgos concordantes con la producción conocida del más famoso autor de *Diálogos* y *Cielitos*. El tema de las quejas está, ya lo hemos visto, bien presente en sus *Diálogos*, como lo destaca Sarmiento y este *Cielito*, en caso de que fuera de Hidalgo, aparecería como una suerte de exacerbación, **de carácter no autobiográfico**, de la protesta social y cívica, puesta en boca de un criollo oriental a quien – a diferencia de Hidalgo y de sus personajes más conocidos- lo tienen sin cuidado las grandes acciones libertadoras que se están realizando en otras partes de América. Por otra parte, el hecho de que el único ejemplar conocido de este *Cielito* se encuentre en Montevideo, parece contradecir la atribución a Hidalgo y, en ese caso, nos daría la pista necesaria para llegar al poeta continuador del autor de la *Relación*... de 1822 que, especialmente por lo que expresa en la *Graciosa y divertida conversación* ... de 1825, parecería ser un oriental.

En resumen, aunque de atribución dudosa, este *Cielito* pertenece, en todo caso, a la clase de producción que se encaminó por la senda abierta por Bartolomé Hidalgo en ambas bandas del Río de la Plata.

CIELITO DEL BLANDENGUE RETIRADO

No me vengan con embrollas
De Patria ni montonera,
Que para matarse al ñudo
Le sobra tiempo a cualquiera.

Cielito, cielo que sí   5
Cielito de Canelones
Que Patria ni que Carancho
Han de querer los ladrones.

Vayan al Diablo les digo
Con sus versos y gacetas,   10
Que no son sino mentiras
Para robar las pesetas.

Cielito cielo que si
Cielito del dios Cupido
Para decir las verdades   15
Yo nunca licencia pido.

Dos veces me han engañado
Como a negro de Guinea,
Y por poquito... barajo!
No me venden con librea.   20

Allá va cielo Señores,
Vaya cielito y más cielo
Por esta vez no me cogen
Aunque me pongan ciñuelo.

Sarratea me hizo cabo   25
Con Artigas fui sargento,

El uno me dio cien palos
Y el otro me arrimó ciento.

Cielito cielo que si
Cielito del corazón
Para no pagarme sueldo
Era güena la ración.

A Blasito he conocido
Y también a Encarnación,
Que eran Feges alentados
Para una degollación.

Cielito cielo que si
Mirame cielo siquiera
Cuando tomaban la tranca
La pucha! que polvadera.

Cansado de padecer
Me retiré del servicio
Con muchos piojos de más
Y de menos un oficio.

Cielito cielo que si,
Cielito de los Blandengues,
También me falta una pierna
Y me sobran perendengues.

Cuatro vacas hei juntado
A juerza de trabajar,
Y agora que están gordas
Ya me las quieren robar.

Cielito cielo que si
Oye cielo mis razones
Para amolar a los sonsos
Son estas regoluciones.

Yo conozco a los Puebleros
Que mueven todo el enriedo,
Son unos hijos de Puta
Ladrones que meten miedo.
Cielito cielo que si
Vaya un cielo para todos,

Mirá que lindos patriotas
Los Portugueses y Godos.

La vez pasada anduvieron
Por estos campos de Dios
Gritando paz y sosiego
Don Lorenzo y don Muñoz.

Cielito cielo que si
Ay! Cielito de mi tierra
Si entonces pedían pases
¿Por qué agora piden guerra?

A Vázquez el comisario,
Juan Benito y Antolín
Desde el sitio tengo ganas
De tocarles el violín.

Cielito cielo que si
Allá va cielo señores,
Si quieren verlos contentos,
Que los hagan Proveedores.

Ojalá salgan a juera
Con toíta su pandilla,
Que un remiendo hei de enseñarles
Para matar la polilla.

Cielito cielo que si
Tan cierto como el miar
Estos son los alcagüetes
De Don Carlitos Alviar.

Basta de cielo señores,
Que la prima me ha faltado
Y de cantar tan seguido
Me siento medio cansado.

Cielito cielo que si
Vaya un betún por detrás
Tres patrias he conocido
No quiero conocer más.

F.3.– Décimas

Como hemos dicho antes, el estudio del cultivo de la décima en Hispanoamérica quedó relegado frente al del romance y hasta al de la copla. Pero la estrofa cuya invención Lope de Vega atribuyó a su maestro Vicente Espinel dejó profundas huellas en la literatura de nuestro continente. Que Bartolomé Hidalgo cultivó la décima ha sido atestiguado por Antonio Praderio con la atribución de la que incluimos bajo la signatura F 2.1.2.– de esta colección.

Praderio se ha referido, precisamente, a la posibilidad de que correspondieran a Hidalgo otras décimas de época. Cuando considera la autoría de composiciones «recientemente agregadas al catálogo de las obras de Hidalgo» dice que existen dos que le han sido adjudicadas, como presuntamente suyas, una sin título y otra titulada *Amorosas quejas que dá la Vanda Occidental á la Oriental* atribuidas a Hidalgo por Eduardo de Salterain y Herrera (1960) quien las halló en el Archivo Histórico Nacional del Uruguay, Fondo documental, «Adquisiciones y donaciones», «Adquisición Clemente Fregeiro», Caja Nº 1, Legajo Nº 1, Montevideo.

Antonio Praderio opina al respecto lo siguiente:

> / ... / no parecen ser suyas. Creemos que el distinguido profesor se equivoca pues las poesías no tienen semejanza con las de Hidalgo que fueron escritas por esa fecha. Por otra parte, hemos examinado los manuscritos de las composiciones y, evidentemente, no son de letra de nuestro poeta.

Quien esto escribe, independientemente de la labor de los colegas uruguayos, ha hallado copias (u originales) de estas piezas, entre los Manuscritos sin indicación de autor de la Colección Gutiérrez (Biblioteca del Congreso de la Nación Argentina, Colección Gutiérrez, 15-50.23) y publicado en su obra *Cantares históricos de la tradición argentina* (Fernández Latour, O., 1960). Las dos composiciones son glosas en décimas a estrofas temáticas expresadas también en la fórmula de las «redondillas de diez versos» de Espinel. Han sido incluidas en el presente tomo, con ortografía normalizada, bajo los títulos **F. 3.1.1.**– y **F. 3.1.2.**–

Ambas parecen ser de la misma mano y, aunque resultan muy ilustrativas del discurso émico de época respecto de la situación imperante en el Río de la Plata y pese a que los temas tratados coinciden con la ideología de Bartolomé Hidalgo, considero, de acuerdo con Praderio, que es improbable que sean obra del poeta montevideano porque quien habla en ellas lo hace - con el recurso retórico de la prosopopeya- como portavoz de un pensamiento porteño, que se dirige a la Banda Oriental desde la posición de la Banda Occidental del Plata, cosa que Hidalgo, pese a su posterior identificación con los gauchos bonaerenses, difícilmente hubiera llegado a hacer en aquel «bisexto /sic/ año», que, por los datos históricos que se mencionan, no puede ser otro que el bisiesto 1816.

Entre esos mismos Documentos hallé una trova o glosa en décimas a la cuarteta

> De San Martín valeroso
> El coraje en la pendencia,
> Y de nuestro Director
> La conocida prudencia.

que había sido transcripta ya por Álvaro Yunque en su obra *Poetas sociales de la Argentina (1810-1943)* (Buenos Aires, 1943). Caracterizada, como *El detall de la acción de Maipú* y el *Cielito del blandengue retirado* por el empleo de palabras «zafadas"» (malas palabras como se les llamaba en otro tiempo) y en lengua popular (no claramente «gauchesca»), la pieza presenta también versos muy lindos, como el de la décima que comienza

> Osorio en la disparada,
> Iba diciendo: ¡Oiga el diablo!
> Y parecía retablo
> Con la casaca bordada / ... /

breve descripción de la estampa del enemigo en retirada y vestido con lujosas ropas que lo hacían parecerse a los Arcángeles arcabuceros con que la escuela cuzqueña adornó nuestro retablos religiosas del barroco colonial. El motivo de la «casaca bordada» está también en *A la venida de la Expedición. Cielito*, de Bartolomé Hidalgo, cuando dice:

> El conde de *no sé qué*
> Dicen que manda la armada,

> Mozo mal intencionado
> Y con casaca bordada.
> Cielo, cielito que sí,
> Cielito de los dragones,
> Ya lo verás conde *viejo*
> Si te valen los galones.

La trova y el *Cielito* muestran varias identidades en el tratamiento de los datos, de las situaciones y de sus protagonistas. Bien pudo ser de Hidalgo esa pieza guardada por Juan María Gutiérrez en su valiosísima colección de la cual se encuentran fragmentos en la Colección de Folklore de 1921. Por otra parte, respecto de esta glosa es interesante observar la similitud de estilo que ofrece con la «Décima» incluida en el sainete *El detall de la acción de Maipú* (Vé. **F.4**) cuyo tema es:

> Viva la Patria mil veces
> Y viva la gran Nación;
> Que la mandas con ventajas
> Juan Martín de Pueyrredon.

F.3.1.– Décimas en lengua de norma culta (glosas)

F.3.1.1.– Amorosas quejas de la Banda Occidental a la Oriental.

Amada hermana ¿hasta cuándo
Han de durar los enojos?
Advierte que sus antojos
El Español va logrando;
Acábese todo Bando,
Baste ya de padecer,
Llegue el Europeo a ver
Que unidas las dos hermanas,
Repetimos muy ufanas:
Libertad o perecer.

Si a ti unos hijos ingratos
Te persiguieron sangrientos,
A mi me dieron tormento
E infinitos malos ratos.

Fueron traidores sus tratos,
Harto lo estoy lamentando,
Mas si vamos trabajando
A una causa y un fin mismo
¿Por qué tanto rigorismo?
Amada hermana ¿hasta cuándo?

Mira que la mayor parte
De los hijos de este Río
Siente el atentado impío
Que de ellos pudo alejarte;
Y puesto que hoy llega a darte
De la razón los despojos,
Cese el furor de tus ojos,
Suspenda el brazo el rigor.
¿Hasta cuándo del valor
Han de durar los enojos?

Repara que ya tratamos,
Que con madurez y peso
Allane un sabio congreso
Los disturbios en que estamos:
Pero si entre tanto vamos
Dando larga a los enojos,
Conseguirá los despojos
La Española Tiranía
Y si ignoras quién lo guía
Advierte que sus antojos.

Si una misma Grey formamos,
Si todos somos Patricios
¿Por qué bajos unos auspicios
Al fin no nos hermanamos?
¿Por qué, ciegos, peleamos
Lo principal olvidando?
Todo el mundo está notando
Que en tan críticos estremos,
Mientras nosotros perdemos
El Español va logrando.

Basten, pues, venalidades,
Acállense los Partidos,

Vivamos todos unidos,
Y mueran parcialidades.
No haya superioridades,
Vaya el mérito logrando,
El buen Patricio alcanzando,
Y en inalterable unión,
Gobernando la razón
Acábese todo bando.

Contempla que muchos hijos
Agobiados de los males,
Padecen ansias mortales
Llenos de afanes prolijos;
Si nuestros anhelos fijos
Vienen a un objeto a ser
Te debes compadecer
De verlos tanto penar,
Que se dejen de matar,
Baste ya de padecer.

Unos mismos intereses,
Una misma religión,
Obligan a la razón
A reprimir altiveces.
Justo es, hermana, que ceses
Pues me ves a mi ceder,
No quieras endurecer
Tu corazón a mi ruego,
y nuestra unión desde luego
llegue el Europeo a ver.

Si así lo hicieres tendremos
Gusto, placer y alegría
Y en una dulce armonía
Con libertad viviremos;
En nuestro seno veremos
Vivir alegres y ufanas
Las gentes americanas
Teniendo de sobra todo
¿Cuándo más vencido el Godo
Que unidas las dos hermanas?

Si súplica tan medida
Halla en tu pecho lugar
No nos podrá dominar
La Potencia más erguida.
Venga la España atrevida
Con sus tropas inhumanas,
Serán sus empresas vanas
Pues verán que en amistad
Himnos a la libertad
Repetimos muy ufanas.

Verán nuestros sinsabores
Convertidos en dulzuras,
Verán que la agricultura
Recuperó sus honores;
De las artes los primores
Verán aquí florecer
Y a los niños aprender
Verán, para su baldón,
Aquella dulce canción
Libertad o perecer.

F.3.1.2.– La Patria está al expirar...

La Patria está al expirar,
La Libertad al caer,
El Sistema al perecer,
La Unidad al acabar;
El Despotismo al lograr,
La Venganza al conseguir,
El Egoísmo al lucir,
Y el Español arrogante,
Está a Gobernar constante
Y el Patricio a sucumbir.

Pezuela se ve triunfante,
Rondeau desapercibido,
Osorio bien prevenido,
San Martín no muy pujante;
Artigas sigue constante

En no quererse amistar;
Vamos sin duda a acabar,
Pues con suma indiferencia
Vemos, que de su dolencia,
La Patria está al expirar.

Buenos Aires extenuado,
Montevideo perdido,
El Paraguay desunido,
Todo el Perú dominado;
En tan deplorable estado
Todo se debe temer
Pues quien llega a conocer
Nuestra infeliz desunión,
Ve que está en tal situación
La Libertad al caer.

El Despotismo en su punto,
El Egoísmo reinante,
La Honradez casi expirante,
El Patriotismo difunto;
Todo es de maldad conjunto,
Al bueno se ve caer,
Al malévolo ascender
Y así está, si no me engaño,
En este bisiesto año
El Sistema a perecer.

Los partidos más pujantes,
los buenos más perseguidos,
Los Malos más protegidos,
Los Neutrales más constantes;
Los Sarracenos Voyantes,
El Patricio al expirar,
La Anarquía al comenzar,
En su trono la Ignorancia,
Por el suelo la Constancia,
La Unidad al acabar.

La Verdad oscurecida,
La mentira entronizada,
La Ociosidad encumbrada,

La diligencia perdida,
La ciencia muy abatida,
La ojeriza en gran lugar,
El interés en Altar,
El Honor en Panteón,
El Sigilo en Embrión,
El Despotismo al lograr.

La humanidad se ha perdido,
La Castidad ha fugado,
La humildad se ha sepultado,
La prudencia se ha extinguido,
La justicia al Cielo ha ido,
La Gula se ve lucir,
El lujo se ve subir,
En mengua la caridad,
Está en auge la impiedad,
La venganza al conseguir.

Ser ignora qué es amistad
Mas no lo que es Felonía,
Se publica la Hidalguía
Y se ejerce la ruindad;
Ya no hay Liberalidad,
La piedad está al morir,
La conciencia al sucumbir,
La religión en apuro
El idiotismo en seguro,
El Egoísmo al lucir.

El dinero no parece
Y anda por las nubes todo,
El Inglés encontró el modo
De lograr lo que apetece,
Todo bien desaparece,
Se ve premiado el tunante,
Favorecido el pedante,
Todo servil ensalzado,
El buen Patricio humillado
Y *el Español arrogante.*

¿Qué podemos esperar

Cuando imposible es la unión
Y en tan triste situación
Aún se desea mandar?
Que al fin se vendrá a acabar
La libertad principiante
Que no seguirá adelante
Nuestra entablada opinión,
Pues la dura sin razón
Está al Gobernar constante.

Nuestra infalible caída
Quien ha ocasionado es
Un desmedido interés,
Una ambición mal nacida,
Desunión envejecida
Y prurito de lucir.
Ya veo que a conseguir
Llegó el Español su intento,
Pues siempre a ello estuvo atento
Y *el Patricio a sucumbir.*

F.3.2.– Décima en lengua de isofonía rústica rioplatense (glosa) *De San Martín valeroso*

De San Martín valeroso
El coraje en la pendencia
Y de nuestro Director
La conocida prudencia.

A la mierda lo tiraron
Al godo Osorio en Maypú,
Le arrancaron caracú
Y en el barro lo zaparon.
¡La puta que se enojaron
Contra el godo belicoso!
¡Ah general animoso,
Mozo de vista y ligero!
Bien haiga el cortante acero
De San Martín valeroso.

Ganó San Martín un bajo
Y todo lo que miró
Allá nomás le gritó
¡Atropelle, que carajo!
Hace fuego por abajo
Y empieza la competencia;
Amigo, allí no hay clemencia,
Pelean que da temor,
Y andaba medio pintor
El coraje en la pendencia.

Los nuestros se contentaron
Y ansí que el clarín les toca
Se golpean en la boca
Y ya los atropellaron;
Y ya también los cagaron,
Sin que allí hubiese favor.
La muerte del opresor
Ya no es cosa de memoria:
De San Martín es la gloria
Y de nuestro Director.

Osorio en la disparada
Iba diciendo: ¡Oiga el diablo!
Y parecía retablo
Con la casaca bordada.
Entonces gritó la armada:
¡Viva nuestra independencia!
Viva el valor y la cencia
De un general esforzado
Y de nuestro Magistrado
La conocida prudencia.

F.4.– SAINETE (PRESENTACIÓN Y FRAGMENTOS). *El detall de la acción de Maypú*

El original de este sainete de autor desconocido se encuentra en la Biblioteca Nacional de Buenos Aires: Teatro americano, manuscritos, N° 14.763. Escrito en papel común, de formato oficio, con letra inclinada, este manuscrito - que presentaba ya en 1924 algunas manchas de humedad - contiene numerosas tachaduras las cuales, en la reimpresión realizada en 1924 por la Facultad de Filosofía y Letras de Buenos Aires con «Breve noticia» preliminar de Jorge Max Rodhe, han sido reproducidas del siguiente modo:

> –Las palabras o frases tachadas aparecen en el impreso subrayadas; cuya raya indica la extensión de lo tachado;
> – Las palabras o frases evidentemente agregadas a posteriori aparecen en el impreso en letra egipcia y entre corchetes [...]
> – Las palabras ilegibles o que faltan por estar roto el papel se indican por medio de tres puntos suspensivos entre corchetes.

Es posible que las correcciones, especialmente las del tramo final, sean de época posterior, pues la alusión a la «Unión federal», como propaganda política del gobierno de Buenos Aires, no se corresponde con las ideas de 1816, como puede verse en los artículos que *El independiente (1815-1816)* dedicaba al tema: «Federación». El mismo periódico, en su nota sobre «Teatro» se refiere a la importancia que se daba a esta manifestación cultural en esa época y concluye:

> En un Pueblo libre, ó que quiera serlo por los caminos ciertos de la virtud, y del heroísmo, los espectáculos deben ser de otro género / *se había hablado antes de tragedias clásicas y de comedias costumbristas españolas/*: y a la policía vigilante y severa corresponde desterrar de ellos todas aquellas farsas insípidas, groseras, y opuestas a las actuales circunstancias de la Nación. Los grandes ejemplos de patriotismo, de virtud pública y privada, de grandeza en la adversidad y de valor en los peligros en ninguna parte mueven con más fuerza el corazón de los espectadores, que en el teatro: y sobran piezas llenas de ellos. Sólo consiste en quererlo hacer, y hacerlo con el mismo interés y gusto que manifiestan los Españoles en ver que aún mantenemos la representación de sus costumbres, y modales.

Veamos este Sainete.

SAYNETE PROVINCIAL TITULADO *El detall de la acción de Maypú.*

> *Actores.*
>
> Sr Pancho, } *padres de Juan José, soldado que vino de Chile con don*
> Sa. Marica, } *Manuel Escalada.*
>
> Petrona y } *hermanos de Juan José.*
> Paxarito, }
>
> *Alcalde y vecinos, entre éstos Valentín.*
>
> *Rancho; en un lado aparece Pancho recostado sobre su recado, tapado con un poncho. Marica, sentada junto al fuego en el cual habrá caldera y al lado un mate; hace la que ila, y Petrona como acomodando tres o cuatro*

botijas en un rincón. En las paredes habrá algunas guascas, lazo, y un par de bolas colgadas. —Se oye <u>como</u> galope fuera, ambas miran <u>como</u> con curiosidad hacia la puerta, y reciben la llegada del Alcalde con alguna sorpresa. <u>La acción expresiva quedará omitida en algunos casos, quedando obligado el Autor á reparar los ensayos pª aumentar aptitude</u>s.

Sale el Alcalde

Viva la Patria, que viva;
Hoy es día de baylar;
Ya chile está libertao
Vamos, que viva, gritar.

Marica (con admiración)

Señó Alcalde qué nos dice?
Pancho, Pancho recordate *[Meneándolo]*
¡Mire que hombre de los diablos!...*[Agarrándose la cabeza]*
Pancho, por dios levantate.

Pancho (sentandose y restregandose los ojos)

Maldita sea la mujer!
¿...Que quereis, por Christo padre! ?
Agora nomás me acuesto
Ya venis he! Levantate... *(bosteza[ndo])*

Alcalde

Si señor, que es la noticia
De Chile, la que ha llegao:
Ya los Godos seño Pancho
De hecho los hemos <u>cagao</u> [bolteao] .

Pancho (sentado y santiguándose)

Que me dice seño alcalde?
Agora estaba soñando
Lo mesmito...; a Sn Martin!
¡Cuantas guerras vais ganando!

Alcalde

Esta tarde me jui al pueblo,
Como le dixe a Vsté ayer,
Y en la Plaza de Lorea
Vi tanta gente correr
Que le dixe a Pagarito

Andate hasta el Juerte y ve
Las noticias, y en seguida
Traime tabado y papel
Pero el diablo del muchacho
De aonde; lo esperé un güen rato;
Y viendo no parecía
Me le jui siguiendo el rastro.
  Llegué a la calle é las Torres
Y ya oigo la gritería;
Viva la Patria... hasta el Juerte
Me largué gritando Viva... *(Golpeándose la [boca])*
Allasito a la Recoba
Dexé el caballo y entré,
Al tiempo que principiaban
Arriva a léer un papel.
  Era el chasque que mandaba
El General Sm Martín
Diciendole al Direytor
Chile se ha salvao al fin... (levantando los [brazos])
  Allí tomé a Paxarito
Le dixe ¿Qué andas haciendo?
Montá y decile a tu padre
Viva la Patria, corriendo... *(Agachandose [como pª amenazar])*

  Marica (levantando la mano derecha)
De ande... ni ha aparecío.
¡Quien sabe si este muchacho
Con tanta gente no anda
Lo mesmito que un borracho!

  Pancho (a Marica y desp' Mirando al Alcalde)
Callate bruta; un muchacho
Sero alcalde, él es lechero
Pero toito su modo
Mesmo parece pueblero.

  Petrona
Mi madre, y si Paxarito
No va mañana al Café
A llevar leche, mi padre
Que la lleve es menester.

Pancho

Cállese la sin verguensa;
¿Qué querés que vaya yo
Con las botijas al pueblo?
La perra que te parió!

Maria (a Petrona)

No le hace; quanto amanezca
Vos con una y yo con otra
No se has de quedar sin leche
El Café de los Patriotas
En alcanzando pa estos
Aunque el Godo no la cate;
Que almuerzen bosta toitos
En lugar de Chocolate

Pancho (Se levanta, sacudiendo el poncho)

Eso si Marica vieja;
¡La puta [pucha] con la muchacha!
Que en diciendo Maturrangos
De hecho no más, se le agacha.
Pero digo Seño alcalde;
Como diablos se ganó
Esa aicion, que el otro dia
Tan de cierto se perdió?

Alcalde (mirando a la pta.)

Me parece amigo Pancho
Se oye galope allá juera.

Pancho (a Petrona)

Anda Petrona de golpe
Asomate a la tranquera *(Vase Petrona)*

Marica (agarrándole el hombro derº a Pancho)

Que juese. Pancho, viniese
Con el chasque Juan José!
Por que ese muchacho es diablo!
Por el grito estoy que el es.

(Como afirmando después de poner el oido pª la pta. Se oye como que paran un caballo y afuera dice:)

Paxarito

Viva la Patria mi Madre
Que al Godo se redotó. *[Entra]*
Dice Juan José qe él solo
A mas de cuatro <u>cagó</u> [limpió] *(Con alegría)*

Marica (dandose una palmada en el muslo dro.)

No dixe yo? Si parece
Que el corazon me decía
Que Juan José sin pensar
La noticia nos traería!
  Muchacho, ¿aonde está tu hermano?

Paxarito

Ay topó unos al entrar
Le agarraron el caallo
¡De ande poder caminar!
<u>Allá se divisa luz</u>
<u>Como qe. va caminando.</u>

(Se agacha, mira pª la puerta como bichando)

He<u>! He! Ellos han de ser</u>
<u>¿No oye que vienen cantando?</u>
[Mire, en el juerte le dixo
El comand te. que vino
Andate y vení mañana
No vas a hacer falta indino.]

Marica

Pero decime maldito
¿Qué viste cuando el Alcalde
Te mandó por el papel?
Que vos no has estao de valde.

Paxarito (dando alg os. pasos como inquieto)

Dejeme por Jesucristo;
Si ando ¡lo mesmo que un toro!
Deseando que Juan José
Cuente, cómo <u>cagó</u> [pialó] al Godo.

(Desde que salió Petrona á ver qn. Galopaba, Pancho embuelve su recado, lo pone en un lado; menea un barrilito pª ver si tiene agua, se ata un

pañuelo en la cabeza y se mete el poncho por el pescueso. Se oye ruido de alg s. caballos; entra adelante Juan José con alg s. hombres y mugeres vestidos de Paysano-Gaucho; aquel con chaqueta de uniforme, sable, gorra, algo roto y sucio & entre ellos Petrona)

Juan José

Deo gracias, la bendición?

Pancho

A hijo e perra el granadero!
Ya se que habeis sacudido.

Juan José

Como todo companero.

Un vecino

Seño Pancho, yo me alegro
Tenga noticia de su hijo.
Dios le de vida y salú
Pa tener muchos como este.

Alcalde.

Dexemos ya cumplimientos
Diganos amigo viejo
¿Cómo queda Sⁿ. Martin?
Hombre ¿y aquel azulejo?

(Hace qe. habla con Juan José aparte)

Pancho (con priesa)

Petrona, calentate agua
Vamos al mate fajando,
Y Juan José que comienze
Lo que hoy iva platicando.
Paxarito, agarrá el Chifle
Andá á lo é como se llama
Y decile de mi parte
Que me mande un frasco é caña.
   Andate y venite pronto;
No vas a desencillar
Porque esta noche hasta el día
En vela vas a pasar *(Vase Pax. con el chifle).*

Que diablos le estas contando
Al Alcalde Juan José?
Arrimate para acá.
Meneá ese juego, encendé... *(A Petrona)*

   (Este [sic] se levanta, toma la caldera, saca agua del barril, la pone al fuego la caldera, vaciando la yerva qe. tenga el mate y echandole yerva-nueva.)

  Juan José (al Alcalde)

¿Quando estaba por venir
Sino es la calaverada
Que me dio de suplicar
Al comendante Escalada!

  Alcalde

Saque avios <u>amigo</u> seño Pancho
Que el amigo Juan José
Es causa que Paxarito
No me haiga traio el papel.

  (Todos se sientan. Pancho saca una chuspa, de ella tabaco, y mientras Juan José empieza su historia se entretiene en picar.)

  Juan José

Pues señor, el jueves-santo,
Dia de mi General,
Pensé que los maturrangos
Me jugasen Carnabal.
Allí Perico y Laguna *[al Alcalde]*
Quedaron en la estacada.
Viera mi padre que noche!
¡A pucha Cancha-rayada!
 Nos fuimos quasi hasta Talca
A eso de ponerse el Sol.
Velay, aquí el enemigo *(Saca el cuchillo y señala en el suelo)*
Aquí hay un camino, no?
 Pues en dos alas nos puso
Por lo pronto el General;
De allí á un rato la derecha
La hizo luego caminar.
 Ya iba la izquierda a [...] *[menearse]*
Quando, ¡a cristo! Redepente

Nos ganan la artillería
Aquella maldita gente.
 ¡A Godos hijops de perra!
Lo que se vieron perdidos
Se nos vinieron de noche
Pero poco han conseguido. *[con desprecio]*
 Quasi media hora anduvimos
Tirandoles como á perro;
Hasta qe. ya caminamos
Ansí como pa este Cerro. *(Vuelve a señalar mas arriba)*
 Aquí el Godo maturrango
Nos principió á menudear;
Y nosotros a arrimarles
Sin dexarlos descansar.
 Me dio rabia cuando vide
A Oingi, tan buen Paysano *(como con lástima)*
Que de la maldita aicion
Le coloreaba una mano.
 Que a un Gallego le metí,
Por este lao dios nos guarde *(señala el dro.)*
Y allí mismito largó
Lo que merendó esa tarde.
 ¡La pucha! Ansí que vió
Esta Liornia el General
Como Dios le dió á entender
Tocó á hacernos retirar.
Nos pusimos a la derecha
Que intanta estava tuavia,
Y aonde Heras nos aguardaba
Con alguna Artilleria.
 ¡A Cristo! quando nos vimos
En Chimbarongo reunidos,
Sin tener quasi ni carne
Ni agua, y al fin mal dormidos
Quise, mesmo, degollarme
Por estar tan redotao,
Y por ver que los Gallegos
Quasi nos habian <u>cagao</u> [doblao] .
 Pero algun santo ese dia
Me quitó esta tentacion
Para que en Maypú pudiese
Ganar al Godo un cañón.

A Sⁿ. Fernando nos juimos;
Allí estuvimos dos días,
Mientras tanto el General
Tomaba otras medías.
　　　Pero el probe sin comer
Estaba de este color *(Enseñando la [chaqueta])*
Pensando no mas el hombre
¡Que diría el Direytor!
　　　Juntó a toitos los xefes,
Y yo el cargo que me hago
Es, que allí se trataría
De caminar a Santiago.
　　　Por que decho de ese día
Volvimos a recular
Sus ochenta leguas ¡mire
Que sería caminar!
　　　Pero hombre, quiso la Virgen
Que de allí a unos trece días
Estábamos lo mismito
Que ante, y con más alegría.

　　　　　Pancho

　　　Che Juan José y ¿qué les dixo
Sⁿ. Martín quando los vió
Tan alegres á toítos?
¿No dis que les predicó?

　　　　　Juan José

　　　¡La perra en el granadero!
¡Mira que es hombre cojudo!
[¡Cuidao que el mal no lo agacha]
Después que nos redotaron
Entonces estaba más duro
　　　　　　　[Decía el hombre ¡que caracha!]
Di [...] [Vamos] no hay cuidao muchachos;
La Patria se va a salvar
Y hasta el General Osorio
Me lo hemos de hacer bostear
Ello era cojudo y macho
　　　　　　　[Amigo esto sí era macho];
No había quasi escuadrones
Y solo ducientos hombres

Formaban los batallones.

Marica

Ansí esos perros Matuchos
Nos vienen á hacer la guerra!
Lo que ven pocos a ellos
Pero muchos, a su tierra.

Pancho (mirándola como enojado)

¡Que diantre! Parecés sonsa:
Quando platiquen, callate
Segui Juan José tu historia *(a este)*
Che Petrona seba mate *(Dandole priesa).*

(*Entonces Petrona le alcanza el cigarro al Alcalde diciéndole = Velay.*)

Juan José

Pues Señor el día dos
Caminamos pa el Espejo,
Oyendo los cañonazos;
Pero el enemigo, lexos.
  Toito el tres y el quatro
Sobre el arma lo pasamos,
Y de cuando en cuando el viejo
Venía, que tál estamos *(Variando la [voz un poco])*
  Toitos a una decían,
Vamos bien mi General.
Esta güeno, contestaba,
Animo hijos, y á pelear.
  Con Guenos-Ayres y Chile
Tenemos lo suficiente
Pa destrozar esos Godos
Que Dios nos ha puesto al frente.
  No desmayen compañeros,
La virgen nos va á ayudar.
Dixo tanto aquel maldito
Que auasi me eché a llorar!

Alcalde

  Si es el diablo! y tan dichoso
Que es que cualquiera diría
En Chacabuco, que el hombre

Andaba con bruxería.
   Mire que esto de pelear
A balazos muchas veces
No es muy güeno; y si no yo,
¿No vé? quando los Ingleses

   (Se alza un poco los calzoncillos y enseña)
   Agora es quando me pesa
La sangre que en Monserrate
Redame por ese... ¡ya iba! *[Se santigua]*
A decir un disparate.
   Mire amigo, havio ocasión *(A Juan José)*
Que si supiera de mar
Por esta, que en un demonio *(Jura ha do. una cruz)*
Me habia de ir á embarcar.
   Tan solo por desafiar
A ese Fernando que ladra;
Siga <u>amigo</u> aparcero. Y dispense
Que le atajao la palabra. *(A Juan José)*

   Juan José
Pues como iva con mi cuento;
El 5 al amanecer
Conocio, cuanto bichó
Lo que iva á suceder.
   Jué y a Balcarce entregó,
Toita la <u>Artilleria</u> Infantería;
Y la derecha a Laseras
Porque ya la conocía.
   A Alvarao le dio la izquierda
Y la reserva a Quintana.
¡A Cristo! me acordaré
Siempre de aquella mañana.!
   La derecha dió a Zapiola
Digo, la Caballería,
¡Viera a aquel hombre alegrarse!
¡A hijo é pucha don Matías!
   A Freyre largó la izquierda
Compuesta de toa gente
Escolta del Direytor
Y Cazadores valientes.
   Que ni miedo ni otra cosa

Conocieron en los Andes;
Con esto ¡quando el Gallego
Estaba por ganar! De ande !
　　Ansí que vichó ño Osorio
Toda la maquinacion,
Mandó á un Cerro muy chiquito
Quatro piezas de Cañon.
　　S^n. Martin, ya escarmentado,
Sin duda le coligió
Y mandó a los Comendantes
Plaza y Blanco-Cicerón
　　Que con sus otros cañones
Principiase el borbollón;
Quando por la otra colina
Nos mandó otra egolucion.
　　Quando los [Y así que] vio el enemigo
Que los nuestros ya baxaban,
Entonces los cañonazos
¡A hijo é pucha! Menudeaban
　　Ya se vinieron encima
Vn grueso de caballería;
Y nada, los Granaderos
A caballo, qué, decían .
　　Vamonós mi Comendante;
Que queden en la Estaqueada,
Eso si, dixo gritando
Mi d. Manuel Escalada.
　　Abanzen hijos de Dios
Y de su Madre divina...
Ya se largó, y en seguida
El comendante Medina
　　¡Pero amigo! Los Gallegos
Dieron güelta á veinte pasos;
Nosotros hasta el Cerrito
Sobre ellos, palo y sablasos. [Accionando]
　　Esos de Burgos, mentados
Al ver nuestros Esquadrones
Mire mi madre, de susto
Cagaban en los calzones
[huvo hombre qe. en los calzones] . *(se ríen todos)*
Era tanto el tiroteo
Que de arriba nos hacían,

Que jue menester dexarles
El puesto que ante tenían. *(Dice Pancho: ¡que diablo!)*
    Volvimos, y nos juntamos
Con el paysano Zapiola
Y renuidos, a los Godos
Les calentamos la cola.
    Ya la aicion volvía a empeñarse
Con los nuestros de la izquierda
Por la derecha enemiga
Que esa [no] era tropa no mierda [cualquiera] *(Pancho: ¡oh!)*
    Vuelve de nuevo a cargar
¿Y sabe por qué lo hacía?
Porque mas para atrasito
Traiban más caballería.
    Pero Borgoño subió
Con la artillería de Chile,
Y con los ocho cañones
Caiban los Godos, a miles *(Uniendo los dedos)*
    A pesar de esparramarse
Tantisimo Maturrango,
Ya quasi estaban cansados
Los nuestros de aquel fandango.
    Entonces el General
A Quintana lo mandó
Viniese con su reserva
Y el chiquito lo cumplió. *(Pegándose una palmada en la rodilla)*
    Traiba al primero y al tres
De Chile, muy güena gente *(Como afirmando)*
Traiba el siete de los Andes,
Que también son muy valientes;
    Y con Tonso, el de Coquimbo,
Que también dis que cargó,
Toitita nuestra Linia
Sobre el Gallego volvió. *(Pancho: Eso sí.)*
    Volvio Freyre, y los demas
Según les iva tocando
Y con la ayuda de Dios
Toitos ivan mojando.
    El general Sn. Martin,
Viva la Patria, gritaba,
Por que de atrás habia bala
Por si alguno reculaba. *(Alcalde: ¡La pucha!)*

¡Pero de ande! Viva Chile;
Viva Guenos-ayres, viva;
Amigo, eso si era sangre
Pero ¡que diablos! Arriba *(Pancho: ¿Qué habian de [hacer]?*
    A cientos los Maturrangos
Quedaban en la Estaqueada,
Dexando en las bayonetas
La entretela y riñonada.
    Se jueron hacia el Espejo
Toitos los que quedaban
¡A Virgen! ¡quien lo creería!
Pues de allí nos menudeaban.
    Agarraron otro Cerro
Y estuvieron, mas de una hora,
Ay fue donde me libró
La Virgen nuestra Señora.
    Que juego y ¡que disparar
Cañonazos los Marranos
Quando vieron, que aun allí
    Les ivamos a las manos. *(Pancho: ¡A Criollos!)*
    Tocaron a Polvorosa;
¡Pero de ande! Ni por esas;
En quanto paso tenían
Se encontraban una pieza.
No tuvieron más remedio
Que rendirse a discreicion;
Quedándonos, a Dios gracias,
Por nuestro el campo y la aición.
    A tres mil hombres tomamos,
Ciento y noventa Oficiales:
Y ansí como unos dos mil
Lo mismito que tendales *(Todos se echan a reír)*
    Todita la artillería,
Parque, hospital, cirujanos, la caxa y sus dependencias
Todo quedó en nuestras manos. *(Alcalde: ¡carancho!)*
    Osorio y unos ducientos
Por milagro se escaparon; *(Marica: ¡Qué lástima!)*
¡pero ande han de ir qe. más valga ¡?
A esta hora ya los <u>cagaron</u> [pialaron]

    (Se oye galope afuera, y al momento entra Paxarito con el chifle).

Paxarito

¡La perra digo en el hombre!
Gallego habia de ser!
No quiso abrirme la puerta;
Ya no me queria vender.
　　Le dixe de la noticia,
Y quedó tan asustao
Que mire, por una quarta
Quasi el chifle me ha llenao *(Le enseña a Pancho [Marica])* .

Pancho

Alcanzame Paxarito
Porque hoy me voy apedar
¡Que digan lo que dixeren!
¿Marica, te has de enojar?

Marica

Emborrachate, y verás *(Amenazándole.)*
Después me habeis de decir
Si te llevan a la calce
Marica, haceme salir.

Pancho, bebe y dice

Tomá Juan José y bebé
Porque Dios te ha libertao
De tantísimos trabajos
Como decís que has pasao.

Juan José, lo toma y brinda

Pa que viva el General
Y los demas Comendantes
Que han hecho per y cagar [en esta yerra marcaron]
Al Gallego en un instante: *(Bebe y pasa el chifle por todos)*

Pancho

A hijo e perra mi hijo! Si es
Lo mesmito que su agüelo!
(que dios tenga en su descanso)
¡Si no le ha quitao un pelo!

Paxarito
　　Mi padre ya le avisé

A ña Marica y Lorenzo
Que Juan José había llegao;
Y que han de venir me pienzo.
Marica (alegrándose)
Hiciste bien, y si vienen
No vas a desencillar,
Porque has de ir por la guitarra
Pa ponernos a baylar.

Alcalde (levantándose)
Por mí ya tienen licencia;
La guitarra yo traeré
Que está recien encordada.
Hasta luego Juan José *(Vase y se ollen [pasos de caballo])*

Pancho (qdo. va saliendo el Alcalde)
Seño alcalde, no haga falta
Venga y nos divertiremos.
Avise al amigo Antonio
Que un güen fandango tenemos.

Juan José
Che Paxarito decime
¿Cómo diablo adivinaste
Ue había llegao al Juerte?
Vení contame, sentate.

(Paxarito se sienta adonde estaba el Alc.e q e. debe ser junto a su padre)

Paxarito
Yo estaba arreando la vaca
Yagüenesa, y el Alcalde
Me llamó, vení me dixo
Hasta el pueblo acompañame.
    Me dio pa comprar tabaco...
Ya estaba en la Plaza nueva
Quando le ollí a dos muchachos
Que llevaban dos banderas.
    Me asomé y la polvareda
A lo lexos divisé,
¡Qué tabaco ni que diablos!
Hasta el Juerte me largué.
    Yo no sabía que vos

Acababas de dentrar,
Que si no, ¡quándo is que estaba
Por dexarte de buscar.
    Allí cerca a la Recoba
Mi caallito dexé
Y por entre los Soldaos
Hasta arriba me colé.
    Salió un hombre de una casa
Llenita é como se llamas...
Abrazando a una muger
Con un reboso de á llamas.
    Yo le ollí a un Inglés que dixo
Aquel es el Direytor *[como señalando]*
Me subí en un banco largo
Pa vichar aquel Señor.
    ¡Pero si viera mi Madre!
¡A hombre fornido y bonito!
Tenía dos como se llamas *[tocándose los hombros]*
El es alto y bien gordito.
    Quanto salió ajuera el pueblo
Principió a dar tantos gritos
Que yo me asusté ¡A puebleros!
¡mire que habian sio malditos! *[Rillendosé]*
    ¡El Direytor de contento
El probecito lloraba! *[como sensible]*
Mesmo pensé que también
A Paxarito abrazaba. [se ríe]
    Un soldao me arempujó
Y me hizo baxar abaxo.
Quasi estuve por decirle
<u>Vaya a la mierda</u> [Larguese de aquí] ...

    Antes qe. concluya le pega Pancho un pezcoson y dice

    Pancho

¡Callate que está tu Padre!
¡Habrá se visto Señor!
Con que eso habias de decir
Delante del Direytor?

    Marica (enfadada)
No seas bárbaro en tu vida.

Mirelo que cogotaso
Le ha dao a la Criatura ¡
Alcanzá Petrona el lazo.

    Pancho

Ya se vé. ¿quién le mandó
Decir esas palabradas?
Jugate no mas conmigo
Ya sabes mis humoradas *(A Marica)*

    (Se oye guitarra en la puerta)

    Petrona

Mi madre, hay estan dando
Música en la puerta, mire .
Pancho (como enojado)
Callate la boca, andate
Ante que un diablo te tire.

    (Cantan [Templan] afuera . Marica y los demás se levantan ponen junto a la pared las cabezas o trozos en qe. estaban sentados, y en este intermedio cantan los de afuera)

Escuche ño Juan José
Lo que le voy a cantar.
Tan solo yo le suplico
Nos de licencia pa entrar
Y conocerá al que quiere
A su padre saludar.

    Pancho.

Adelante Caballeros
Eso sí, la Patria Viva *(Quando van entrando)*
Aquí está el que a los Gallegos
Le enseñó las Tres Marías. *(Señalº a Juan José)*

    (Entran el alcalde, una mujer y un hombre [Valentín])

    Valentín

Dios les dé muy güenas noches
Aparcero, cómo le ha ido? (a Juan José)
Quando jue la bien-venida?
Y ¡Quantas cosas <u>ha</u> [habrá] traido!

Pancho

Déxese é querer saber
Lo qe. ha traio el Granadero
Vamos a baylar Cielito
Desencillá vos ligero *(A Paxarito y se va a desencillar).*

Marica

Che Pancho no comenzés!
Dexá que toquen primero:
Mirá que aquí está el alcalde,
Cuidao con ser majadero.

Pancho

Me parece que he baylar
Y con vos mesma ha de ser;
Ya que Sⁿ. Martín al Godo
De hecho lo hizo contra per

Juan José

Dexe que cante el aparcero
Alguna cosa de gusto
Por que él es mozo sabido
Y que lo luzca es muy justo.

(Se templa la guitarra, y después el que la tenga canta lo siguiente)

Décima.

Viva la Patria mil veces
Y viva la gran Nación;
Que la mandas con ventaja
Juan Martín de Pueyrredon.

En Chacabuco el Tirano
Pensó salir victorioso
Y se rindió al valeroso
Distinguido Americano.
Aquella divina mano
Que nos libró de rebeses
Quiso qe. después volvieses
Osorio á tu sepultura:
Ya enfriaron tu calentura;
Viva la Patria mil veces.

En Maypú fue redotada
Lima tu loca avaricia;
Y de tu Rey la malicia
Quedó ya, bien castigada.
Que nos mande nueva arm^a
Con esa Constitución;
Que aquí está ese Pueyrrdon
Diciendo con arrogancia
Viva Chile y su costancia
Y *viva la gran Nación.*

Americanos del Sud
Sigan las disposiciones
Pues que todas [algún día] las Naciones.
Hoy Ofrecerán gratitud
Y a vos Direytor salud
Por lo mucho que trabajas
Que [pues] con tan pocas barajas
Tanta alzada habeis ganado,
Qe.S^n. Martín ha afirmado
Que la mandas con ventajas

Tiemble Fernando al saber
Que el valiente S^n Martín
Me le ha tocao el violín
Con tan poquito poder.
Siempre le ha de suceder
Lo mesmo a ese perro Leon
Y quando sepan la aicion
Por esos mundos de Cristo
Han de decir: que maldito,
Juan Martín de Pueyredon.

Dispense amigo ño Pancho
Si la guitarra no es güena,
Pues yo sólo le he cantao
Pa darle la enhoragüena.

> (Antes que concluyan la despedida, toma el chifle Pancho, bebe y le dice a Petrona al oido que dé a todos mientras él echa la relacion: enseguida se pone las bolas a la cintura & y dice en el mismo momento de concluir el cantor:)

Pancho

Pa darle la enhoragüena
Mejor es que se la dé
Al que ya nos ha salvao
Como Usté mesmo lo vé.
    Pues a Osorio amigo viejo
En el llano de Maypú
Sin sentir, los dos Martines
Le han sacao el caracú.
    Me acuerdo q^{do}. El Inglés
Que á aquel de húsar me lo ví.

¡Algun malo viejo es este
Me dixe acá para mi ¡
    Todo el mundo maliciaba
Que habia é gobernar al fin
¿Y que me dice aparcero
Del General Sn. Martín?
    Decian <u>algunos</u> [ya los] Gallegos.
No es güeno pa militar.
Parece q.e barruntaban
Los habia de <u>cagar</u> [bolear.]

    Agora no hay mas remedio
Que tenerlo en güena estima
Porque si hay regoluciones
De hecho perdimos a Lima.
Mañana, me voy temprano
Y le digo al Direytor,
Dios le dé muy güenos días;
Aquí me tiene Señor.
    Yo soy un probe, casado
Con ña Marica Peralta
Moza Patricia y cojuda
Graciosita, y no muy alta.
    Tengo un hijo que ha llegao
Con d. Manuel Escalada;
Y pido a su reverencia
Por dios y mi Patria amada,
    Me dexe pasar con él
Hasta ño Serna encontrar...
Para ver si estas madamas
Se las puedo acomodar. *[señala las bolas]*

Se me hace, Marica vieja
Que me ha de decir que sí,
Y puede que me haga cabo
Sin saber lér ni escribir.
   Si en la guerra me matasen
Un padre nuestro rezame
Y en tus cortas oraciones
A la Virge encomendame.
   Solo te pido una cosa:
Que si acaso quedais viuda
No te caseis con Gallego
Por que son pura basura.
Vamos mozos al cielito *[Refregándose las manos.]*
Diciendo antes de empezar
Viva Chile y Güenos-ayres
Que ño Pancho acabó ya.

   (Palmotean todos y dicen, «viva la Patria», Juan José se levanta abraza a su Padre y le dice:)

   Juan José

   ¡A malaya si viniera!
Pero ya vsté es algo viejo;
Cuide a mi Madre no mas
Yo me romperé el pellejo.

   Toque y cante cielo amigo. *(Al de la guit.a)*
Paysana hagame <u>la gr</u>[...] [el favor]
    (A una de las que esten sentadas)
Baylaremos una copla

   Ella

Paysano, mas que sean dos.

   (Se ponen 3 hombres y 3 mujeres, como cielo apericonado; y Pancho, á quien le tocará hacer de Pericon, dice antes del primer verso del Cielito)

   Pancho

Marica, agora verás
El betun que voy hacer.
Cante aparcero q.e estoy *(Al de la guit^a.)*
Sin poderme ya tener.

Cielito

Si algun Gallego no gusta,
Que me espere en la tranquera
Que en cantando este versito
Nos veremos allá ajuera.
    Cielito, cielito sí
Cielo no hay que desconfiar
Que conforme cayó Osorio
Ño Serna también caerá.

    (en acabando este verso, empieza el balz y qdo. vayan en él dice:

Pancho

¡A Marica si ba [...]
Eso sí, mira que pierna
[...] Zapatear [verás agora:]
Vaya Señores cadena.

    (Quando esta se ha concluido repite el cantor los dos ultimos renglones para el betu [...] quando Pancho lo hace dice:)

¡A diablos! ¿Qué [...] parece?
Tambien se con [...] anz[...] *
[* ¿contradanzar ?]
Vení Valentin mudame,
Que un verso voy á cantar.

    (Se levanta Valentín; se ata el poncho a la cintura, saluda á la compañera levantándose un poquito el sombrero. Pancho se pone en cluquillas junto al que toca, se suena las narices con la punta del poncho & y canta:)

Pancho

<u>El gallego nos ganó</u>
<u>El 19 de Abril</u>
<u>Por que el probecito</u>
<u>Se andaba ya por morir.</u>
[El 19 de marzo
El gallego nos ganó
Por que Dios el probecito
Al otro día murió.]
    Y ansí que resucitó
Y vio de la aicion el fin,
Le infunde juerza y valor

---

*   Contradanzar *(N. del E.)*

Al General S. Martin.

(quando ya han hecho el betun, y antes q.e empiezen nueva copla dice Marica)

Marica

Che Pancho, ya son las dos
Quando menos acabé:
Despe [...] qaue el muchacho
Ha de q [...]er descansar.

(Se despide Pancho con el siguiente verso]

Siento echar la despida
Con todo mi corazon:
Pero digamos que Viva
Sn Mar[...] y Pueyrredon
 Cielito [...] tos dos Patriotas
La virgen los ha ayudar
Paque por ellos toitos
Cantemos la Libertad .
[Esta va por despedida
Si el despedirse es razon
Diciendo que en Bs. Ayres
No hay mas q. Federac.n.
Cielito, Cielo; p.r ella
La sangre derramaremos
Y al Gob.no q.e nos manda
Con gusto defenderemos.]

(Despues que se ha acabado el betun, se desatan los ponchos y se embozan quedandose unidos á Pancho que ya habrá tomado la posic.n que se le señala y dirá a los expectadores:)

Pancho

Señores si acaso [...] estao
Esta juncion divertida
Denme las gracias sino
No digan nada, en su vida.
Señoras si les preguntan
¡Que tal ha estao el Saynete?
Digan muy güeno; y en él
Dixeron, Fernando siete

Acordate é Chacabuco
Maypú, Tucumán y Salta
Y de ese Montevideo,
Que tuavia otra nos falta.
   Pero a caer, aonde se ha dir?
Si ya los Americanos
Han conocido que tienen
Diez dedos en las dos manos.
   <u>Yo</u>, <u>por [con] todos aseguro</u>
<u>Que le emos de ver el fin</u>

   Todos

<u>Si nos manda Pueyrredon</u>
<u>Y pelea S. Martin</u>
[Que si tenemos aicion
Será fetiz Bs. Ayres]
Que agachando cada cual
El lomo a las Patrias Leyes
Vera la Unión Federal

   (Por V.A.)
Y así Porteños del alma
Obedeced al Gobierno
Y el nombre de Bs. Ayres

   Todos
Será p.a siempre eterno.

   (Aprobao Dotor Insua)

F.5 .– DIÁLOGOS.

F.5.1.– GRACIOSA Y DIVERTIDA CONVERSACIÓN QUE TUVO CHANO CON SEÑOR RAMÓN CONTRERAS CON RESPECTO A LAS FIESTAS MAYAS DE 1823

El único ejemplar conocido fue encontrado en 1968, por quien esto escribe, en la Biblioteca Nacional, Buenos Aires, Sala de Reservados, 515 A. Publicaciones sueltas de la Colección Carranza, N° 21278 / 212; es un folleto de veintitrés páginas en octavo mayor, editado por la Imprenta de Expósitos, sin firma y sin fecha. Se han incluído las notas de la edición que realizamos en 1978.

    Chano

¡Qué dice amigo Contreras!
¿Por donde diachos[1] ha andado?
Ate el caballo al Palenque
y valla desensillando.

    Contreras

Este mancarron[2] amigo   5
Jamás sería bien domado,
Porque al menor descuidito,
¡La Pucha digo en el Bayo![3]
El veinte y cuatro al galope
A las vísperas de Mayo   10

---

1   *Diachos*: diablos.
2   *Mancarrón*: dícese del caballo en términos peyorativos. En otros lugares del texto se nombra al caballo *pingo*, o se lo designa según su pelo: Picaso (verso 76) o Bayo (versos 8 y 594). El primer nombre designa el animal de pelo blanco y negro mezclados en manchas grandes y el segundo al de pelo blanco amarillento.
3   *¡La pucha digo en...!*: expresión interjectiva y eufemística característica de las obras gauchescas de los primeros tiempos. Aparece con variantes en varios pasajes de esta composición, así como en el «Añadido del tiempo de Rosas» del sainete *Las bodas de Chivico y Pancha*, en la *Carta de un gaucho a un proyectista del Banco de Buenos Aires* de Manuel de Araucho (1875, p. 173) y en Ascasubi («La pu... rísima en el queso / si aquello daba temor», *Paulino Lucero*).

Me iba como lista hé poncho[4],
Y mire nomás el Diablo
Lo que hizo porque no viese
Las funsionazas[5] de este año:
Cuando venía mas alegre,   15
Con voz en cuello[6] cantando,
Me encontré sin saber como
Medio muerto, y deslomado:
Se dió güelta[7] este animal,
Y aunque soy moso baqueano[8],   20
Como queso en la quesera
Quedé debaxo[9] aplastado
Sino[10] llega ño Perucho,
Que iba por allí pasando,
Y me lo quita de ensima,   25
Hasta agora[11] estoy perneando:
Me levanté medio sonso,
Y de rabia renegando;
Le maldesí hasta su madre
Y á los que habían hayudado   30
a que naciera este Bruto,
¡No hé visto pingo mas Diablo!
Le arrime por la Cabeza
Unos güenos[12] berrencasos[13]
Y no tube otro remedio,   35
Que el de bolberme á mi Rancho:
Chepa[14] me tendió la Cama,
Y me eché todo estropeado:
Vino el médico corriendo...
Píldoras, friegas emplastos...   40
¡La pucha digo en el queso!

---

4   *Irse como lista'e poncho*: locución adverbial de origen metafórico. Proviene del listado o sucesión de franjas comunes en los ponchos. Se aplica por «irse sin interrupción» (conf. Sansone de Martínez, 1962, p. 141; Becco, 1967, nota de p. 335).
5   *Funsionazas*: grandes funciones, festejos. A pesar de que se emplean en las piezas gauchescas de esa época algunos aumentativos de este tipo, su uso es menos frecuente que en las del período decadente.
6   *Con voz en cuello*: la expresión corriente es actualmente *a voz en cuello* por *con fuerte voz*.
7   *Güelta*: por *vuelta* (Conf. Vidal de Battini, 1964, p. 99).
8   *moso baqueano*: mozo baquiano.
9   *Debaxo*: debajo. En toda la pieza aparecen estas formas arcaizantes en que se usa la letra *x* en lugar de la *j* del español actual (dixe, abaxo, baxando, baxa, traxieron).
10 *Sino*: si no.
11 *Agora*: ahora (arcaísmo).
12 Güenos: por buenos.
13 *Berrencasos*: metátesis por *rebencazos*. Obsérvase el mismo fenómeno en *bederas* por *veredas* (verso 99).
14 *Chepa*: hipocorístico por Josefa.

Y yo cada vez mas malo:
Despedí este curandero,
Y vino otro mas morado[15];
Me resetó labativas,   45
Causticos, y un cierto untado
De azufre, y piedra infernal
¡Vaya que me han amolado!
Y no es nada eso, bentosas
Iba también resetando: 50
Vállase amigo le dixe
Puede ir á curar Caballos.
En fin vino ña Pachuca,
Una vecina del lado,
Me mandó baños de tina: 55
Y la cagalagua[16] a pasto;
Con esto después de Dios
Me siento mi[17] aliviado.
Ahora vengo amigo viejo,
A saber lo que ha pasado,   60
En ese día memorable
En ese día tan mentado
Por cuya conservación
Hasta ahora vamos pujando.
Yo sé muy de sierto amigo,   65
Que uno no se ha descuidado[18],
En ver esas maravillas,
Y tuito[19] cuanto ha pasado.

---

15   *Morado*: tanto Malaret (1946), como Segovia (1911), lo dan como sinónimo de *cobarde*. Aquí parece tener un matiz algo distinto.
16   *Cagalagua*: deformación intencionada de *canchalagua* o *cachanlagua*. Encontramos referencias a este vegetal en *Materia médica misionera* del Hermano Pedro de Montenegro (Bs. As., Impr. de la Biblioteca Nacional, 1945) y en *Medicina herbaria /.../* de B. García Alcover (Sgo. de Chile, 2ª ed. Editorial Cultur, 1939). En esta última obra, editada en Chile, se denomina científicamente *eritea chilensis* y se dice de ella: «Plantita silvestre anual. Crece en algunas partes de las provincias centrales y en abundancia en el sur del país. Tallo derecho de 10 a 40 cms. de altura, con hoja opuestas, oblongas y puntiagudas siendo las superiores lineales. Las flores de color rosado forman una especie de corimbo más o menos abierto, y están sostenidas por pedúnculos más largos que las hojas. Toda la planta es de sabor muy amargo. Se usa especialmente como tónico depurativo y refrescante de la sangre; en maceración de varias horas, o en infusión -10 gms. por litro de agua-, bebiéndose de preferencia en ayunas. Es un buen sustituto de la quina o cascarilla, para declinar o curar las fiebres; como depurativo es muy útil contra afecciones reumáticas, del hígado, ictericia, eczemas y enfermedades de la piel en general. Además es aperitiva, estomacal, sudorífica, mata las lombrices, calma los nervios y las palpitaciones del corazón, combate las fiebres inflamatorias, la epilepsia, la pulmonía, el dolor de costado (plurodinia), afección reumática de los músculos intercostales y es muy útil y eficaz en el primer período de la pulmonía».
17   *Mi*: por muy. En la Graciosa y divertida conversación /.../ de 1825 se prefiere la forma *mii*.
18   *Que uno no se ha descuidado*: que usted no se ha descuidado.
19   *Tuito*: todito.

Chano

¡Que le he de decir amigo!
Cierto es cuanto le han contado: 70
El veinte y tres á la noche
Al primer canto de Gallos,
Cuando las Estrellas todas
De frío estaban Temblando,
¡Que frío ni que geringa! 75
Cogí[20], y ensillé el Picaso,
Y ansí, hasta que no llegué
A la casa del Mellado,
No dí guelta para atrás,
¡Mire que hay su tironazo![21] 80
Comí, y dormí la siesta,
Estaba el día garugando[22]:
El veinte y cinco lo mismo,
Porque amaneció mas malo;
El veinte y seis á la tarde 85
Se puso mi soberano:
Me dispuse sin pereza,
Yal dirse ya el Sol, dentrando[23],
Dexé el Cuchillo á Tía Cata
Por que anda mi delicado[24], 90
Y me juí á la función:
Ya las mujeres de rango
Con pañuelos de Belillo,
Y el abanico en la mano
Con unos grandes descotes 95
(¡Como no ha de haber resfriados!)
Marchaban para la Plaza [25]
Como hormigas en berano[26]:
Las bederas iban llenas,

---

20 *Cogí*: está usado exactamente en la función del actual *agarré* vulgar.
21 *Su tironazo*: un tironazo (un largo tirón o trayecto).
22 *Garugando*: garuando, lloviendo levemente.
23 *Dentrando*: es la forma antigua española *dentrar* por *entrar*.
24 *Por que anda mi delicado*: anda muy delicado porque sale a relucir con mucha facilidad, aludiendo a la predisposición del dueño para la riña. El contexto demuestra, igualmente, su voluntad de no dejarse tentar por ella.
25 *La Plaza*: dividida por la Recova Vieja en Plaza del 25 de Mayo y Plaza de la Victoria, la Plaza seguía siendo, por antonomasia, la antigua Plaza Mayor.
26 *Como ormigas en berano*: son frecuentes las comparaciones insertas en el texto entre actitudes de los hombres y de los animales. Así se refiere a las «hormigas en verano», al ganado cuando «baja al rodeo», a los muchachos que «corrían como venados», a las mujeres que «se hacen cuerpo de gato», a la imposibilidad de saber de donde salía el agua en unos juegos instalados en la plaza «aunque se volviera nutria y estuviera un día escarbando»; también se encuentran otras comparaciones con animales en los casos de copitas «como manitas de gato», hombres «borrachos como una cabra», banderas aleteando «lo mismo que las gaviotas», cohetes como «terneros cuando el tiempo está muy malo», etc.

Y aunque al uno, y otro lado 100
Les iba sacando el Cuerpo,
Siempre me iba Topeteando;
Yo me iba meando de frío,
Aunque iba bien emponchado,
Y aquellas mujeres todas 105
Tan vestidas de delgado
Ni se encogían siquiera
¡Cosa que me há pasmado¡

Contreras

Perdone que le inrrasiono[27],
Todo el mundo está trocado, 110
Lo que andaba boca arriba,
Agora anda boca abaxo;
No se asuste por su madre,
Que de las mujeres hablo:
Ellas son mi presumidas, 115
Y se hacen cuerpo de gato,
Pero el Diablo las engaña,
Y no escapan de un Costado[28]
Los colicos andan listos,
Y tambien los Constipados: 120
Prosiga amigo del alma,
Que siento haberlo atajado.

Chano

El hablar de luminarias,
Es hablar de los Tejados,
Estaban las puertas llenas, 125
Las paredes, y enrrejados:
Los Muchachos en pandillas
Corrían como Benados,
Gritando viva la Patria,
Y á veces muera el Tirano: 130
No le puedo ponderar
La gente que iba baxando,
Como cuando el Sol se pone
Baxa al rodeo el ganado:
Cuando menos lo pensé, 135
Topé con el Consolado[29],

---

27 *Inrrasiono*: parece ser una fusión entre *interrumpo* y *razono*. No la he visto en otros textos.
28 *Costado*: en los grupos rurales de todo el país la voz costado equivale genera mente a «pulmonía». Véase nota n.º 16 *in fine*.
29 *El Consulado*: ocupaba un edificio de un piso alto situado en la actual calle San Martín entre Cangallo y Bartolomé Mitre. Fundado en 1794 funcionó hasta 1862. *Hoy ocupa ese solar el Banco de la Provincia de Buenos Aires.*

Había porción de Faroles,
Y unos Belones Tamaños
Como estacas de Carreta,
¡Que de sebo habrían gastado! [30]   140
Aun no quise ir á la Plaza,
Y me juí para el mercado, [31]
Este tenia un moginete [32]
También mi enfarolado:
Enfrente a las caserías,   145
Que dicen del SOBERANO [33]
Pasé con gran reverencia,
Con el sombrero en la mano,
Sea quien fuere el Superior
Es menester respetarlo.   150
A pocas cuadras que andube,
Como no soy mi baqueano
Me encontré con el Cafée
Que le dicen de ño Marcos [34],
Y en la bulla me colé   155
Con los que se iban dentrando:
Me senté junto á una mesa
Donde ví unos Maturrangos [35],
Mas adelante franceses,
Bisteques [36] había á puñados,   160
Yo me quedaba en ayunas [37]
De cuanto estaban hablando;
Cafée solo pedían ellos
Al que andaba despachando;

30 *¡Qué de sebo habrían gastado!*: posiblemente se refiera a faroles de gas recientemente introducidos en Buenos Aires y desconocidos por el paisano.
31 *El mercado*: «El Mercado de Frutos era un sitio en la manzana comprendida por las calles Perú, Alsina, Chacabuco y Moreno (nomenclatura actual). Que todavía habrá alguno que, como yo, conoció al sucesor, el Mercado Viejo, con sus dos grandes portones de entrada y salida: en Perú y Alsina y en Chacabuco y Moreno. Hoy es la Avenida Diagonal Sud. Y las manzanas colindantes, hacia el Sud, pobladas por ranchos de barro y techo de paja, constituían el barrio colonial que por tal causa llamaban de la Ranchería» (Mariano Bosch, 1940).
32 *Mojinete*: frontón o remate triangular de las dos paredes más altas y angostas de un rancho, galpón o construcción similar.
33 *Caserías del Soberano*: no he podido hallar referencias específicas a esta denominación, pero es presumible que la palabra Soberano, de acuerdo con las tendencias de la época, se refiere al Pueblo. El paisano demuestra su mentalidad sólo parcialmente adaptada a los nuevos tiempos y lo relaciona con la antigua denominación dada el superior, es decir al rey.
34 *Café de Marcos*: existen múltiples referencias al café de Malcos o de Marcos en obras de historiadores del Buenos Aires antiguo y en impresos de época. Estaba situado en la esquina nordeste de las actuales calles Alsina y Bolívar, frente a San Ignacio.
35 *Maturrangos*: se llamaba así a los españoles por decirles malos jinetes.
36 *Bisteques*: de biftec, bife. Se les decía así a los ingleses por su afición a la carne.
37 *Quedarse en ayunas*: sin entender.

Lo mismo le pedí al hombre,   165
Y después á poco rato
Vino el moso con las tasas,
Y la azúcar en un tarro,
A todos nos repartió.
El moso era chalaneado[38]:   170
Me comí toda la azúcar,
Y después me bebí el Caldo,
¡Há cosa amarga la Pucha!
Y todos los Maturrangos
Me miraban, y se reiban,   175
¡Cosa que me había asearado![39]
En el medio del bullicio,
A lo lejos miré á Alfaro,
Que por estar tan pobrete
Me lo habían arrinconado;   180
Al golpe me le atraqué[40],
Y como estaba deseando
Saber cosas de la Patria,
Me le juí acomodando:
El hombre, no tiene duda,   185
Estaba bien desasnado[41];
Me contó de un Cafée nuevo[42]
Que se había colocado,
En aquella mesma cera
Donde estaba conversando;   190
Refirió mil maravillas
De lo dispuesto, y aseado,
División para las hembras
División para los machos:
Después de varias pinturas   195
La conversación rodando
Me contó mil clitiqueses[43],
Ensartó mil terminachos
Y lo hacia tan á menudo
Que me tenia atolondrado: 200

---

38   *Chalaneado*: hábil como los chalanes (voz castiza), personas que tratan en compras y ventas.
39   *Asearado*: metátesis de *azareado*, por *azarado*. La voz *azareado* aparece en otros textos gauchescos (conf. Borges-Bioy Casares, 1955, t. 2, p. 765).
40   *Me le atraqué*: lo abordé.
41   *Desasnado*: instruido, de haber salido de asno, burro.
42   *Un Café nuevo*: posiblemente el «Café de la Victoria».
43   *Clitiqueses*. palabra cuyo sentido real no he podido alcanzar. Puede estar relacionada con *crítica*. En el texto contribuye a apoyar la serie de palabras «difíciles» para el paisano y sus pintorescas deformaciones.

La Drulica[44], la Gergafria[45]...
Vallase amigo á los Diablos
Le dixe, hable la Castilla[46],
Como nos la han enseñado;
Le entró a Alfaro un gran retobo[47],   205
Y ansina[48] se estubo un rato:
De los retobos de necios
Nunca se me dio cuidado:
Pedí al Moso doce copas
De lo que estaban tomando   210
Traxieron[49] unas copitas
Como manitas de gato;
Al golpe las consumimos,
Y nos quedamos galgueando:[50]
Aquello no era aguardiente,   215
Sino un cierto enmelado
Que sin sentir se colaba,
Pero nos había amonado:[51]
El moso cobro seis reales,
por lo que se había gastado: 220
Saqué la chuspa[52] y pagué,
Y seguimos razonando,
Borrachos como una Cabra,
Cosa que no me ha pasado;
Y si llebamos cuchillo,   225
Sale alguno coloreando...

Contreras

Tome amigo un simarron[53],
Y vallase mas despacio,

---

44   *La Drulica*: la Hidráulica. Como elemento ilustrativo conf. la Oda «A Buenos Aires con motivo de los trabajos hidráulicos ordenados por el gobierno», en *Centinela*, n.º 22, dic. 22 de 1822.
45   *La Gergafria*: la Geografía.
46   *La Castilla*: el castellano. Esta voz se ha mantenido en vigencia en el interior del país. En Santiago del Estero suelen diferenciar entre, hablar *la castilla*, *la quichua* o *la overa* (mezcla de las otras dos).
47   *Retobo*: enojo.
48   *Ansina*: así.
49   *Traxieron*: trajeron.
50   *Galgueando*: quedarse galgueando, sentir hambre de galgo, estar muy necesitado. En este sentido lo utiliza Ascasubi en su *Santos Vega* (XLII).
51   *Amonado*: mona por ebriedad es voz del «léxico de la borrachera». *Amonado* vale por ebrio.
52   *Chuspa*: bolsita generalmente hecha de buche de ñandú en que se llevaba el dinero o el tabaco. En el noroeste se utiliza actualmente para designar las bolsitas, por lo común tejidas de vivos colores, donde se llevan las hojas de coca y la *llícta*, pasta de ceniza de jume y bicarbonato que sirve para *llapear* o *yapar*, agregar, al *acullico* o bolo de coquear.
53   *Simarrón*: cimarrón, mate amargo.

¡La Pucha digo! de una hebra[54]
Sevá no mas este Chano: 230
Lo que me causa mas risa,
Es el saber que ño Alfaro,
Redondo[55] como una argolla
Se hayga[56] metido a letrado;
En sabiendo cuatro dichos, 235
Y en andando enfutracados[57]
Ya presumen de sabidos,
Aunque sean como mi Bayo:
Prosiga nomás Amigo,
Que ya se habrá refrescado, 240
Pues el gañote[58] se seca
De tanto estar salibando.

  Chano

Me sali medio... quien sabe,
Sin despedirme de Alfaro,
Y me juí sobre la rienda, 245
Todo era cielo estrellado;
Me emboqué en la mesma Plaza,
¡Ah amigo! aquello era encanto:
La Pirami[59], la recoba,
El Cabildo, y otros lados, 250
De faroles como fuego
Estaba todo cuajado;
En el medio de la Plaza
Habían hecho un entablado,
Que figuraba un corral, 255
Con puertas por todos lados;
Estaba el corral amigo,
Todo tan iluminado,
Tan lleno de Florería,
Tan lucido, y tan pintado, 260
Que á todos nos encantaba,
¡Ah espeta-culo[60] agraciado!

---

54 *se va de una hebra*: (debe pronunciarse *de un'ebra* para interpretar la intención del autor que cuidó siempre la medida de sus octosílabos, aunque en realidad la caída de la *a* no es total, sino que corresponde al silabeo *deu-nae-bra*) significa en el texto que el aludido se expresa de una sola tirada, sin interrupciones (Conf. Estanislao del Campo, *Fausto*, I).

55 *redondo*: ignorante (nota de Ascasubi en *Martín Sayago recibiendo en el palenque de su casa a su amigo Paulino Lucero*) ahora diríamos *cuadrado*.

56 *hayga*: haya.

57 *enfutracados*: de *futre*, según Segovia, argentinismo por *petimetre*.

58 *gañote*: garganta.

59 *Pirami*: Pirámide. En la Relación atribuida a Hidalgo en 1822 aparece la voz *Pirame*. La Pirámide se encontraba en la Plaza de la Victoria.

60 *Espeta-culo*: deformación intencionada de *espectáculo*.

Las Banderas de la Patria
Compuestas de azul, y blanco
Lo mismo que las Gabeotas   265
Estaban como aleteando:
Había los rompecabezas,
Donde usté el año pasado
Por meterse a travesear,
Casi salió desculado;   270
Y dicen que agora un Niño
Salió medio desnucado:
Había varios entremeses,
Y palos enjabonados,
Versería como infierno,   275
Y los músicos tocando,
En la Polucia⁶¹ habían puesto
Un Letrero iluminado,
Con muchísimas mechitas,
E uno que estaba á mi lado   280
Sacó un anteojo, y leyó,
Y dixo —en este enletrado
Que viva la Patria dice,
Sino estoy equivocado:
También había dos cañutos   285
De artimaña fabricados,
Que por varios augeritos
A modo de geringazos
Tiraban agua hacia arriba,
Y después benia baxando;   290
Usté veria salir la agua,
¿Y por donde entró? negado,
Aunque se bolviera Nutria,
Y estuviera un día escarvando.
Había también unos tornos   295
Con Cajones, y Cavallos,
Donde montaban los Niños
Con una Alesna en la mano,
Y lo que esto daba güeltas,
Tan grande ojo los muchachos   300
Por ensartar la sortija
Habrían, y la ensartaron
Muchos que yo mesmo vide!
Otros pegaban en bago:

---

61 *La Polucia*: *La policía* quedaba al lado de la Cárcel en el frente de la Plaza llamada «del Cabildo» (Wilde, 1944).

Mirando estas marabillas 305
Nos habíamos embobado,
Cuando en esto, el Lobo, el Lobo[62]
Toditos aúna gritaron:
Por cierto me mamé un susto,
¡Lobos decía yo en Poblado! 310
Cuando en esto veo subir
Un Bolón muy temerario,
Con una fogata adentro,
¡Como se la habrían pegado!
Yo miraba para arriba, 315
Por ver si lo iban tirando,
Pero nadies lo sungaba, [63]
Y él nomás se fue montando,
Hasta topar con la Gloria,
Y allá se quedó sentado, 320
El veinte y siete lo mismo,
La diversión jue tirando,
Varios fuegos de Orificio,[64]
Y unas ruedas circuleando,[65]
¡Con tal violencia mi amigo! 325
Mejor se cuenta callando.
Las gentes á las comedias[66]
Se iban todas resbalando;
Allá me juí yo también,
Y en lo mejor que iba entrando 330
Me cobraron el Goleto,[67]
¡que Goleto ni que Diablos!
Para atrás la Centinela
Me sacó medio pisando;[68]
Me llegué á la Bentanita, 335
Donde los estaban dando,
Por dos reales nada menos

---

62 *El Lobo: el globo*. En las Fiestas Mayas de Buenos Aires era común elevar globos aerostáticos de papel, llenos de aire caliente. La expresión era al parecer corriente en aquellos años. José Antonio Wilde registra el uso de la voz en otro sentido: «Las señoras inglesas -dice- particularmente, sufrían cuando salían a la calle, debido a la grosería de los muchachos, a quienes llamaban mucho la atención la gorra o sombrero que aquellas usaban, llegando su atrevimiento hasta seguirlas a veces, por cuadras enteras, gritando: «ahí va el lobo», querían decir el globo, refiriéndose a la gorra. «Ay sey» (I say) «tu madre toma café» y otras lindezas por el estilo».
63 *Sungar*: subir tirando desde arriba.
64 *Fuegos de Orificio*: de artificio.
65 *Circuleando*: describiendo círculos.
66 *Las comedias*: el Teatro Provisional de Comedias, fundado en 1804, estaba ubicado en la esquina noroeste de las actuales calles Reconquista y Cangallo, frente a la iglesia de La Merced.
67 *Goleto*: boleto.
68 *Sacar medio pisando*: poner en fuga.

Y jué menester largarlos:
Con esto ya me jui adentro,
Y subí un escalerado,   340
Y en una silla mi linda
Me estaba repantigando,
Esperando las comedias
Cuando en esto jué dentrando
Una tropa de Señores   345
Con Señoras de la mano:
Quité el cuero de la Puerta,
Todos se fueron sentando
Y ni caso que me hicieron
Aunque me bieron parado;   350
Y no faltó quien dixera
De que seria algun mamado:
¡Que mala crianza por Christo!
De allí salí renegando,
Maldiciendo las comedias,   355
Y bolví á lo del Mellado,
Lo enteré de mis tragedias,
yYansí que me hubo escuchado,
Me dixo que las casitas
Allá se llamaban Palcos,   360
Y que muchos gamonales [69]
Pagaban un arrendado,
Para tenerlos siguros,[70]
Y que no entraban estraños;
Que allá abaxo, allá en el suelo,   365
Había multitud de Escaños,
Que estos eran del común,
Que allí me hubiera sentado:
En la noche del veinti ocho,
Decían que era lo salado;   370
Yo no me dormí en las Pajas [71]
Yo me jui desde temprano;
En efeuto[72], vi unos juegos
Que no he visto en otros años
Mas lindos ni mas lucidos,   375
un Pórtico figurado,
Disparando tantos coetes,[73]

---

69   *Gamonales*: hombres ricos. Según Segovia, *Castellanismos y neologismos*, gamonal es «cacique, magnate, persona influyente. Voz poco usada aquí».
70   *Siguros*: seguros.
71   *Dormirse en las pajas*: dejarse estar.
72   *En efeuto*: en efecto.
73   *Coetes*: la medida del verso indica que la pronunciación que debe darse a esta voz elimina el hiato por cerramiento de una vocal, lo que da *cuetes* en el lenguaje vulgar hasta ahora vigente.

Y escupidas que era encanto:
¿Usté ha visto los terneros
Cuando el tiempo está mi malo   380
Que brincan, y retosean, ⁷⁴
Y llenando todo el campo,
Corriendo por todas partes,
No es fácil de rejuntarlos?⁷⁵
Pues ansina mesmamente: 385
Yo ya estaba atolondrado
De las luces de los coetes
Escupidas, y enletrados;
Aquello era un laborinto,⁷⁶
No hay boca para esplicarlo: 390
Las gentes á las comedias
Se iban otra ves marchando:
Yo me estube pensatibo,
Y por fin me tentó el Diablo
El irme también allá: 395
Ya iba bien alicionado: ⁷⁷
Compré un goleto en la Puerta,
Dentré, y me senté en un Banco
Allí estaba entretenido,
A las señoras mirando;   400
Unas con los Abanicos
Aunque era un Pobre emponchado,
Me estaban haciendo señas,
Otras hasta con la mano,
Si me harán esto de veras   405
O si estarán chanceando,
Pensaba para conmigo,
Y me estaba imaginando
¡Que muchachas tan corrientes!;
Cuando de allí apoco rato   410
vino un moso de capote,
el ochenta y cinco dixo,
estubo mirando el bando,
En seguidito⁷⁸ vino otro,   415
y estubo viendo el Respaldo¡
Y dixo el ochenta y seis,
Este es mi asiento cuñado,⁷⁹

---

74   *Retosean*: retozan.
75   *Rejuntarlos*: juntarlos nuevamente.
76   *Laborinto*: laberinto.
77   *Alicionado*: aleccionado.
78   *en seguidito*: en seguidita.
79   *Paisano*; *cuñado*: tratamientos que demuestran escasa consideración hacia el emponchado. Recuérdese la reacción de Martín Fierro (1ª parte, VIII) cuando le llaman *cuñao*: «Por su hermana, contesté, que por la mía no hay cuidao».

Ansina de esta manera
Me hicieron ir reculando,   420
Hasta la punta del Banco:
Cadavés[80] mas para afuera
Y deay[81] los tentó mandinga,
Para acabar de embarrarlo,
Jugar la gata parida, [82]   425
Y yo estaba dando el malo,
Sin tener un mal cuchillo,
¿Que había de hacer con la mano?
Viendome tan oprimido,
Me traspasé al otro Banco,   430
Lo mesmo[83] me acontesió,
Pues me mamé el mesmo chasco:
Me mantuve allá en la punta,
A juerza de estar ipando:[84]
Se empezaron las comedias,   435
¡Que comedias ni que Diablos!
Si yo no podía atender,
Poque estaba rebentando:
A este tiempo iba viniendo
Uno que benía cobrando;   440
Yo creí que era limosnero,
Porque estiraba la mano:
Le pregunto ¿quien es este?
Al que estaba mas sercano;
Es el cobrador me dixo,   445
Que agora anda rejuntando
Los Goletos de los hombres,
Y es rigular[85] entregarlos:
¿Que Goletos son amigo
Esos que viene cobrando?   450
Los del asiento me dixo,
Parece que se hace el saino[86]
¡Que! ¿Usté no tiene Goleto?
El que tenia lo he entregado:

---

80 *Cadavés*: cada vez
81 *Deay*: de ahí.
82 *Jugar la gata parida*: «juego de niños que tiene lugar así: sentados los niños en un banco, escaño, etc., unos al lado de otros, se aproximan entre sí, hasta conseguir la expulsión de uno o más de ellos, quedando el expulsado excluido de seguir participando en el juego hasta que, después de terminado, empiece de nuevo» (Segovia, *Argentinismos*).
83 *Mesmo*: mismo.
84 *Ipando*: hipando.
85 *Rigular*: regular, es la regla.
86 *Hacerse el saino*: hacerse el tonto, disimular encubriendo su intención maliciosamente.

Ese seria el de la entrada, 455
Pero no el de estar sentado:
¡Pues que! ¿el asiento se paga?
Esta es cosa de los Diablos:
Si alguno va de visita,
Aunque sea infeliz el Rancho, 460
Le convidan con asiento
Con mate, y con un asado,
¡Y agora aquí en las comedias
Por estar uno sentado
Les ha de pagar dos reales! 465
No se los pagará Chano:
Me resbale poco á poco,
Y como era un emponchado,
Sin sentir me juí escurriendo,
Mire que soy mi letrado, 470
Y si meando[87] un poco lerdo,
Ni el Poncho hubiera escapado;
Y dexo en mi testamento
Que si algún hijo porfiado
Quisiere ver las comedias 475
Que le arrimen un güen Palo;
¡Maldita sea la comedia,
Y los que la han inventado!
Llegó el día veinti nuebe,
Nadita se había mudado 480
Un Bolantin a la tarde
Me dicen que había bailado;
Agua se me hacia la boca
Cuando me estaban contando,
Porque si lo hubiera visto, 485
Podía haberlo retratado.
En la Iglesia del Colegio[88]
Dicen que premios han dado
A las Damas que en talento
Más se habían adelantado: 490
Dispense amigo Contreras,
Que esto no le había contado,
Sin duda en aquel entonces
Me habría medio turbado...

---

87 *Meando*: intencionada unión de *me* y *ando*, del verbo *andar*.
88 *La Iglesia del Colegio*: San Ignacio, en la esquina de las actuales calles Alsina y Bolívar. Como dato ilustrativo ver el Canto «A la Sociedad de Beneficiencia con motivo de la distribución de premios que hizo el 26 de mayo de 1823» de Juan Cruz Varela, en *Centinela*, n.º 45, junio 19 de 1823.

Contreras

Cuando más lo boy oyendo   495
Tanto estoy más almirado;
Otro que no lo conosca,
Con motivo mi sobrado,
Diría al oirlo conversar
Que era hombre mi estudiado: 500
¡Caramba que menudencias!
Y todito tan al caso:
Aunque hablara días, y noches,
Siempre estaría embelesado:
Prosiga nomás amigo   505
El hilo que le he cortado.

Chano

Vi unos fuegos á la noche,
Asulejos, y castaños,
Otros de varios colores,
¡Ha puebleros ilustrados!   510
Que cosa tan linda amigo!
Esto no es para contado:
Una Iglesia por remate
Salió al postre figurando,
Templo de inmortalidad   515
Dixieron las Abogados
Que quería significar,
Y yo me quedé pasmado:
Los coetes daban calor
Como estaban rebentando;   520
Un buscapiés me corrió;
Y como estaba emponchado,
Al trepar una bereda
Me quedé despaturrado,[89]
Me levanté sacudiendo   525
Y me juí al otro lado:
Antes largaron el Lobo,
Me quedó más almirado,
No tanto en berlo subir,
Cuanto por estar pensando,   530
Que habiendo subido al Cielo,
¡Como se lo habrían baxado!
¡Quien sabe que brugerias
Tendrán esas condenados!
Mirando primores tales   535

---

[89] *Despaturrado*: despatarrado.

Estaba medio aledado;⁹⁰
Yel Demonio que no duerme,
Y siempre ha de andar tentando,
De que llebaran tigeras
Les tentó á unos muchachos;   540
Y en lo mejor que yo estaba
Por supuesto descuidado
Me estaban cortando el Poncho;
Lo que di güelta á este lado,
Me los pillé en la maniobra;   545
Un boquerón temerario
Me habían sacado del Poncho:
¡Mire si son condenados!
Insendios les dixe amigo,
Que eran mi mal enseñados,   550
¡Agorita verán perros
Si les arrimo unos Palos!
Quien sabe lo que les dixe
Les dixe mocosos guachos...
Y ni caso que me hicieron,   555
Antes se estaban burlando:
Juntaron muchos cascotes,
Y gritandome carancho, ⁹¹
Ya empezaron a fajarme;⁹²
Yo con mi poncho augereado   560
Porwue no pensaran muchos

---

90 *Aledado*: alelado.
91 *Carancho*: el carancho, llamado también milano y caracará, según Segovia, es el *polyborus brasilensis vulgaris*. Al emitir el graznido que lleva su nombre echa completa y ridículamente la cabeza hacia atrás. Era al parecer insulto común en ambas bandas del Río de la Plata por esos años del 820. Lauro Ayestarán lo registra en la pieza de autor desconocido (1823?) titulada *Diálogo contra las invectivas de los disidentes de Montevideo y enemigos del sistema imperial que ha adoptado esta provincia cis-platina*, p. 148, como Tío Carancho expresión aplicada al parecer a un español. Es muy importante para nuestro estudio la referencia que encontramos en la obra de Arturo Capdevila *El padre Castañeda. Aquel de la santa furia*, cuando, a raíz de la aparición de pasquines contra él con motivo de su ataque a la actriz Trinidad Guevara, expresa (p. 104-105): «Esto aparte, ¿en qué pararía aquella guerra sin misericordia en que estaba empeñado? Le rodeaban los peligros, le seguían al acecho los enemigos. Pronto harían blanco en él ignominiosamente, de alguna muy infamante manera. Con honda y piedra vil, como a loco de la calle, lo herirían en la primera ocasión. En eso que así pensaba, Carancho. Carancho, que venía profiriendo insolencias, perseguido de una comparsa de gandules que lo apedreaban a los gritos de: «¡Carancho! ¡Carancho!...». Carancho era un loco de la ciudad, el loco típico de la ciudad, popular hasta todos los escarnios de la popularidad vuelta ludibrio. Verle los perros y ladrarle y amenazarle, y jugar a morderle, todo era uno. ¿De qué vivió Carancho? Por creer estoy que tan sólo de pedradas e insultos... Pero si venganza y desquite era gritar denuestos con una boca de infierno... De aquí sacó el viejo Cavia, en las primeras tremolinas con el fraile, compararle con el loco Carancho, ofreciéndolo de paso a la burla de los pilletes mataperros. A ellos, mismos, se había dirigido «el vejete» incitándolos a la gran afrenta contra el Padre /.../».
92 *Fajar*: pegar a alguien, golpearlo; embestir, acometer. Es americanismo.

De que era algún alocado
Me metí entre las mugeres
Y me estube resguardando;
Pero luego que los vide					565
Que andaban medio estrabiados
Buscandome entre la gente,
Ya me les jui resvalando,
Cogí la calle hé las Torres,⁹³
Y á la casa del Mellado					570
Más ligero que corriendo
Llegué muerto de cansado:
Ansina les saqué el cuerpo,
¡Que muchachos tan safados!
Agora no es como en mis tiempos,		575
Esto lo veo mi trocado,
Echan ajos, y cebollas ⁹⁴
Lo mesmo que condenados,
Y nadies les dise nada,
¡Yo no se que hacen los Maestros		580
Que no los pelan á azotes!
¡Quien aguanta esto, varajo! ⁹⁵
Al venir amanesiendo,
Me puse a jugar al Paro ⁹⁶
Les eché unas doce suertes,			585
Que quedaron tiritando;
Les gané unos veinte reales,
Y rompí para mi Rancho:
Esto es Amigo lo cierto,
Lo que he visto, y ha pasado.			590
Siguieron los dos amigos
De varias cosas tratando:
Al día siguiente Contreras
Después que aperó su Bayo
Y dió la mano á su Amigo,			595
Se largó para su Pago.

---

93 *La calle hé las Torres*: actual Rivadavia.
94 *Ajos y cebollas*: expresión eufemística.
95 *Varajo*: eufemismo similar al anterior.
96 *Paro*: se trata de un juego. La voz aparece citada en el *Santos Vega* de Hilario Ascasubi y en su *Salutación enflautada del gaucho Retobao /.../ Prosa del trato entre el imprentero y yo* (1853), con nota al pie que aclara: «juego de naipes semejante al monte». Sin embargo me caben algunas dudas respecto de la índole del juego de *1823*, pues Chano habla de «echar unas doce suertes». Ese léxico pertenece más bien al juego de dados que al de naipes. En la *Enciclopedia ilustrada de la lengua castellana* (ed. Sopena Argentina, 1948), tercera acepción de la voz *paro*, se da: «Venezuela, cierta suerte en el juego de dados». *Jugar al paro* es expresión muy frecuente en los *corridos* o *argumentos* tradicionales de aventuras. Parece haber sido el juego predilecto de los paisanos en una vasta zona del país.

G.4.2.– Graciosa y divertida conversación que tuvo Chano con señor Ramón Contreras en la que detalla el primero las batallas de Lima y Alto Perú, como asimismo las de la Banda Oriental; habiendo estado cerca de ambos gobiernos con carácter de Comisionado y ahora acaba de llegar de chasque del Sarandí (1825).

Este diálogo fue editado en Buenos Aires por la Imprenta del Estado en 1825 en forma de folleto. Aparece citado en la Bibliografía de la obra *La imagen en la poesía gauchesca* de Eneida Sansone de Martínez, pero su texto no había sido reimpreso en un contexto crítico hasta que fue publicado por Félix Weinberg, trabajando sobre el ejemplar existente en el fondo bibliográfico de Juan María Gutiérrez de la Biblioteca del Congreso de la Nación Argentina. En el presente contexto se incluyen las notas de Weinberg en su edición de 1968.

Contreras

Cuanto repechó la loma,
Luego conocí el picazo,
¿De dónde sale aparcero?
Tiempo há que le había resado;
¡Es de este mundo ú del otro?   5
¡Hé puta lo que ha engordado!
Ni ña Goya me ha escribido,
¿Por qué, se habrán descuidado
Tanto, en mandarme noticias?
Bien saben que lo hé estimado,   10
Como si un hermano juese;
Apiese y deme un abrazo:
¡Pero vea que esta potente!
¡Que panza! ¡Cristo adorado!
No se puede imaginar   15
Los apuros en que he estado,
Por saber su paradero,
Y en limpio nada he sacado:
Tuve que dar un galope
A la casa del Mellado,   20
Por tomar algunas lenguas
Pero todo ha sido en vano
Porque nadies, ni por pienso
La menor razon me ha dado:
Cuente pues amigo viejo,   25

Mire, lo tengo abrazado,
Y como si juera sueño
Tuabia estoy cascabeleando,
Y dudando si es pantasma;
No me ande con remilgados, 30
Siéntese en esa cabeza,
Y vallame platicando,
Porque hasta no oir sus razones
Siempre he de estar orejiando.

  Chano

¡Siempre pára usté la oreja! 35
¡Jesus que hombre desconfeado!
¿Tuavia está en la antiguaya,
En que siempre hemos estado
Que los muertos se aparecen?
Nadita se había ilustrado, 40
Entre tanta ilustración
Que nos tiene encandilados:
Pues sepa amigo Contreras,
Que estoy vivo y alentado,
Y que tampoco mi Goya 45
Pudo haberles noticiado
De mi auciencia, ni de nada.
Y con esto hé contestado:
Porque ha de Saber amigo,
Que corriendo por el pago, 50
(Favor que han querido hacerme)
De que no soy mii negado,
Mandarónme en comision
Para aquel hombre mentado
Que le dicen D. Bolivar, 55
Y en asuntos reservados,
Es presiso andar con tiento;
Salí con lo encapillado,
Sin contarle nada á Goya,
Porque en negocios de Estado, 60
Corriendo riesgo la Patria,
No hay muger, hijos ni hermanos
Que contengan un patriota;
De este carauter es Chano;
Es necesario hacer lomo, 65

40–42 Alusión a la múltiple acción desplegada por esos años en favor de la educación y la cultura pública, por iniciativa gubernamental –inspirada por Rivadavia– o por instituciones privadas y periódicos. Cfr. Ricardo Piccirilli, *Rivadavia y su tiempo*, segunda edición, Ediciones Peuser, Buenos Aires, 1960, t. II, págs. 33–82. *(Nota F. W. – 1968).*

Y á todo darle de mano,
Sin reparar en los tiempos,
Si es invierno ó es verano....

   Contreras

Soplá el fuego pronto Chepa,
El mate está preparado,   70
Y en estando á borboyones,
Dale al señor disputeado,
Para aclarar la memoria,
Un simarron bien cevado;
Dende que empezó el amigo,   75
Veo que te has embobado,
Y se te ha ido el santo al cielo,
Pero lo mesmo ha pasado
Conmigo, ¡pucha el salero!
Dispense si le hé faltado,   80
A aquel debido respeuto
Que merece por su estado,
Tratándolo con llaneza,
Porque siempre un nuevo cargo
Tan grandote como el suyo,   85
Pone á los hombres mudados,
Y llenos de mi engreimiento,
Que no son para tratados;
Yo hé visto varios sencillos,
Que despues el tiempo andando,   90
Han venido á ser mas dobles
Que el paño de San Fernando;
Se hacen mii menesterosos.
Se ponen graves y vanos,
Y miran por sobre el hombro   95
Hasta á sus propios hermanos.

   Chano

Toditos los que hacen eso,
Son piojos resucitados,
Y faltos de guena crianza;
¡No permita Dios que Chano,   100
Enseñado en una escuela,
Mire a ningun ciudadano,
Como si él mesmo no juese!

Ansi los que se han portado,
Del modo que usté refiere, 105
Siempre han sido agominados;
Y mirados con desprecio:
Amigo deme otro abrazo;
Y no hable mas de respeutos,
Este es negocio acabado. 110
Pues si habla de esas sonseras
Me daré por agraviado:
Pues, como le iba diciendo,
En el negocio empezado,
No me parece preciso, 115
Porque sería molestarlo,
El contarle de mi viaje,
Ni menos de los trabajos
Que hé sufrido en el camino,
Hasta haberme presentado 120
Al dichoso D. Bolivar,
Que es un hombre mii humano;
Pero, ¿mé creerá Contreras?
Nunca tuvo miedo Chano,
Pero al hablar con el hombre 125
Me temblaron pies y manos:
Me dió una audencia secreta,
Y lo que me hubo escuchado
Nos hicimos mii amigos,
Y ya fii su peon de á mano: 130
Cuando abrimos la campaña,
A mi me mandó de cabo:
Entre la caballería
Pues soy hombre de acaballo:
Seguimos al enemigo 135
Que andaba escaramuseando,
Sacándonos siempre el cuerpo,
Pero por fin le atacamos
Toda su caballeria,
Aunque andaba gambeteando.... 140

    Contreras

Todo lo que vá á contar
Ya se me había contado,
Ya sé lo que vá á decir,

Y creo ahorrarle el trabajo
Sobre este particular   145
Y acabará mas temprano
Habiendo ido á Guenos Ayres
A comprar yerva y tabaco,
Y otros varios menesteres
Que me hacen falta en mi rancho;   150
Ya cerca de la recoba,
Al tiempo que iba pasando,
Cataquí la gritería,
Del juerte los cañonazos,
Y tirintin las campanas   155
Por todas partes sonando;
¡Que será! ¡qué no será!
Decia yo medio asustado:
Si tocarán á deguello,
O tocarán á arrebato!   160
¡Si me llevarán de leva!
¡Que bullicio, de los diachos!
Y en lo mejor que yo estaba,
Por todas partes mirando,
Veo venir á ño Perucho,   165
(El hijo de ño Colacho,
Que agora en la polucía
Está bien acomodado,
Levantando las basuras
De las calles y mercado;)   170
¿Qué es esto amigo? Le dije
¿Qué novedá? ¿Qué ha pasado?-
¿Qué ha de ser amigo viejo?
¿Qué el D. Bolivar nombrado,
El que libertó a Columbia,   175
Agora á Lima ha llegado;
Les presentó cierta aicion,
A los del bando contrario,

151–162   Se refiere a los festejos con que Buenos Aires recibió el 1.º de octubre de 1824 la noticia de la victoria de Bolívar en Junín. Aunque en forma escueta –«repique de campanas y demás demostraciones que se han hecho en la ciudad...»– alude a ellos *El Argos de Buenos Aires y Avisador Universal*, N.º 79, Extraordinario, Buenos Aires, 1.º de octubre de 1824, pág. 1, col. 1. *(Nota F. W. – 1968).*

174–176   En realidad Bolívar se hallaba en el Perú desde setiembre de 1823. El 8 de marzo de 1824 estableció el gobierno en Trujillo, poco después de la defección de Riva Agüero, la sublevación del Callao y la traición de Torre Tagle. La ciudad de Lima fue recuperada el 5 de diciembre de 1824. *(Nota F. W. – 1968).*

177–178   Es la batalla de Junín, librada en la tarde del 6 de agosto de 1824, en los llanos de ese nombre, al norte de los Andes peruanos. Las fuerzas americanas estaban mandadas por Bolívar y comprendían soldados de Venezuela, Colombia, Ecuador, Perú, Chile y Río de la Plata. La acción se libró exclusivamente entre las caballerías de ambos bandos: 900 patriotas contra 1200 realistas. El general Miller, protagonista también de esa batalla escribió que allí «no dispararon de una y otra

A los que no hay con que darles,
Y pelean por D. Fernando   180
El siete de allá de España,
Y ya sea por vellacos,
O por llevarla sigura,
Iban estos reculando,
Por ganar mejor terreno;   185
Bolivar apretó el paso,
Y viendo los enemigos
Que se hallaban apurados,
Tuvieron que hacerle frente
Todos los que iban montados,   190
Y cuanto le dieron cara
Lueguito les largó el guacho:
(Otra cosa es con guitarra,
De valde andan cabuleando,
En tocando el fandaguillo,   195
Allí se ven los trenzados.)
Se entreveraron los nuestros,
Que son mozos alentados,
Y aquí fueron las figuras
Lo que se empezó el fandango...   200
Pero por ahorrar palabras,
Y no platicarle tanto,
Los contrarios á la Patria
Han salido redotados:
Lo cierto es que se han cogid   205
Entre heridos y golpeados
Como doscientos y tantos,
/Mií cerquita de trescientos,
Mií cerquita de tescientos
Y los demás apretando   210
Dando guasca al mancarron
Salieron medio volando:
Tambien dicen que han cogido
Unos trescientos caballos,
Muchísima prendería,   215
Cuatro cañones de campo,

---

parte ni un solo tiro y no emplearon más armas que el sable y la lanza». Cfr. [Guillermo] Miller, *Memorias del general al servicio de la República del Perú*. Escritas en inglés por Mr. John Miller y traducidas al castellano por el general Torrijos, amigo de ambos. Publicado por Longman, Rees, Orme, Brown y Green, Londres, 1829, t. II, pág. 143. Entre los héroes de la jornada debe mencionarse a dos jefes porteños: el general Mariano Necochea, quien recibió catorce heridas; y el teniente coronel Manuel Isidoro Suárez, quien decidió la batalla con una oportuna carga de los escuadrones que mandaba, y luego logró recuperar a Necochea, que había caído prisionero durante el combate *(Nota F. W. – 1968)*.

182–217 La descripción de la batalla se hizo conforme con el parte oficial de la victoria firmado por el general Tomás de Heres. *(Nota F. W. – 1968)*.

Y toditito el babage;
Ellos van escarmentados:
Mas dentro de poco tiempo,
Ya los oirá estar ladrando, 220
¡Que gente tan argollosa!
Pero ya se irá amanzando,
Porque el amigo Bolivar
Se vá encima como rayo,
Dándoles guasca de atras, 225
Tienen guen estafanario;
¡Vea que manda caracú
El dichoso columbiano!
Yo me pienso que de esta hecha
No les pueda gueso sano 230
Y el que escape de sus uñas:
Debe de ser mas que Diablo
¡Que gente tan bárbarucha!
¡Por que no se harán hermanos
De los hijos de esta tierra 235
Y todo estaria acabado!
¡Vaya que son tenazudos!
Ansi los van amolando,
Y los han de amolar mas,
Recien se vá comenzando: 240
Todo lo que es mal habido,
Ya sea tarde, ó sea temprano,
Amigo no tiene emboque,
Siempre ha de clamar por su amo,
Y ha de volver á su dueño 245
Devalde andan culanchando:
No sé porque dan la vida
Por ese tal D. Fernando,
¿No le parece, Contreras?
¡Qué Fernando, ni Fernando! 250
Valla que lo lamba un guey
Allá por el otro lado,
Y á toda su casta entera:
Yo siempre estoy asombrado
Al ver que están tan tupidos, 255
Y siempre tan empeñados
En defender á su rey,
Sin saber si es santo ó diablo;

218–220 Sobre los acontecimientos del Perú en el lapso que media entre Junín y Ayacucho véase Bartolomé Mitre, *Historia de San Martín y de la emancipación americana*, segunda edición corregida, Félix Lajouane Editor, Buenos Aires, 1890, t. IV, págs. 81–103. *(Nota F. W. – 1968)*

Lo cierto es de que los matan,
Y ansi se quedan matados: 260
Con esto amigo me voy
Porque ando muy ocupado
En negocios de importancia,
Pues ya vé que soy empleado;
Memorias á ña Pitonga, 265
Y á toditos los del pago,
Ansina dijo, Perucho,
Y se marchó con su carro.
De allí me fií en derechura
A lo del amigo Alfaro; 270
Estaba la pulperia
Llena de puros marmanchos,
Los mas de ellos conocidos,
Pero tuititos borrachos,
/A causa de la alegria, 275
No es para menos el caso;
Yo tambien me emborraché,
Porque en lloviendo hace barro:
¡Que reirnos! ¡que boraciar!
¡Que gritos descompasados! 280
Guena estuvo la jarana,
Hubo dichos mií salados....
Se hubieron de berrenquear
ño Lucho con ño Ponciano,
Mas no contaré los fines, 285
Porque me quedé roncando,
Pues estaba como una uva,
Sigun lo que habia chupado.

Chano

Todito lo que le ha dicho,
Todito lo que ha contado 290
El diantre de ño Perucho,
Es lo mesmo que ha pasado;
Y ansina paso adelante
Con mi cuento principado;
Le contaré por encima, 295
Porque si le diera un diario

269–271   Esta pulpería de Alfaro ya fue citada por Hidalgo en la *Relación que hace el gaucho Ramón Contreras a Jacinto Chano de todo lo que vio en las fiestas mayas de Buenos Aires en 1822*. Debió ser innegablemente famosa en su tiempo y su existencia está rigurosamente comprobada hasta con exceso... J. J. M. Blondel, *Almanaque político y de comercio de la ciudad de Buenos Ayres para el año de 1826*, Imprenta del Estado, Buenos Ayres, 1825, págs. 93 y 181, menciona en el ramo de pulpería a dos comerciantes de ese apellido: Mariano Alfaro, establecido en la calle Perú 97, y Pedro Alfaro, en la calle Suipacha 26. *(Nota F. W. – 1968)*.

De tuito lo sucedido,
Esto sería demasiado,
Ni en tres dias con sus noches
Acabaria de contarlo: 300
Marchó la despedicion,
Los bichadores punteando,
Y con marchas mií calmosas
Nos fimos enderezando
Al destino que Bolivar 305
Ya tenia bien calculeado:
Para ahorrarle detenciones,
Es preciso, dar un salto:
Del catorce de Noviembre
Hasta el diez y nueve andando, 310
Por fin las tres divisiones
Sin resistencia ocuparon
Tres lugares ventajosos,
Que siempre han sido nombrados
Tabalera, Andaguailas 315
San Geronimo, y por tanto,
Sabiendo los enemigos,
Que el sitio que habia ocupado
El gefe libertador,
No era del mayor agrado, 320
Anduvieron en maquines:
El ojeto era bien claro,
De cogernos la trasera;
Pero, a un hombre tan baqueano
No se la habian de pegar, 325
Aunque hubieran hecho pauto
Con el mesmo Satanáz....
Debo de pasar por alto
Las pinturas en estas hecha;
(Porque me gusta ir al grano) 330
Para salvar la quebrada
Dificil de Campagnaico,
Nuestra marcha se rompió,
Y el enemigo emboscado,
Que marchó mií de mañana, 335
Nos habia estado aguaitando:

309-310 Aquí comienza la narración de la campaña que culminaría con la batalla de Ayacucho, el 9 de diciembre de 1824. Sigue puntualmente los principales detalles proporcionados por el parte de Sucre. *(Nota F. W. – 1968)*

315 Es Talavera y Andaguaylas o Andahuailas. *(Nota F. W. – 1968)*

331–343 Corpaguayco o Corpahuaico. Las fuerzas de Sucre fueron allí derrotadas el 3 de diciembre de 1824 por la división española del general Jerónimo Valdés *(Nota F. W. – 1968)*

Nos avanzó tozcamente,
Pero pudimos salvarnos
Con pérdida de trecientos,
Y ademas de esto quedando 340
En su poder nuestro parque,
Con dos cañones de campo,
Los únicos que llevabamos;
Pero esta pérdida ha dado
La libertá á la America 345
Porque con esto cevado
El enemigo trató
De pelear en campo raso:
Despues de varias astucias,
Y varios rodeos bien dados, 350
Por la una y por la otra parte,
Nos vimos acantonados
En el llano de Ayacucho;
¡Aquí te quiero ver Chano,
Hás de tripas corazon, 355
Y deja de andar moneando!....
Dispense amigo Contreras,
Yo creo no haberle contado,
Que Bolivar se habia ido, 31
Para sitiar el Callado, 360
O quizás para animar
A los del bando contrario,
A los que nos dieran la aicion,
Porque andarian colloneando,
Sabiendo que estaba allí 365
Un hombre tan afamado,
Mas nos dejó chico triunfo
Para seguir con el mando:
Pues ansina sucedió;
Ño Sucre quedó mandado, 370
Y es el que dió la batalla,
Que á todos ha coronado,
De laureles y de gloria
Desde el uno al otro cabo:
En el nueve de Diciembre 375
Lo que el sol iba rayando,
Nos formamos en batalla,

359-360 En los primeros días de octubre de 1824 Bolívar encomendó el mando del ejército a Sucre y se dirigió a la Costa para preparar la recepción de los refuerzos que se esperaban de Colombia. Mientras proseguía el sitio del Callao Bolívar logró liberar a Lima en la ya indicada fecha del 5 de diciembre de 1824. Cfr. *Escritos del Libertador*, Sociedad Bolivariana de Venezuela, Caracas, 1964, t. I, págs. 485 y 487 (*Nota F. W. – 1968*)

Y se escogió para el mando
De tres juertes divisiones
A los generales bravos   380
Córdoba, La-mar y Lara
Que ya estaban chalaneados,
En esto de dar la carga,
Y no anduvieron chanceando,
Ni mi coronel Miller   385
Que mandaba los caballos:
Despues de varias guerrillas
Que nos fueron calentando,
Lo que estuvimos cerquita,
Lueguito nos agachamos: 390
Golpeandonos en la boca,
Y nos juimos sable en mano:
¡Hubiera visto el tendal,
Lo que nos fuimos dentrando
Por las filas enemigas,   395
Haciendonos cuerpo hé gato,
Sin apartarse uno de otro!
Porque el que se haiga apartado
Ese ya no tiene cura,
Téngase por condenado,   400
Y si corre para atras,
Se lo llevaron los diablos;
Es preciso ir mií unidos,
Para salir del pantano:

359–360   En los primeros días de octubre de 1824 Bolívar encomendó el mando del ejército a Sucre y se dirigió a la Costa para preparar la recepción de los refuerzos que se esperaban de Colombia. Mientras proseguía el sitio del Callao Bolívar logró liberar a Lima en la ya indicada fecha del 5 de diciembre de 1824. Cfr. *Escritos del Libertador*, Sociedad Bolivariana de Venezuela, Caracas, 1964, t. I, págs. 485 y 487 (Nota F. W. – 1968).

381   Generales José María Córdoba (colombiano), José de La Mar (peruano) y Jacinto Lara (venezolano), altos jefes del ejército libertador *(Nota F. W. – 1968)*.

385–386   General Guillermo Miller. Militar inglés que después de luchar contra Napoleón en Europa se incorporó al ejército de Martín en Chile. Hizo después la campaña del Perú bajo las órdenes sucesivas de nuestro Libertador y de Bolívar. Mandó la caballería en Ayacucho *(Nota F. W. – 1968)*.

387–489   En la decisiva batalla de Ayacucho —según Sucre— participaron 9310 españoles mientras que el Ejército Libertador totalizaba 5780 hombres, de los cuales —se informó después— 80 eran argentinos. Cfr. [Daniel Florencio] O'leary, *Memorias del general...*, publicadas por su hijo Simón O'leary, Imprenta de «El Monitor», Caracas, 1883, t. XXII, pág. 575. Como generalmente se omite puntualizar la participación de estas fuerzas argentinas, creemos oportuno recordar —de acuerdo a nuestras propias investigaciones— algunos nombres de esos jefes y oficiales que contribuyeron a la gran victoria, con indicación del grado que ostentaban en ese momento: general Cirilo Correa; coroneles José María Plaza, Manuel Isidoro Suárez, José de Olavarría, Francisco de Paula Otero, Ramón Antonio Deheza y Francisco Aldao; tenientes coroneles Juan Pedro Luna, y Rufino Martínez; sargentos mayores José Félix Correa, Paulino Rojas y José Cecilio Lucero; capitanes Juan Espinosa, Juan Pascual Pringles, Juan Isidro Quesada y Francisco Olmos;

Yo le podría decir mucho, 405
Pero para hacerse cargo
De lo que es en realidá
Es menester presenciarlo:
Las figuras que allí vide,
Esto no es para pintado, 410
Sus posturas eran varias;
Vide unos despaturrados,
Otros acá y acuya
Morimundos deslomados,
Muchos habia medio vivos, 415
Que estaban tuavia perneando,
Sin cabeza vide muchos,
Otros sin pies ó sin manos,
Muchos estaban tendidos
En su sangre revolcados, 420
Y con muchas estocadas
Por varias partes pasados;
Vimos cerca de nosotros
Bajo del pingo, aplastado
Uno mií mal herido, 425
Gritando como un marrano,
Y no faltó un hombre gueno
De los que iban á mi lado,
Que le digiera: «hijo hé fruta,
Llama ahora á tu rey Fernando 430
«Que te saque de ese aprieto:
¡Que haber de hombres estropeados
Tirados por aquel suelo!
La tropa seguia avanzando,
Los sables daban calor, 435
Como iban siempre sonando,
Hachando á los enemigos,
Y sacándoles el guano;

---

ayudante mayor José Ignacio de Correa; portaestandarte Eustaquio Frías... Todos ellos habían protagonizado antes la batalla de Junín, donde lucieron al lado del general Necochea y del coronel Juan Ramón Estomba. Completamos nuestra nómina –desde luego no exhaustiva– con los siguientes oficiales cuya participación no hemos podido confirmar, y que, entre otros, figuran en una harto escueta relación publicada hace ya más de un siglo: capitanes F. Méndez y M. Irazoqui, sargento mayor F. S. Aguilar y teniente A. Morecino. Cfr. [José Hipólito Herrera, *El album de Ayacucho*. Colección de los principales documentos de la guerra de la independencia del Perú y de los cantos de victoria y poesías relativas a ella, Tipografía de Aurelio Alfaro, Lima, 1862, 193–196. «Las últimas reliquias del Ejército de los Andes concluyeron gloriosas, incorporadas en las filas de los heroicos colombianos vencedores en Ayacucho». Cfr. [José María Aguirre], *Compendio de las campañas del Ejército de los Andes*, publicado por Un jefe amante de las glorias de su patria, Imprenta del Estado, Buenos Aires, 1825, pág. 19. Así culminó, después de dar esa última prueba de su valor, la empresa libertadora iniciada por el general San Martín en Cuyo, en 1817 *(Nota F. W. – 1968)*.

Yo (aunque es fiero el ponderarse,)
No soy de los mas maneados, 440
Siempre voltie seis ó siete
De aquellos mas animados
Que vinieron á embestirme;
Mi sable era bien pesado,
Y yo como en las muñecas 445
No dejo de ser fortacho,
A uno que vino á toparme,
Todo mií acalorado,
Sin duda que le habría muerto
Algun pariente ó hermano, 450
Porque á mí vino derecho
Llamándome con la mano;
Al golpe me le atraqué,
Y le dí tan cruel sablazo,
Que lo habrí de la cabeza, 455
Hasta cerca el espinazo:
¡Que laborinto, Contreras!
La, gritería daría espanto
A otros, pero á nosotros
Que nos hemos encontrado 460
En semejantes refriegas,
No se nos daba cuidado;
Gusto nos daba el matar,
Porque estando uno azareado,
A nadies tiene piedá, 465
De todo se halla olvidado,
No tiene presente al hijo,
Ni al padre que lo ha engendrado;
Necesitas caragis lege,
Bien dicen los abogados: 470
Rigieron los enemigos,
Que estaban por nuestro lado,
Y solo dos escuadrones
Estaban tuavia peleando,
Manteniendo la batalla; 475
Pero fueron disipados,
Y enteramente deshechos,
Lo que llegó el Vargas guapo;
Entonces ya proseguimos,
Pues no hubo el menor atajo: 480

---

469   Intencionada deformación de la frase latina *necessitas caret lege*: la necesidad no tiene ley *(Nota F. W. – 1968).*

Trepaba con gran denuedo
Nuestro Córdoba afamado
La altura de Curduncunca,
Donde jue aprisionado
El señor virey Lucerna   485
Porque viéndose cercado
Por detrás y por delante,
Y con el cuero augereado.
No tuvo mas que entregarse,
Y dentraron en tratados   490
Con el general Cartera,
Que ya estaba futinguiando;
Porque acabando con estos,
Para postre habia quedado:
Se trujeron prisioneros   495
Muchísimos.... no sé cuantos,
Porque era preciso calma
Para ponerse á contarlos:
Toditos los generales,
Lucerna, Cartera y Cacho   500
Caracará Villalobos,
Bedoya, Ferrás, y Pardo,
Monet, Camba, Somocursio
Y también van numerados
Entre estos, Vigil, Aatero,   505
Tur, Landasuri, y por tanto,
Son quince los generales,
Que estaban aprisionados;
Oficiales inferiores
Quinientos ochenta y cuatro,   510
No hay que platicar de tropa,
Son mas de dos mil soldados,
Juera de mil ochocientos
Que quedan escabechados
En el campo de batalla....   515
Siento detenerme tanto

---

485   Por Lacerna. *(Nota F. W. – 1968)*
500   Por Canterac. *(Nota F. W. – 1968)*
501   Por Carratalá. *(Nota F. W. – 1968)*
499–508 La nómina de los generales prisioneros es la siguiente: teniente general José de la Serna, virrey y capitán general; teniente general José Canterac; mariscales de campo Jerónimo Valdés -omitido en el poema-, José Carratalá, Juan Antonio Monet y Alejandro Villalobos; brigadieres Ramón Vedoya, Valentín Ferraz, Andrés García Camba, Martín Somocurcio, Fernando Cacho, Miguel Atero, Ignacio Landazuri, Antonio Vigil, Juan Antonio Pardo y Antonio Tur. Cfr. *Relación de los generales tomados por el Ejército Libertador en consecuencia de la batalla y capitulación de Ayacucho* en *Capitulación de Ayacucho. Homenaje a sus héroes*, Archivo General de la Nación Argentina, Buenos Aires, 1924 (edición facsimilar, sin paginación). *(Nota F. W. – 1968)*

En todas las menudencias,
Que le tengo relatado;
Mas sepa, amigo Contreras,
Que en todo lo que he contado,   520
No cuento ni la mitá,
De todo lo que ha pasado:
El contar del armamento,
Las municiones y cuanto,
Ha quedado en poder nuestro,   525
Esto sería cuento largo:
Lo cierto es que convinieron,
Y quedaron concertados
En entregar toda plaza,
Que estuviese a su mandado,   530
Dentrando en este concierto
El castillo del Callado;
Mas después tengo sabido,
que allí se han empecinado,
Diciendo de que es traición,   535
Y no quieren entregarlo;
Pero ya les pesará
Porque lo tienen sitiado,
y de cuando en cuando embocan
Unos bolones tamaños,   540
Dentro de la mesma plaza,
Y no estan míi descansados,
Porque les quitan el sueño,
Y también van arriesgando,

520-522   La versión española de esta batalla, en General [Andrés García] Camba, *Memorias para la historia de las armas españolas en el Perú*, Establecimiento de D. Benito Hortelano, Madrid, 1846, t. II, págs. 233-241. A su vez un compatriota nuestro, vinculado directamente a los protagonistas de esos memorables acontecimientos, proporcionó algunos detalles omitidos por Sucre en el parte de la victoria. Cfr. Miguel Otero, *Esclarecimientos históricos. Junín y Ayacucho*, en *La Revista de Buenos Aires*, t. XXIII, N.º 91, Buenos Aires, noviembre de 1870, págs. 379-42. (*Nota F. W. – 1968*)

527-532   La capitulación total de las fuerzas españolas fue firmada por Canterac y Sucre «en el campo de Ayacucho» el mismo día de la batalla, esto es el 9 de diciembre de 1824. El facsímil del célebre documento puedo verse en la ya citada publicación del célebre documento puede verse en la ya citada publicación del Archivo General de la Nación, *Capitulación de Ayacucho*. La noticia de la gran victoria llegó a Buenos Aires en la noche del viernes 21 de enero de 1825. Hubo grandes demostraciones de júbilo. Cfr. *El Argos de Buenos Ayres*, N.º 114, Extraordinario, Buenos Aires, 24 de enero de 1825, pág. 1, col. 1. El regocijo público se exteriorizó durante varias jornadas, El 5 de febrero se recibieron las comunicaciones oficiales y la capitulación, lo que dio origen, y a lo largo de muchos días, a nuevas celebraciones del pueblo y de las autoridades. Al respecto leemos en un periódico de la época este comentario: «Hace más de un mes que con motivo (el más grande y justo) este pueblo ha estado entregado a celebrar a porfía el triunfo de las armas del Libertador Bolívar en Ayacucho. No creemos que todos lo periódicos puedan ser bastantes para dar un detalle exacto de todas las funciones que se han hecho...». Cfr. *El Americano Imparcial*, N.º 55, Buenos Aires, 3 de marzo de 1825, pág. 14. (*Nota F. W. – 1968*).

(Si no tienen güena vista,)　　　　　　　　545
A que salgan lastimados;
Porque amigo esas naranjas
Saben tener unos cascos,
Que el que se comiere alguno.
Puedo decir que ha almorzado,　　　　　　550
Para no almorzar jamás
En todos los días del año:
Dicen que no tarda en caer
El castillo en nuestras manos,
Porque ya se mueren de hambre,　　　　　555
Y se comen los caballos,
Los ratones y cuanto hallan,
¡Que sarras tan emperrados!....
Dejando ya todo en orden
Dispuesto y acomocado,　　　　　　　　560
Pasamos á visitar
A otro general morado,
Que le decían Olañeta;
¡Quien creyera que este Diablo
Tuavía se había he resistir,　　　　　　　565
Sabiendo que había espirado
Ya la juerza principal!
Pues todos nos engañamos,
Porque empezó á bostezar,
Proclamas á sus soldados,　　　　　　　570
En defensa del altar

553-554　　Después que los jefes realistas del Callao se negaran a acatar la capitulación de Ayacucho, Bolívar formalizó en febrero de 1825 el bloqueo y sitio de esa fortaleza. El Callao resistió durante un año el asedio hasta que el 22 de enero de 1826 el gobernador español de esa plaza fuerte, general José Ramón Rodil, rindió la guarnición. Casi simultáneamente, el 18 de enero de 1826 capitulaba en las costas del Pacífico sur otro grupo de obstinados realistas: el general Antonio de Quintanilla –tras larga resistencia– entregaba el archipiélago de Chiloé a la soberanía de la República de Chile. Definitivamente había caducado el dominio español en la América del Sur. *(Nota F. W. – 1968).*

558　　*Sarra*: apócope de sarraceno, que al igual que godo, maturrango, chapetón y otras, fueron denominaciones peyorativas aplicadas a los españoles realistas en América durante la guerra de la independencia. *(Nota F. W. – 1968).*

563-567　　El mariscal de campo Pedro Antonio de Olañeta, ultrarrealista, que controlaba, gran parte del Alto Perú, no aceptó la rendición estipulada en Ayacucho y se aprestó a resistir a las fuerzas libertadoras. El general Alvarado, prisionero del jefe español, realizó infructuosas gestiontes para que éste depusiera las armas. «Olañeta era tenaz –escribe y se hallaba resuelto a morir antes que traicionar la causa de su soberano». Cfr. Rudecindo Alvarado, *Recuerdos históricos acerca de los sucesos que ocurrieron después de la batalla de Ayacucho el 9 de diciembre de 1824*, en *Selección de Documentos del Museo Histórico Nacional*, Museo Histórico Nacional, Buenos Aires, 1952, t. I, págs. 181-185. Bolívar creyó ver una liga de intereses entre Olañeta y el emperador del Brasil, «bajo los auspicios de la legitimidad» y para «destruir el germen de la revolución». Véase su carta al general Santander, vicepresidente de Colombia, de fecha 23 de enero de 1825, en Simón Bolívar, *Obras completas*, Editoria Lex, La Habana, 1950, t. II, págs. 74-75. *(Nota F. W. – 1968).*

Que nadies le había tocado:
Se levantó Cochabamba,
Y en fin rebolucionados
Los pueblos de su contorno, 575
Se vido el hombre rodeado,
Mas ni por esto aflojó,
Bien merecía ser asado
En un güen espetador
El demonio del taimado: 580
El general Arenales
Marchó mií bien equipado
Por parte de Güenos Ayres,
Y como es tan güen soldado
Lo jurgaba por detrás; 585
Mas aunque se vió acosado
Aquel general bagual,
Estubo siempre ostinado
Sin querer capitular;
Por fin vamos abreviando: 590
D. Carlos Medina-Celi
Coronel de los contrarios
Se pasó á los de la Patria,

569–572   Olañeta hizo públicas varias proclamas para justificar su actitud. En *El Argos de Buenos Ayres*, N.º 121, Buenos Aires, 12 de febrero de 1825, pág. 1, col. 2 y pág. 2, col. 1, se reprodujeron las dirigidas «A las tropas del ejército real» y «A los pueblos del Perú», fechadas en Oruro el 4 de enero de 1825, donde convocaba a proseguir la lucha contra los enemigos «del altar y del trono» . (Nota F. W. – 1968).

573–576   De una comunicación oficial del gobernador de Salta, general Juan Antonio Álvarez de Arenales, al gobierno de Buenos Aires (22 de marzo de 1825), se transcribe textualmente lo que sigue por constituir fuente directa de esta parte del poema: «Después de la insurrección de la importante provincia de Cochabamba y de haber ocupado las tropas del Ejército Libertador del Perú la rica provincia de La Paz, el general Olañeta se vio forzado a replegar las suyas sobre la Villa de Potosí, en donde se mantenía hasta el 10 del corriente con una fuerza reunida como de dos mil hombres poco más o menos. En el entretanto las provincias y pueblos de la circunferencia han ido sacudiendo el yugo de su odiada opresión. Se anuncia muy de positivo que Santa Cruz de la Sierra ha recobrado su libertad y que al gobernador Aguilera lo prendieron sus tropas tumultuadas en el pueblo de Chilón. La ciudad de La Plata proclamó su libertad el 23 de febrero próximo pasado y la Villa de Tarija hizo lo mismo el 8 del presente. Los partidos de Cinti y La Laguna también se han levantado contra el general Olañeta; de manera que no ocupa ya con sus armas sino la Villa de Potosí y el partido de Porco y el de Chichas...». Cfr. *El Argos de Buenos Ayres*, N.º 140, Buenos Aires, 18 de abril de 1825, pág. 2, col. 1. (Nota F. W. – 1968).

582–583   El 28 de febrero de 1825 el gobierno de Buenos Aires, encargado del Poder Ejecutivo Nacional, pidió al de Salta que las fuerzas de línea disponibles allí fueran dirigidas de inmediato hacia el Alto Perú para colaborar en la liquidación de las tropas de Olañeta. Buenos Aires proporcionó los recursos para equipar y sostener esta expedición. Cfr. *El Argos de Buenos Ayres*, N.º 147, Extraordinario, Buenos Aires, 6 de mayo de 1825, pág. 2, col. 2; pág. 3, cols. 1–2; y pág. 4, cols. 1–2. (Nota F. W. – 1968).

584–585   La división expedicionaria al mando del general Arenales se puso en marcha hacia el Alto Perú el 22 de marzo de 1825. Se produjeron algunas acciones bélicas en Tupiza, Tarija y Mojo. (Nota F. W. – 1968).

Con sus trescientos soldados,
Este andubo mií prudente   595
Viendo el cuento mal parado;
Quien notició de todito,
Porque le pasó un recado
Al señor Urdininea,
Que ya se le iba acercando   600
Para auxiliarlo en un todo,
Pero no fue necesario;
Porque el diantre de Olañeta
Se puso mií enfadado,
Sabiendo la deserción,   605
Y salió pronto á atacarlo;
Esta aición no duró mucho;
En los primeros balasos
Lueguito entregó el rosquete
Aquel pobre mentecato;   610
Con esto quedó concluida
La guerra que ha destrozado
Las provincias del Perú
Por tiempos tan dilatados.
Y entraron en relaciones   615

591-601   El coronel Carlos Medina Celi –de las fuerzas de Olañeta– comunicó el 29 de marzo de 1825 a la división expedicionaria de Arenales que había resuelto abandonar las banderas reales y, adherir a la causa de la libertad con cuatrocientos hombres bien armados y varias piezas de artillería. Esa decisión se complementó con una incitación final a su antiguo jefe para que depusiera las armas, cosa que Olañeta rechazó de plano al igual que una última intimación de Arenales. En consecuencia de ello el comandante de vanguardia de la expedición, coronel José María Pérez de Urdininea, marchó con sus tropas para auxiliar a Medina Celi. *(Nota F. W. – 1968)*

607–614   Olañeta, que había evacuado Potosí ante la presión de las fuerzas de Sucre, atacó a Medina Celi. El combate, librado en la quebrada de Tumusla el 1.º de abril de 1825, duró cuatro horas y los absolutistas fueron completamente derrotados. Olañeta resultó gravemente herido, falleciendo al día siguiente. El Alto Perú quedaba definitivamente libre de sus opresores, al cabo de quince años de guerra. El suceso mereció una edición extraordinaria de dos páginas de *El Argos de Buenos Ayres*, N.º 145, Buenos Aires, 2 de mayo de 1825. El coronel Paz, de las fuerzas de Arenales, comentó por esos días que la acción de Tumusla era «muy semejante a la que trescientos años antes se dio entre el presidente La Gasca y Gonzalo Pizarro, bien que triunfó el partido contrario». Cfr. General José María Paz, *Diario de marcha*, Archivo General de la Nación, Buenos Aires, 1938, pág. 158. Sobre Olañeta y sus actividades después de Ayacucho véase [Andrés García] Camba, *Memorias para la historia de las armas españolas en el Perú*, cit., t. II, págs. 286–289; Mariano Torrente, *Historia de la Revolución Hispano–Americana*, Imprenta de Moreno, Madrid, 1930, t. III, págs. 509–515; y los cinco volúmenes publicados por el conde de Torata con el título común de *Documentos para la historia de la guerra separatista del Perú*, Imprenta de la viuda de M. Minuesa de los Ríos, Madrid, 1894-1896, *passim. (Nota F. W. – 1968).*

615–620   El gobierno de Buenos Aires había enviado al coronel mayor Ignacio Álvarez Thomas a Lima –donde se desempeñó desde abril de 1825 hasta enero de 1826– con el objeto de reglar con el gobierno del Perú «las relaciones de amistad y de comercio que demandase la prosperidad de ambos Estados». Cfr. Ricardo R. Caillet–Bois, *La misión Álvarez Thomas al Perú. (1824–1826)*, en *Segundo Congreso*

Todos los pueblos y Estados:
Luego se empezó á arreglar
Todo lo desarreglado,
Y á poner aquello en orden
Por medio de disputeados: 620
Como nada había que hacer,
Pues todo se había acabado,
Me despedí de Bolívar,
Y me largué pa mi pago:
Lo que pasé por Tumusla, 625
Tuve un encuentro impensado,
Este fue una sepultura
A la que se había tapado
Con una piedra grandota,
Y en ella habia este enletrado: 630
/ *En este sepulcro real*
Yace el lulingo Olañeta,
Quien por no ser racional,
No se está con sus pesetas,
Con fueros de gamonal 635
Y comiendo por su geta.
Cuando llegué á Santafé.
Ya me había estado aguardando

Internacional de Historia de América, Academia Nacional de la Historia, Buenos Aires, 1938, t. IV, págs. 103–120. Por esos días el doctor Gregorio Funes estaba, acreditado como encargado de negocios de Colombia ante el gobierno bonaerense (1824–1826), época en la que el Congreso General Constituyente de las Provincias Unidas del Río de la Plata ratificó (7 de junio de 1825) el tratado de amistad y alianza firmado el 8 de marzo de 1823 entre Colombia y el Estado de Buenos Aires. Cfr. Mariano de Vedia y Mitre, *El Deán Funes*, Editorial Guillermo Kraft, Buenos Aires, 1954, págs. 575–602. El 10 de julio de 1825 se instaló en La Plata (hoy Sucre) un Congreso de diputados de las cuatro provincias y altoperuanas y el 6 de agosto de ese mismo año proclamó la independencia, adoptando el nuevo estado cinco días después la denominación de República Bolívar. Este acontecimiento ya había sido previsto en Buenos Aires, resolviéndose el envío de una misión especial, integrada, por el general Carlos de Alvear y el doctor José Miguel Díaz Vélez, para que tratara con el Libertador Bolívar el estrechamiento de vínculos entre los estados sudamericanos, las relaciones con el nuevo país, nuestros derechos sobre Tarija, y la tirantez entre Buenos Aires y Brasil. Cfr. Ernesto Restelli, *La gestión diplomática del general de Alvear en el Alto Perú. . (Misión Alvear–Díaz Vélez, 1825–1827)*, Talleres Gráficos de Luis A. Gotelli, Buenos Aires, 1927. También debe mencionarse, en relación con el nuevo estado de cosas creado por la recién concluida guerra de la independencia la iniciativa de Bolívar de promover la reunión en Panamá de una asamblea general de los estados americanos, con participación de Méjico, Guatemala, Colombia, Perú, Buenos y Chile, que en 1826 se frustró por distintos motivos. Para todos estos acontecimientos son útiles las referencias y transcripciones documentales de J. Francisco V. Silva, *El Libertador Bolívar y el Deán, Funes en la política argentina*, Editorial América, Biblioteca Ayacucho, Madrid, s. f., págs, 147–166 y 265–397. *(Nota F. W. – 1968)*.

625 Tumusla, donde fue derrotado Olañeta, es una aldea situada (hoy territorio boliviano) a unas dieciséis leguas –según Miller– al sur de Potosí, y aproximadamente a mitad de camino entre esta ciudad y Tupiza. *(Nota F. W. – 1968)*.

    Un pliego de este gobierno,
    En que se me iba ordenando,   640
    Que pasara á la otra banda
    En donde estaban guerreando
    Los valientes orientales
    Con los señores fidalgos;
    Decía el pliego desta suerte   645:
    «Estando bien informado
    »El gobierno nacional,
    »De que usté ha desempeñado
    »Fiel y escrupulosamente
    »Cuanto se le había encargado,   650
    »Ha venido en escogerlo
    »Otra vez de disputeado
    »Para la Banda Oriental
    »Donde será trasladado
    »Sin pérdida de momento;   655
    »Y en aqueste presente año,
    »Andará sobre los pies,
    »Sobre los que siempre ha andado;
    »Las mesmas prerrogativas,
    »El mesmo prees y salario: 660
    »Las enjutas ostruciones
    »Le servirán de dechado
    »En los planes importantes
    »Que tiene premeditados
    »Este gobierno, y confía   665
    »A su eficacia y cudiado;
    »En esto hará su gran servicio
    »A la Patria y al Estado;»
    Y por último decía:
    Dios guarde á usté muchos años,   670
    Diez y siete de Setiembre
    Del año que va curseando
    De ochocientos veinticinco:
    El gobierno rubricado,

641–644   El 19 de abril de 1825 desembarcaron en la costa de La Agraciada (hoy territorio uruguayo) los integrantes de la expedición libertadora llamada de los treinta y tres orientales, encabezada por el coronel Juan Antonio Lavalleja. Se iniciaban así las operaciones tendientes a lograr la expulsión de los brasileños. En seguida la insurrección se generalizó en la Banda Oriental, logrando de inmediato la adhesión del general Fructuoso Rivera, de gran prestigio en la campaña. Detalles sobre la organización y consecuencias de esta expedición pueden verse en Luis Arcos Ferrand, *La cruzada de los Treinta y Tres*, Consejo de Administración Departamental de Montevideo, Montevideo, s. f., págs. 136–166. *(Nota F. W. – 1968).*

671–676   Hacia la fecha a que se alude era Gobernador de la provincia de Buenos Aires el general Juan Gregorio de las Heras, y Ministro de Gobierno y Relaciones Exteriores el doctor J. García. *(Nota F. W. – 1968).*

Y después de todito esto 675
Firmaba su secretario;
Y de ay decía por remate:
Al senor Jacinto Chano,
Disputeado del Gobierno,
Como en el año pasado. 680
Obedecí prontamente,
Y me fií por decontado;
Mas como en aquel terreno
No soy bastante baqueano,
Me junte con D. Rivera, 685
Que andaba corriendo el campo,
Con doscientos cincuenta hombres,
Todos mií bien aperados:
Supimos que en el rincón
De las Gallinas nombrado, 690
Estaba una guarnición
Pequeña, que habían dejado
A cuidar la caballada
Que allí habían arrinconado....
Pero antes ha de saber 695
Que yo ya estaba enterado
/ De como el emperador
Del Brasil había apañado
Toda la Banda Oriental,
Y también se había dentrado, 700
Bajo del pie y pretesto,
Que solamente él ha usado,

685–686 El brigadier general Fructuoso Rivera, después de convenir un plan de operaciones con Lavalleja, dirigió acciones militares desde abril de 1825 en diversos puntos del interior de la Banda Oriental, como San José, Mercedes, San Francisco, Arroyo Grande y el Águila. En junio de 1825 se le designó Inspector General de las tropas orientales, quedando reconocido así como segundo jefe de la Revolución, después de Lavalleja. *(Nota F. W. – 1968)*.

689–690 Rincón de las Gallinas o de Haedo, paraje cercano a la ciudad de Mercedes semejante a una península formada por las aguas de los ríos Negro y Uruguay. *(Nota F. W. – 1968)*.

697–699 Los portugueses se habían apoderado de la Banda Oriental, parte integrante de las Provincias Unidas, tras ardua lucha contra Artigas (1816–1820). La usurpación de este territorio pretendió legalizarse mediante la reunión de un Congreso patrocinado por los ocupantes, que resolvió (1821) su incorporación al Reino Unido de Portugal, Brasil y Algarves, con el nombre de Provincia Cisplatina. En 1822, declarado Brasil independiente de Portugal, prosiguió su dominio sobre esa provincia. Al año siguiente el gobierno de Buenos Aires envió en carácter de comisionado ante la corte de Río de Janeiro al doctor José Valentín Gómez para tratar la evacuación pacífica de la Banda Oriental por las tropas brasileñas y la reincorporación de la misma a las Provincias Unidas, pero la gestión fracasó. *(Nota F. W. – 1968)*.

700–705 En abril de 1825 soldados brasileños al mando del comandante Manuel José Araújo e Silva ocuparon sorpresivamente la provincia altoperuana de Chiquitos, la cual de inmediato fue anexada al Imperio. A la comunicación del hecho consumado respondió el mariscal Sucre en términos enérgicos (11 de mayo 1825) inti

En la provincia Chiquitos
De que fue desalojado
Lueguito sobre caliente,   705
(Alli no se anda embromando)
Con esto que yo sabía,
Estaba, amigo, espumeando,
(¡Tras que les tengo irronia
A esos desvergoñados!)   710
Y deseando que ordenasen,
Avanzar á los esclavos
De ese nuevo emperador,
O tabardillo entripado,
Que dejando allá su Europa,   715
Agora se ha encajado,
En el medio de la América;
De los portugueses hablo,
Que se llaman imperiales,
Y quieren servir á un amo,   720
Que los ha de exponer siempre
A su capricho inhumano;
¿Qué otra cosa han de esperar
De un déspota ó de un tirano?
Por fin se llegó el momento,   725
Para nosotros deseado,

---

mando a los intrusos a «desocupar en el acto» esa provincia pues en caso contrario dispondría su expulsión marchando incluso sobre el Brasil para evitar repeticiones de esa agresión. No fue necesario más pues los brasileños anularon la anexión y evacuaron (30 de mayo de 1825) el territorio de Chiquitos. Con posterioridad el gobierno imperial hizo saber que había ignorado y desaprobado esa incursión. Una versión distinta de estos sucesos, de origen brasileño, puede verse en A. Pereira Pinto, *Política tradicional. Intervençao do Brasil no Rio da Prata*, Rio de Janeiro, 1871, cit. por Teixeira Soares, *Diplomacia do Império no Rio da Prata*, Editôra Brand, Rio de Janeiro, 1955, pág. 58. El episodio había concluido pero en el momento de producirse causó una muy viva inquietud. Bolívar no estuvo de acuerdo con los amenazadores términos utilizados por Sucre, pues temió verse arrastrado a una guerra no sólo con Brasil sino con la Santa Alianza, cuyos planes agresivos no habían perdido vigencia en cuanto hace a las nuevas repúblicas americanas. El momento era grave, además, por las hostilidades abiertas en la Banda Oriental poco tiempo antes. En carta a Gregorio Funes (3 de setiembre de 1825) Bolívar alude a la posibilidad de una guerra con Brasil: «La invasión de Chiquitos y las amenazas por parte de Montevideo nos obligan a considerar seriamente esta cuestión». Cfr. Simón Bolívar, *Obras completas*, cit., t. II, págs. 209–210. En el periodismo porteño de la época hay amplio material sobre este asunto. *(Nota F. W. – 1968).*

713–717   El regente del Brasil, príncipe don Pedro de Alcántara, decidió en 1822 la ruptura con Portugal, proclamándose emperador con el nombre de Pedro I. *(Nota F. W. – 1968).*

725–734   Comienza aquí la descripción del combate del Rincón de las Gallinas, que tuvo lugar el 24 de septiembre de 1825, donde las fuerzas de Rivera vencieron a los brasileños mandados por los coroneles Jerônimo Gomes Jardim y José Luiz Menna Barreto. En el Apéndice III se encontrará la noticia periodística en la que está inspirada esta parte del poema. Esta noticia a su vez glosa la comunicación oficial

En que se ordenó invadirlos;
Fueron luego acuchillados:
Pero debo hacer presente,
Que algunos que se escaparon,   730
De la refriega que cuento
Jué á uña de güen caballo,
Y ansí lograron meterse,
En los barcos inmediatos,
Con suas calzas bem fedendo,   735
Y todos bien embarrados;
No jue chiquito el julepe,
Que llevaron los cuitados...

Contreras

¡La pucha digo que hablar,
Y todo tan concertado!   740
¡Bien hayga quien lo parió!
El demontre es este Chano;
Pero vamos a comer,
Que ya está güeno el asado,
Y mientras que come amigo,   745
Acabará de contarnos
Esas cosas tan donosas,
Que nos tienen alelados:
Andá corriendo Chingolo
A lo del amigo Pancho,   750
Y traé dos frascos de vino,
Pues yo bien sé que ño Chano,
Nunca ha sabido comer
Sin echar algunos tragos:
Hay mii güena mazamorra,   755
Un bacaray bien guisado,
Guena leche, güen apoyo
Y quesos bien apretados
Por mi muchacha Pitonga,
Que tiene morrudos cuartos: 760
Agáchesele aparcero
Y prosiga lo empezado.

Chano

Sabiendo los imperiales,

---

que al día siguiente del encuentro Rivera elevó al gobierno de Buenos Aires. Cfr. *Partes oficiales y documentos relativos a la guerra de la Independencia argentina*, Archivo General de la Nación, Buenos Aires, 1903, t. IV, págs. 21–22. El parte circunstanciado no se publicó en los diarios de la época y puede verse en la compilación citada, t. IV, págs. 23–27. *(Nota F. W. – 1968)*.

756   Ternero de la barriga. *(Nota F. W. – 1968)*.
763   Prosigue, a partir de aquí, la relación del combate del Rincón de las Gallinas. *(Nota F. W. – 1968)*.

Que habían sido redotados
Los que había en la guarnición; 765
Se vinieron á buscarnos
Unos setecientos hombres.
Los que venia comandando
Uno llamado Jardín;
Marchaban precipitados, 770
Creyendo que nos juiríamos,
Pero todo jué al contrario:
Los esperamos serenos.
Y á distancia de tres cuartos
De legua, acá del Río Negro, 775
Con rigor jueron cargados,
Y deshechos al momento;
Salieron desparramados,
Juyendo por todas partes:
Yo después que voltié varios, 780
Pues no me duermo en las pajas
A uno que iba en güen caballo,
Y se me salió adelante,
Lo saqué medio pisando;
El hombre era güen ginete, 785
Y ya me iba despuntando,
Pero como es bien notorio,
Y todos saben que Chano,
Nunca ha montado sin bolas,
Lo que se me iba escapando, 790
Le arrimé las tres Marías,
Y lo dejé maniatado;
Lueguito se tiró á tierra
El demonio del fidalgo,
Pero con lo sucedido 795
Estaba tan asustado,
Que ni aun en guarda se puso,
Y ansí le metí hasta el cabo
Este sable que no afloja,
Y se quedó pataleando; 800
Aquí me fií á bocha libre,
Y acabé de despeinarlo;
Varios de los compañeros
Que iban por allí pasando,
Me asiguraron que era 805

---

769   Coronel Jerônimo Gomes Jardim. Veterano jefe brasileño que años más tarde, durante la revolución riograndense, fue uno de los principales dirigentes farrupillas. *(Nota F. W. – 1968).*

El coronel arriesgado
José Luis Mena Barreto
El mesmo que había carneado:
Por remate fueron muertos
De oficiales y soldados   810
Como cosa de cien hombres,
Trescientos aprisionados,
Y muchos mas que calleron
De los que fuimos mangueando;
Mas eran los prisioneros,   815
En esto no cabe engaño
Que la mesma juerza nuestra
Que los había atacado....

Contreras

Sigún lo que ha referido,
Y los choques en que ha estado   820
¡Que botas no se habrá puesto
Siendo hombre tan avisado!
¡Como traerá prendería!
¡Como estará de ricacho!
¡Como no ha de andar boyante,   825
Si es tan calandria este Chano!

Chano

Se engaña Vd. medio á medio,
Porque nunca he cudiciado
Otra cosa que el honor,
Y las glorias del Estado;   830
Yo cojo lo que me dan,
Y nunca he sido safado:
Pues como iba refiriendo;
Después que se hubo acabado
Esta aición tan memorable.   835
En el momento ordenaron

---

807   Coronel José Luiz Menna Barreto. Hijo de un mariscal, contaba sólo veintisiete años cuando pereció en este encuentro. Se había distinguido durante la invasión lusitana de 1816–1820. *(Nota F. W. – 1968)*.

815–818   Sobre el combate del Rincón de las Gallinas –que había permitido liberar toda la costa del río Uruguay hasta Misiones puede verse: Coronel Juan Beverina, *La guerra contra el imperio del Brasil*, Biblioteca del Oficial, Buenos Aires, 1927, t. I, págs. 163–168. Una versión brasileña, crítica, en [General Emilio Fernández de Sousa Doca], *Notas* al libro del Marechal Luiz Manoel de Lima e Silva, *Guerra com as Provincias Unidas do Rio da Prata*, Biblioteca do Exército, Rio de Janeiro, 1956, págs. 250–254. Un autorizado estudioso y distinguido hombre público brasileño ha hecho esta observación: «El combate del Rincón fue el primer revés que sufrimos después de continuadas victorias en las campañas del sur, desde 1801 hasta 1820». Cfr. Barão do Rio Branco, *Efemérides brasileiras*, Ministério das Relações Exteriores, Rio de Janeiro, 1946, pág. 454. *(Nota F. W. – 1968)*.

El marchar al Sarandí.
Con pasos acelerados;
Porque sabiendo de cierto,
De que un oficial finchado,   840
Llamado Ventos Manuel,
Estaba bien preparado
Con dos mil que había reunido,
Toda gente de acaballo,
Y que no cabía ya duda,   845
De que se iba enderezando
Acia el cuartel general;
De aquí fue que había ordenado
El inmortal Lavalleja,
Al Rivera denodado   850
Que caminara de priesa,
Y después de haber llegado,
Me presenté á S. E.
Y le mostré mis despachos:
No supo que hacerse el hombre,   855
Me dió mas de cien abrazos;
Me dijo, que yo era el gefe,
Y me brindó con el mando,
Para aquella aición tan clítica,
Que ya se estaba aguardando: 860
Me resistí con pulítica,
Y quedamos concertados,
Que quedaba en libertá,
Para asistir con mi brazo,
Donde el riesgo urgiese mas...   865
¡Vaya que me he dilatado!
Ya quiero acabar Contreras,
Porque estará molestado.

Contreras

Déle guasca amigo viejo,

836–837   La Horqueta del Sarandí, donde se libró la batalla homónima está situada en la cabecera del arroyo Sarandí, a unos cien kilómetros al norte de Montevideo. *(Nota F. W. – 1968)*.

841   Coronel Bento Manoel Ribeiro, jefe de las aludidas fuerzas brasileñas. Había participado en todas las campañas militares en la Banda Oriental desde 1811.).

849   Poco menos de dos meses después del desembarco en La Agraciada, los departamentos de la campaña oriental libre de enemigos organizaron en la Villa de la Florida un gobierno provisional (14 de junio de 1825). Una de sus resoluciones fue nombrar a Lavalleja brigadier general y comandante en Florida, se reunió una Asamblea de diputados orientales que declaró la independencia de ese estado de la dominación extranjera y su unión a las Provincias Unidas (25 de agosto de 1825). La Asamblea estableció un poder ejecutivo a cargo de un gobernador y capitán general: su primer titular fue designado Lavalleja. Cfr. Pablo Blanco Acevedo, *Informe sobre la fecha de celebración del centenario de la Independencia*, Impresora Uruguaya, Montevideo, 1940, págs. 71–109. *(Nota F. W. – 1968)*.

Que recién me va gustando,   870
Prosiga pausadamente,
Y después en acabando,
Todos hemos de brindar;
Ya podés Chepa ir pensando,
Lo mismo que vos Pitonga,   875
Haciendo punta ño Chano,
A quien le toca primero,
Por guespe y por disputeado.

Chano

Nos encontramos por fin,
Del juego no hicimos caso,   880
Con la garabina atrás,
Y el sable bien apretado,
Sin reparar en el riesgo,
Luego nos entreveramos;
El choque jué míi reñido   885
Porque ya envalentonados,
De que los gauchos no valen
La pitada de un cigarro,
Amigo se hicieron juertes;
Pero de ay á poco rato,   890
Con el barullo en el cuerpo
Corrieron como venados:
En medio de la refriega,
En lo mas acalorado,
Al oficial D. Oribe   895
Le mataron el caballo;
Viendo yo las circunstancias
De tan miserable estado,
Ya le presenté las ancas
De mi fogoso gateado;   900
Al golpe se me trepó,
Y ya seguimos matando;
Pues si por casualidá
Por algunos de los lados
Alguno se me escapaba,   905
El como iba asigurado,
Lo ensartaba desde atrás;
Ansina juimos peleando,
Hasta que el fin por fortuna,

---

879   Se inicia aquí la relación del combate de Sarandí, del 12 de octubre de 1825. *(Nota F. W. – 1968)*.

895   Teniente coronel Manuel Oribe, comandante del Regimiento de Dragones Libertadores, ocupaba el centro de las fuerzas de Lavalleja en esa batalla. *(Nota F. W. – 1968)*.

Vino un pingo descarriado, 910
Al que luego me atraqué,
Y lo que estubo sentado,
Ya prosiguió por sí solo,
Como un león haciendo estragos:
Desto daré testimonio, 915
Porque siempre fíi á su lado:
Juyeron los imperiales,
Quedando el campo sembrado,
Con mas de unos cuatrocientos,
Y después en todo el largo, 920
Que los juimos persiguiendo,
Amigo, le daría espanto
El ver la osamentería
Como quedaba blanqueando:
Se cogieron prisioneros 925
De oficiales y soldados,
Como cosa de seiscientos,
Y los que hubieron quedado
Con Ventos Manuel su gefe,
Dando chicote á dos lados 930
Cogieron mas que de prisa,
Como para el Cerro largo:
Que viva la Patria amigo,
Por lo bien que se han portado
Toditos sus generales, 935
Oficiales y soldados
En el día doce de Octubre,

932   La indicación de la retirada de Bento Manoel Ribeiro hacia el Cerro Largo no aparece en el parte oficial de Lavalleja. Fue tomada de otra información periodística. Cfr. *El Argos de Buenos Ayres*, N.° 201, Buenos Aires, 2 de noviembre de 1825, pág. 4, col. 2. *(Nota F. W. – 1968)*.
937   Aquí concluye el relato de la batalla de Sarandí. Beverina, ob. cit., t. I, págs. 169–180, al estudiarla, dice que «al igual que el de Junín, constituye el encuentro típico de caballería». Véase también Coronel Juan Antonio Vázquez, *Lavalleja y la campaña de 1825*, Centro Militar, Montevideo, 1957, págs. 98–109; y Félix Best, *Historia de las guerras argentinas*, Ediciones Peuser, Buenos Aires, 1960, t. II, pág. 124–125. Sousa Doca, ob. cit., págs. 255–264, analiza críticamente esta batalla a la luz de nueva documentación. El Barão do Rio Branco, ob. cit., pág. 481, sostiene que «nunca en combate alguno, ni antes ni después de éste, sufrimos tan grande pérdida en prisioneros». De la abundante bibliografía brasileña sobre el tema citamos finalmente un valioso estudio reciente: Henrique Oscar Wiederspahn, *Cumpanha de Ituzaingo*, Biblioteca do Exército–Editôra, Rio de Janeiro, 1961, págs. 67–79. Las victorias consecutivas del Rincón de las Gallinas y del Sarandí consolidaron política y militarmente a los revolucionarios orientales. Obligadas las fuerzas brasileñas a retirarse precipitadamente hacia Río Grande, –el 31 de diciembre de 1825 fue tomada la fortaleza de Santa Teresa, que custodia el extremo noreste de la Banda Oriental– sólo conservaron, aunque aisladas, las ciudades de Montevideo y Colonia. Varios meses después de producidos los encuentros los imperiales no se habían repuesto todavía de esos golpes. Cfr. Tomás de Iriarte, *Memorias*, t. III, *Rivadavia, Monroe y la guerra argentino–brasileña*, Ediciones

El que debía ser tarjado
Con la descrición siguiente, /
Para no ser olvidado;   940
(la mesma que le oí á un hombre
Bien ladino y bien letrado:)
«El día grande y distinguido,
»Cuyo Sol nunca ha brillado
»Con mas fausto y alegría,   945
»Porque en él miró humillado
»El poder usurpador,
»Que es hijo de los tiranos.»
En el catorce del mesmo,
Recibió un comunicado   950
El general Lavalleja,
Y traia por resultado,
Que junto del arroyo Grande
También se había entregado
Al teniente ño Aguilar   955
Que por alli andaba expiando,
Con veinte y siete orientales,
(¡Vea si estarán asustados!)
Una juerza superior
De imperiales bien armados   960
Oficiales diez y seis
Cuento aparte los soldados,
Que eran ciento diez y siete,
Y después todo sumado,
Son ciento treinta y tres hombres   965
Los que tenia asigurados:
Por la costa de Maciel
También habían agarrado
A un teniente coronel
D. Pedro Pintos llamado,   970
Con ocho imperiales mas,
Todos bien espingardados.
Si ansí camina el imperio,
Camina con pasos largos:

Argentinas S. I. A., Buenos Aires, 1945, págs. 309–310. En Río Grande los acontecimientos orientales repercutieron de un modo sorprendente. Numerosos «gaúchos» de tendencia separatista apoyaron a Lavalleja y se unieron a su ejército. Cfr. Alfredo Varela, *Revoluções cisplatinas. A república riograndense*, Livraria Chardron, Pôrto, 1915, t. I, págs. 117–124. *(Nota F. W. – 1968).*

949–966 El poema, correctamente, rectifica al texto del parte: este dice que la rendición del mencionado grupo de imperiales se efectuó el 14, cuando en realidad ese día Lavalleja recibió la comunicación de lo que había ocurrido en la jornada anterior. Protagonista del episodio fue el teniente Santos Aguilar, quien en el paso de la Tranquera del Perdido, junto al Arroyo Grande, cerca de Colonia, hizo rendir la fuerza enemiga que se describe, mandada por el mayor antonio José de Oliveira. *(Nota F. W. – 1968).*

Esto es amigo lo cierto,　　　　　　975
Y lo mesmo que he contado
A nuestro gobernador
Pues para esto fui mandado;
De toda mi relación,
Quedó el hombre bien prendado,　　980
Y después me concedió,
El que me vuelva á mi rancho,
Tan solo por siete días,
Y que cumplido este plazo,
Sin detenerme un istante　　　　　　985
Valla para el otro lado:
Ya es tiempo pues de que empiesen,
Los brindes que usté ha mandado,
Con esto daremos fin,
A todo lo relatado,　　　　　　　　990
Y ya principio el primero,
Como su obediente criado.

  Chano

Que viva señor Bolívar,
Por ser un hombre tan guapo,
Que en viendo los enemigos,　　　　995
Les hace largar el naco:
Que las glorias de la Patria,
Y el aumento de las luces,
Corran con mas ligereza,
Que corren los avestruces　　　　　1000

  Contreras

Que seamos hombres de bien
Y que tengamos unión,
Anque ande en apero viejo,
Montado en un redomón.

970　　　　Teniente coronel Pedro Pinto de Araújo Correia. *(Nota F. W. – 1968).*
979–986　　La noticia de la victoria de Sarandí se recibió en Buenos Aires en la tarde del 20 de octubre de 1825. Esa noche, en el teatro, se exteriorizó el júbilo popular con manifestaciones de exaltado patriotismo. Cfr. *El Argos de Buenos Ayres*, N.º 198, Buenos Aires, 22 de octubre de 1825, pág. 4, col. 1. El general entusiasmo despertado por el acontecimiento determinó un cambio notable de actitud hacia la situación oriental por parte del Congreso Nacional reunido en Buenos Aires. El 25 de octubre de 1825 una ley declaraba a la Oriental reincorporada a las Provincias Unidas. El 4 de noviembre el gobierno de Buenos Aires comunicó al de Río de Janeiro la sanción de esa ley y su disposición a defender la integridad de aquel territorio. El 10 de diciembre respondió el emperador con la declaración de guerra a las Provincias Unidas. En la ficción del poema, pues, estas andanzas de Chano concluyen cuando se cerraba una crucial etapa en la situación rioplatense, poco antes de la ruptura oficial de las hostilidades entre Argentina y Brasil. *(Nota F. W. – 1968).*

Chepa

Que el general Lavalleja, 1005
Ese patriota tan fiel,
Persiga á los imperiales,
Y les haga echar la giel,

Pitonga

Que Dios ayude á ño Sucre,
Y sus bendiciones le eche, 1010
Que paran mucho las vacas,
Y tengamos mucha leche.

Todos

Que viva la Patria, que viva,
Viva, viva, viva, a, a, a, a.
Cuanto acabó de comer, 1015
El célebre señor Chano,
De todos se despidió,
Y se fue para su pago,
Con ansias de ver á Goya,
Que ya estaría con cuidado, 1020
Pues hacía quince meses,
A que se le había ausentado

Glosario de voces gauchescas

Águila. Andar águila. Pobre, sin recursos.

Alfajor. m. Daga o cuchillo de grandes dimensiones

Amargo. M. Hidalgo usa el calificativo en los dos sentidos opuestos que posee en el habla del gaucho. 1.–valiente, decidido ; 2.– cobarde, flojo.

Apagando. Sacar apagando. En forma precipitada

Aperado. . Con el apero puesto, enjaezado, pronto para salir.

Aplastarse. Con referencia al caballo. Perder fuerzas.

Ayga, Bien.... Bien haya ; es lo contrario de Malhaya

Azulejo. m. Pelaje de yeguarizo o vacuno de reflejos azulados.

Bagual. Bagualón. . m. Caballo cimarrón, potro. En cuanto a la forma aumentativa, dice Saubidet, «Se llama *medio bagualón* al caballo de temperamento arisco, aun cuando haya sido domado»

Baqueano. m El que tiene baquía, destreza, conocimiento, en alguna actividad. La descripción de Sarmiento en el *Facundo* (Cap.I) es paradigmática. La forma *baquiano* parece ser la más próxima a su origen haitiano, según el DRAE

Beberaje. m. Consumo entre varios y en exceso, bebidas alcohólicas.

Bellaquear. Comportarse como *bellaco*. Se aplica al caballo corcoveador.

Bisteque. m. Denominación burlesca aplicada al inglés, por deformación de *beaf-steak* (bistec), que es lo que los británicos reclamaban para comer cuando se encontraban en estas regiones ganaderas.

Bolas. Boleadoras, arma indígena arrojadiza, formada por piedras retobadas en cuaro y atadas con lazos del mismo material. Generalmente eran tres y el gaucho, acristianado, se les llamaba «las Tres Marías»

Boracear. Gastar dinero derrochándolo, fanfarronear.

Calandria. Lo mismo que en México (Malharet) se aplica al «vago».

Caliente. Entusiasmado.

Cancha. Hacer... Lo mismo que «abrir *cancha*» es dejar lugar, despejar un espacio. Ú.t. c. reflex. *Cancha* es palabra quechua: espacio abierto, amplio.

Caracú. m. Tuétano de los huesos generalmente vacunos. El hueso que lo contiene se denomina «hueso de caracú» y es muy apreciado para el puchero

Caracha. Sarna o roña. «Limpiarle a uno la caracha» puede ser tanto «maltratarlo» como «quitarle todas sus pertenencias».

Cielito. m. Contradanza criolla. Baile de conjunto de parejas interdependientes.

Cimarrón. m. Como sustantivo equivale a «mate amargo».

Cimarronear. Tomar mate amargo.

Cinchón. m. Sobre-cincha de cuero crudo, larga como de cinco metros por una pulgada de ancho o más, que se coloca sobre el recado para ajustar todas sus prendas.

Conchabar. Emplear, dar trabajo.

Coscoja. f. Ruedita de metal colocada en el puente del freno de los montados.

Chiripá, m. Del quechua *chiri*: frío y *pac*: para (según Saubidet). Paño cuadrangular liviano, de bayeta o merino, que se colocaba pasado entre las piernas y sujeto a la cintura por una faja.

Chuspa. f. Especie de bolsita, generalmente confeccionada con buche de ñandú sobado y con una jareta en la abertura, en la que el paisano guardaba el tabaco y el papel de fumar. También podían llevarse monedas

Delgado. Andar... Que tiene hambre, que ha perdido fuerzas.

Derecera. f El camino directo, recto.

Diasques. Diantre. Diablo. Como en la creencia popular no se debe nombrar al «Malo» porque se aparece, se usan eufemismos como «diasques» o «diastres».

Dormírsele a uno. «*Se me durmió en una pierna...*», lo hirió reiteradamente en una pierna.

Entrevero. Según Saubidet: «Choque y confusión de dos cuerpos de caballería, a que siempre se llegaba en el guerrear con los indios».

Escribinista. m. Escribano, oficial administrativo generalmente empleado por el gobierno.

Escuelero ; escuelistas. Alumnos de las escuelas de niños.

Estancia. El establecimiento rural rioplatense.

Fandango. . m. Baile andaluz que, al practicarse con mucha liberalidad y osadía en fiestas populares de Buenos Aires, motivó la prohibición de su práctica so pena de excomunión mayor para quien desoyera tal disposición del Obispado porteño. Los motivos que se aducían eran que, en su transcurso, los jóvenes de ambos sexos se miraban descaradamente a los ojos y hasta se daban las manos... *Fandangazo* puede aludir a una acción de guerra, o simplemente a actos muy movidos y desordenados.

Galpón. m. En las estancias son cobertizos largos, techados y con paredes que se encuentran lejos de la casa habitación y sirven para almacenar distintos elementos. También se ha usado para designar los lugares donde vivían los esclavos. En la actualidad se usan galpones para la crianza de animales finos.

Gato, hacerse el... Como lo aclara Hidalgo, actual con maña, con sutileza.

Gauchada. f. En el contexto de Hidalgo vale por «conjunto de gauchos». La misma voz suele emplearse, en la región pampeana, como «favor, servicio desinteresado».

Gauchaje. m. Lo mismo que gauchada en la primera acepción: conjunto de gauchos.

Golpearse la boca. Costumbre de los gauchos para entrar en batalla. Posiblemente tenga origen indio.

Grito, al. Modo adverbial que equivale a «en el acto», «al momento», «sin demora»

Guano. m. Del quechua: *huanu*, estiércol, por extensión abono.

Guasca. f. Del quechua: *huasca,* soga; lonja de cuero crudo.

Hilo. Venirse al... Modo adverbial por «Directamente, sin rodeos.»

Humo. Venirse al ... Modo adverbial «Atropellar, atacar con rapidez».

Latón, m. Sable que tiene vaina de hierro.

Liendre. Como adjetivo es sinónimo de «guapo, corajudo».

Lulingo. Sinónimo de «bobo, tonto».

Macetas. Maceta suele decirse del caballo "bichoco", que tiene nudos en las articulaciones de las patas por su mucha edad o trabajos. Se aplica también a las personas que caminan con dificultad.

Mal intencionado. Mozo...Mala intención... Malas intenciones. Expresión frecuente en el habla popular de la época. Aparece en el cancionero tradicional argentino-chileno, por ejemplo en el corrido de Agustín Úrria: «*Austín Úrria es criao en Talca / de buena generación, / de buena cara y buen talle / pero de mala intención*»(Fernández Latour, 1960)

Mancarrón. m. Caballo viejo, que ya vale poco. Como lo indica Barcia (1983) Todos los usos de esta voz, en Hidalgo, son atifrásticos, ponderativos del caballo por esa vía.

Mandadoras. «Funciones /.../ mandadoras». Adj. Que provocan admiración, impresionantes.

Maquines. m. . Intrigas. Maquinaciones.

Matando, salir. Giro verbal por «Salís rápidamente»: «Salir disparando».

Mate. Infusión de Ilex paraguayensis. Recipiente donde se ceba el mate.

Matucho. Maturrango. Designaciones despectivas que daban los gauchos a los que no sabían montar a *caballo.*

Miñangos. m . pl. Trizas, añicos, pedazos.

Mosca. f. Dinero.

Mozada. f.– Conjunto de gente joven, moza. Generalmente tiene sentido ponderativo.

Mujerería. f.– Conjunto de mujeres.

Ñandú. m. El *ñandú* es el avestruz americano. La expresión *«Como ñandú contra el cerco»* se aplica a quien se encuentra en una situación sin salida.

Ñato. De nariz chata o roma.

Oficialería. f.– Conjunto de oficiales.

Overo. La relación entre *«overo»* y *«tigre»* se establece generalmente en el habla del gaucho en la expresión *«Hijo 'e tigre, overo ha'i ser»*, equivalente a *«De tal palo, tal astilla»* . Hidalgo la usa con referencia a las prácticas piadosas del cristianismo y su aplicación a personas que a veces no parecen merecerlas.

Pajonal. m. Paraje generalmente anegado donde crece paja enmarañada y alta, guarida de tigres y de leones (pumas)

Palenque. m. Poste o estacada cercana a las casas y a las pulpería, donde se atan los caballos .

Parejo. adj. Bueno para todo, tanto si se lo aplica al hombre como al caballo.

Paro. m. Juego de envite.

Payador. m. Cantor repentista, tan sabio en su arte que es capaz de improvisar las letras de sus cantos.

Perdiz. Hacerse... Huír, irse, escurrirse.

Pericón.– m. Contradanza criolla. Baile de parejas interdependientes para cuyo ordenamiento se necesita un bastonero que lleva el nombre de Perico o Pericón. Es la danza nacional de la República Oriental del Uruguay y una de las más tradicionales entre las danzas folklóricas argentinas.

Pingo.– m Caballo brioso y ligero.

Pintor . Adj. Jactancioso, fanfarrón.

Poncho. m . Prenda de abrigo, rectangular, con una abertura en el centro para pasar la cabeza.

Porteño. m . Bonaerense. Hasta la definición de la cuestión capital de la República, se dio este gentilicio a todos los habitantes de la provincia de Buenos Aires.

Pregunta. f. Hacerle una pregunta al montado es tocarlo con las espuelas para animarlo a correr.

Pretal. m. Soga que ciñe el pecho del caballo cuyas dos extremidades van sujetas a la delantera del recado y la inferior pasa por el pecho y entre las manos del caballo prendiéndose a la cincha o al pegüal. (especie de sobrecincha) Generalmente se la usa como lujo en la pampa.

Pulpería. f. «Despacho de comestibles y bebidas en la campaña. Más importante que el boliche», según Saubidet. La pulpería de Alfaro, citada por Hidalgo en la *Relación* ...tuvo existencia real en Buenos Aires, cuando era todavía «la gran aldea». . Félix Weinberg (1968) dice de ella: «Debió ser innegablemente famosa en su tiempo y su existencia está rigurosamente comprobada hasta con exceso... J.J. Blondel en *Almanaque político y de comercio de la ciudad de Buenos Ayres para el año 1826* (Impr. del Estado, Buenos Ayres, 1825 /.../) menciona en el ramo de pulpería a dos comerciante de ese apellido: Mariano Alfaro, establecido en la calle Perú 97, y Pedro Alfaro, en la calle Suipacha 26».

Puntano. Natural de la ciudad de San Luis de Loyola, Nueva Medina del Río Seco de la Punta de los Venados, capital de la provincia cuyana de San Luis, o perteneciente a ella. Para personas o cosas referentes al interior de dicha provincia suele reservarse el calificativo de «sanluiseños» .

Querencia f- El pago, el hogar.

Recado m. Conjunto de piezas que integran la montura de un caballo.

Redomón m. Caballo recién domado o en trance de serlo.

Rodeo m. Recogida del ganado que se realiza por la noche. También se llama rodeo a un conjunto de vacas, toros y terneros.

Roncada. Amenaza.

Rosquete m. Entregar el rosquete es, generalmente, sinónimo de «morir»; «Salvar el rosquete» es «salvar la vida».

Ruano . Pelo de yeguarizo de color alazán, con las crines y cola blancas (Saubidet) . El criollo reconoce, dentro de este pelo, muchas variantes con nombres diversos.

Sobar. Parte del adiestramiento del caballo de silla.

Sortija. f. Juego popular de destreza ecuestre, visión y coordinación en el cual debe ensartar el jinete, en plena carrera y con un palito que llevará en la mano, una argolla que pende de un arco mientras pasa debajo de éste con su montado. Sortija es el juego y también la argolla o anillo que debe ensartarse.

Taba, f. Hueso de la vaca que sirve para el juego de dicho nombre. Es el astrágalo griego.

Truco. m. Truquiflor o truco: juego de envite que se juega con baraja española.

Temerario. Asombroso; que infunde temor.

Trabuco. En Hidalgo, «Pero si es trabuco, Cristo»: equivocación.

Tropilla f. Conjunto de caballos que siguen a una yegua madrina, guiados por el sonido de su cencerro. La tropilla entablada, si es posible «de un pelo» es el bien más preciado del resero . Hidalgo a veces esta voz en sentido figurado, con referencia a personas.

Velay. Se usa con sentido interjectivo: «vea usted, » «ahí tiene, » «aquí está», etc. Es el «Voilà» francés.

Verija f. La parte baja de la barriga del caballo, cerca de la entrepierna.

Versería f. Conjunto de versos.

Vichar . Llegar a percibir algo oculto o no muy visible. En otros contextos también vigilar, divisar.

Vizcachera f. Cueva grande y profunda que hacen en el campo los mamíferos roedores llamados vizcachas.

Volteada f.– Faena que consiste en echar por tierra a los animales para marcarlos, curarlos, etc. . La expresión «cayó en la volteada» se aplica cuando alguien es incluido, injustamente, en una nómina de infractores.

Documentación y bibliografía

Documentos referentes a Hidalgo y su tiempo.

Archivo Artigas. Montevideo. Comisión Nacional Archivo Artigas: 1952.

Archivo General de la Nación Argentina: *Tomas de Razón de despachos militares, cédulas de premio, retiro, empleos civiles y eclesiásticos, donativos, etc. 1740 a 1821.* Buenos Aires, G. Kraft, 1925.

Archivo General de la Nación (Uruguay): Correspondencia del General José Artigas al Cabildo de Montevideo (1814-1816). Correspondencia oficial en copia. Gobernantes Argentinos. Artigas y Torgués al Cabildo de Montevideo, Montevideo. 1940.

Lamas, Andrés *Antología poética compilada por /.../.* Colección de manuscritos Pablo Blanco Acevedo. Museo Histórico Nacional de Montevideo. Casa de Lavalleja. (Juan María Gutiérrez hizo referencia a esta compilación que atribuye a José Rivera Indarte, en: *Revista del Río de la Plata*, t. III, Buenos Aires, 1872).

Impresos y periódicos citados (orden alfabético de títulos)

A la venida de la expedición (viñeta) Buenos Aires Imprenta de Álvarez. Dos páginas de texto a dos col.. (De este *Cielito* existe otra edición, sin indicación de imprenta según noticias dadas por el estudioso Ángel Héctor Azeves a don Antonio Praderio).

Al Triunfo de Lima y el Callao. Cielito patriótico que compuso el gaucho Ramón Contreras (Adorno tipográfico) Buenos Aires. Imprenta de Álvarez. 2 p. de texto a 2 col.. Impreso existente en la Biblioteca Nacional de Buenos Aires.

Cielito patriótico del gaucho Ramón Contreras compuesto en honor del Ejército Libertador del Alto Perú (dos viñetas.). Buenos Aires; Imprenta de Álvarez. 2 p. de texto a 2 col. Impreso existente en la Biblioteca Nacional de Buenos Aires.

Cielito patriótico que compuso un gaucho para cantar la acción de Maypú. Gaceta de Buenos Aires, n° 70, 13 de mayo de 1818. Impreso existente en el Museo Mitre.

Día de Buenos Ayres en La Proclamación de la Independencia de las Provincias Unidas del Río de la Plata B.M.. 1816. Imprenta del Sol. Existente en el Archivo General de la Nación, Buenos Aires.

Diálogo patriótico interesante entre Jacinto Chano, capataz de una estancia en las islas del Tordillo y el gaucho de la guardia del Monte. (Adorno tipográfico). Buenos Aires, Imprenta de Álvarez. (16 p.)

El Americano, N° 16, Buenos Aires, viernes 16 de julio de 1819. Texto de B. Hidalgo negando la paternidad de una tonadilla en la que se ofendía a militares argentinos.

El autor del diálogo entre Jacinto Chano y Ramón Contreras contesta a los cargos que se le hacen por La Comentadora (Adorno tipográfico). Buenos Aires, Imprenta de Álvarez. 6 de febrero de 1821.

El Independiente (1815-1816). Reproducción facsimilar publicada con el auspicio de la Comisión Nacional Ejecutiva del 150° Aniversario de la Revolución de Mayo. Buenos Aires, Academia Nacional de la Historia, 1961 (Periódicos de la época de la Revolución de Mayo.- IV)

Gaceta de Buenos Aires, miércoles, 20 de mayo de 1818. en la que se lee el siguiente ~ Aviso. Se ha impreso y se vende en esta imprenta (Niños Expósitos) al unipersonal representado en este Teatro, titulado *El Triunfo.* (Vé. *Unipersonal /.../*)

Graciosa y divertida conversación que tuvo Chano con señor Ramón Contreras con respecto a las fiestas mayas de 1823, Buenos Aires, Impreso de Expósitos, 1823.

Graciosa y divertida conversación que tuvo Chano con señor Ramón Contreras, en la que detalla el primero las batallas de Lima y Alto Perú, como asimismo las de la Banda Oriental; habiendo estado cerca de ambos gobiernos con carácter de comisionado, y ahora acaba de llegar de chasque del Sarandí. Buenos Aires, Imprenta de la Independencia, 1825.

Hojas sueltas. Biblioteca y Archivo Dr. Pablo Blanco Acevedo. Museo Histórico Nacional. Montevideo.

Las Cuatro cosas, o El antifanático: el amigo de la ilustración, cuya hija primogénita es la tolerancia: el glosador de los papeles públicos internos y externos; y el defensor del crédito de Buenos aires y demas provincias hermanas. N° 1, Buenos Aires, Imprenta de Expósitos, sin fecha (enero, 1821).

La Prensa Argentina. Buenos Aires noviembre de 1816.

Nuevo diálogo patriótico entre Ramón Contreras gaucho de la guardia del Monte y Jacinto Chano capataz del una estancia en las islas del Tordillo. (Adorno tipográfico). Buenos Aires: Imprenta de Álvarez. Buenos Aires. viernes 16 de julio de 1819.

Octavas Orientales. Reproducción facsimilar publicada en *Éxodo del pueblo oriental*, Museo Histórico Nacional: Montevideo, 1968.

Saynete provincial titulado «El detall de la acción de Maipú». Original manuscrito. Publicado en: Facultad de Filosofía y Letras de la UBA, Instituto de Literatura Argentina. Orígenes del Teatro Nacional, Sección de Documentos. Primera serie. Tomo I. Textos dramáticos en verso, Buenos Aires, Imprenta y casa editora Coni, 1925.

Un gaucho de la guardia del Monte contesta al manifiesto de Fernando VII y saluda al conde de Casa Flores con el siguiente cielito escrito en su idioma (Filete) Buenos Aires, Impreso de los Expósitos (Existente en la Biblioteca Nacional de Buenos Aires).

Unipersonal con intermedios de música. El Triunfo. Dedicado al Exmo. Supremo Director (adorno tipográfico). Buenos Aires, Imprenta de los Expósitos, 1818. Pieza existente en la Biblioteca Nacional, Buenos Aires, N° 35648. (Vé: *Gaceta de Buenos Aires*, 20 de mayo de 1818).

Bibliografia referencial básica

Academia Nacional de la Historia. *Nueva Historia de la Nación Argentina*. Dir. Víctor Tau Anzoátegui. Buenos Aires, Planeta, 2000. X tomos.

Acuña de Figueroa, Francisco. *Obras completas de /.../ Diario histórico del sitio de Montevideo, en los años 1812-13-14*. Escrito en versos de varios metros en la época misma, en el teatro y presencia de los sucesos. Y posteriormente corregido y aumentado con notas curiosas y documentos relativos a los mismos sucesos. Copiado y corregido en 1841 por el autor. Montevideo, Vázquez Cores, Dornaleche y Reyes, editores, 1890.Biblioteca Americana.

Alvarez, Gregorio. *El tronco de Oro. Folklore del Neuquén*. Neuquén, Pehuén, 1968.

Apolant, Juan Alejandro. *Génesis de la familia uruguaya. Los habitantes de Montevideo en sus primeros 40 años. Filiaciones. Ascendencias. Entronques. Descendencias*. Montevideo, 1975.

Aretz, Isabel. *El folklore musical argentino*. Buenos Aires, Ed. Ricordi, 1952.

Aricó, Héctor. *Danzas tradicionales argentinas. Una nueva propuesta*. Buenos Aires, Tall. Vilko, 2004

Armistead, Samuel G.. «La poesía oral improvisada en la tradición hispánica». En: *La décima popular en la tradición hispánica. Actas del Simposio Internacional sobre La Décima (Las Palmas, 17 al 22 de diciembre de 1992)*. Edición:. Maximiano Trapero. Madrid, Universidad de Las Palmas de Gran Canaria; Cabildo Insular de Gran Canaria, Impr. Mariar S.A. 1994.

Arrieta, Rafael Alberto. *Historia de la Literatura Argentina* dirigida por /.../ Buenos Aires, 1960.

Assunçao, Fernando O. *Génesis del tipo gaucho en el Río de la Plata*, Montevideo, Mosca Hnos. 1957.

_____. «Nacimiento del gaucho en la Banda Oriental», En: *Boletín Histórico*, Nº3 77-78, Montevideo, 1959

_____. *La vida rural en la Banda Oriental,* Montevideo, 1963.

_____. *El gaucho*. Con un estudio crítico del profesor Daniel D. Vidart, Montevideo, Imprenta Nacional, 1963. (Apartado del Tomo XXIV de la *Revista del Instituto Histórico y Geográfico del Uruguay*)

_____. *Orígenes de los bailes tradicionales en el Uruguay*, Montevideo, 1968 (*Anales Históricos de Montevideo,* T. V) Uruguay)

_____. *Pilchas criollas,* Ilustr. de Federico Reilly, Montevideo, 1976.

_____. *El gaucho. Estudio socio-cultural*. Montevideo, Dirección General de Extensión Universitaria, 1978; 2 tomos.

_____. *El mate. The mate*. Punta del Este- Uruguay, Mar y Sol Ediciones, 2001.

Ayestarán, Lauro, *El folklore musical uruguayo*, Montevideo, Bolsilibros ARCA, 1971.

_____. *La primitiva poesía gauchesca en el Uruguay. 1812-1838*. Montevideo, Impr. «El Siglo Ilustrado», 1950. (Apartado de la *Revista del Instituto Nacional de Investigaciones y Archivos Literarios*, Nº 1)

Barcia, Pedro Luis.: «Las letras rioplatenses en el período de la Ilustración: Juan Baltasar Maciel y el conflicto de dos sistemas literarios». En: *Humanidades: Revista de la Universidad de Montevideo,* núm. 1, Año 1 Montevideo (Uruguay), Universidad, Facultad de Humanidades, 2001.

Battistessa, Ángel, «Génesis periodística del *Fausto* de Estanislao del Campo. Una desconocida prefiguración de ese poema gauchesco», en: *La Prensa*, Buenos Aires, 11 octubre 1941.

_____. *La Lira Argentina y la poesía de nuestra independencia*, Buenos Aires, Academia Argentina de Letras, 1966 (Discurso de incorporación)

Becco, Horacio Jorge y Carlos Dellepiane Cálcena. *El gaucho. Documentación - Iconografía,* Buenos Aires, Ed. Plus Ultra, 1978.

Beltrán Pepio, Vicenç. «Atribución, anonimato y estructura en los Cancioneros». En: *Hispanismo. Discursos culturales, identidad y memoria. Actas del VII Congreso Nacional de Hispanistas,* tomo I, Nilda Ma. Flawiá de Fernández y Silvia Patricia Israilev (Compil.). Tucumán, UNT, Dpto. de Publicaciones. 2006.

Benítez, Rubén Ángel, «Una posible fuente española del *Fausto* de Estanislao del Campo», en: *Revista Iberoamericana*, Pittsburg, EE. UU., v. 31 n.° 60, pp. 151-171, julio-diciembre 1965.

Berenguer Carisomo, Arturo. *Las ideas estéticas en el teatro argentino*. Buenos Aires, Instituto Nacional de Estudios de Teatro, 1947.

_____. «Notas estilísticas sobre el *Fausto* criollo», en: *Boletín de la Biblioteca Menéndez y Pelayo*, Santander, v. 25, pp. 114-187, 1949.

Berra, Francisco A. *Estudios históricos acerca de la República Oriental del Uruguay. /.../* Montevideo, Impr. El Siglo Ilustrado, 1882.

Berruti, Pedro. *Manual de danzas nativas*, Buenos Aires, Ed, Escolar, 1954.

Blanco Amores de Pagella, Ángela. «El tema de la independencia en nuestras primeras manifestaciones teatrales», en *Universidad,* Santa Fe, U.N.L., NM° 67, enero- junio 1966.

Borello(Rodolfo), Becco (Horacio Jorge), Weinberg (Félix), y Prieto (Adolfo). *Trayectoria de la poesía gauchesca. Ensayos*. Buenos Aires, Ed. Plus Ultra, 1977

Borges, Jorge Luis. «Ascendencias del tango». En: *El idioma de los argentinos,* Bs. As. Ed. Gleizer, 1928..

_____. *El «Martín Fierro»,* Buenos Aires, Columba, 1953

Borges, Jorge Luis y Adolfo Bioy Casares, *Poesía gauchesca*, México-Buenos Aires, Fondo de Cultura Económica, 1955 (Biblioteca Americana: Poesía gauchesca).

Bosch, Mariano, *Orígenes del Teatro Nacional*, Sección Documentos, Primera serie, t. IV, Textos dramáticos en verso, Buenos Aires, Facultad de Filosofía y Letras de la Univ. de Buenos Aires, Instituto de Literatura Argentina, 1925-1934.

_____. «1708-1810. Panorama del teatro», en: *Cuadernos de Cultura Teatral*, n.° 13, Buenos Aires, 1940.

———. «Orígenes del Teatro Nacional Argentino», en: *Cuadernos de Cultura Teatral*, Inst. Nac. de Estudios del Teatro. n.° 1, Buenos Aires, 1936.

———. *Historia del teatro en Buenos Aires*, Buenos Aires, Imp. El Comercio, 1910.

Bosco, Eduardo Jorge. *Obras,* Buenos Aires, 1952. (2 tomos)

Campo, Estanislao del. *Fausto; impresiones del gaucho Anastasio el Pollo en la representación de esta ópera*, Introducción, notas y vocabulario por Nélida Salvador, Buenos Aires, Editorial Huemul, 1963 (Col. Clásicos Huemul).

Capdevila, Arturo, *El padre Castañeda. Aquel de la santa furia*, Buenos Aires, Ed. Espasa-Calpe Argentina, 1944 (Colección Austral).

Capillas de Castellanos, Aurora. «Historia del Consulado de Comercio de Montevideo». En *Revista Histórica*. Tomos XXXII y XXXV. págs. 171 Y 103-105, Montevideo. 1962 y 1964.

Carilla, Emilio. *La literatura de la Independencia Hispanoamericana*, Buenos Aires, EUDEBA, 1968.

Carranza, Ángel Justiniano. *La Epopeya Americana. 1810- 1825*. Coordinada y anotada por /.../ Buenos Aires, 1895.

———. *Ilustración Histórica Argentina*. Buenos Aires, Año II, N° 16, ° de marzo de 1910.

Carril, Bonifacio del. *El gaucho a través de la iconografía*, Buenos Aires, EMECE, 1978.

Carrizo, Juan Alfonso. *Cancioneros populares de Catamarca, Salta, Jujuy, Tucumán y La Rioja* 1926 -1942 / Varios impresores y editores, particularmente la Universidad Nacional de Tucumán

———. *Historia del Folklore Argentino*, Buenos Aires, Instituto Nacional de la Tradición, 1953.

Castagnino, Raúl H. *Milicia literaria de Mayo. (Ecos, cronicones y pervivencias)* Buenos Aires, Nova, 1960.

———. *Esquema de la Literatura dramática argentina. (1717-1943)* Buenos Aires. Instituto de Historia del Teatro Americano. 1950.

Concolorcorvo o Calixto Bustamante Carlos Inca (seudónimo de Alonso Carrió de La Vandera). *El lazarillo de ciegos caminantes desde Buenos Aires hasta Lima, 1773*. (Publicado por la Junta de Historia y Numismática Americana, Buenos Aires, 1908)

Coni, Emilio A. *El gaucho. Argentina, Brasil, Uruguay*. Buenos Aires, Ed. Sudamericana, 1945.

Cortazar, Augusto Raúl. *El carnaval en el folklore calchaquí. Con una breve exposición sobre la teoría y la práctica del método folklórico integral*, Buenos Aires, Sudamericana, 1949.

_____. «Los cielitos patrióticos, expresión folklórica del alma argentina». En: *Revista de Educación-* Nueva serie-, año 2, N° 7, La Plata, 1957.

_____. *Poesía gauchesca argentina*, Buenos Aires, Ed. Guadalupe, 1969 (Biblioteca pedagógica).

_____. *Poesía gauchesca*, Buenos Aires, Ediciones Culturales Argentinas, 1970 (Serie: Los Fundadores).

_____. «Poesía gauchesca argentina». En: *Historia general de las literaturas hispánicas,* Dir. Guillermo Díaz Plaja, Instr. De R, Menéndez Pidal, Barcelona, Ed. Barna S.A., 1956 (T. IV, 1ª parte).

Díaz Plaja, Fernando. *Verso y prosa de la historia española*. Madrid, Ediciones Cultura Hispánica, 1958.

Durán, Agustín. *Romancero general, o colección de romances castellanos anteriores al siglo XVIII, recogidos, ordenados, clasificados y anotados por don /.../* . Madrid, Sucesores de Hernando, 1921, 2 vols.

Durante, Beatriz y Waldo Belloso. *Método para la enseñanza de las danzas folklóricas argentinas*. Buenos Aires, Ricordi, 2ª ed. 1968.

Echeverría, Esteban. *Obras completas,* Buenos Aires, Casavalle, 1874.

Falcao Espalter, Mario. *El poeta oriental Bartolomé Hidalgo*. Montevideo, Imprenta Renacimiento, 1918. (Conferencia leída el 18 de junio de 1918 en el Instituto Histórico y Geográfico del Uruguay).

_____. *El poeta uruguayo Bartolomé Hidalgo. Su vida y sus obras*. Segunda Edición., Madrid, Gráf. Reunidas, 1929.

Fernández, Ariosto. *El Éxodo del Pueblo Oriental. 1811-1812.* Segunda edición corregida y aumentada. Montevideo, Ed. Fontanilla y González, 1946.

Fernández de Burzaco, Hugo. *Aportes biogenealógicos para un padrón de habitantes del Río de la Plata,* Buenos Aires, 1988-89.

Fernández Latour, Olga. *Cantares históricos de la tradición argentina*, selección, introducción y notas por /.../ Buenos Aires, Instituto Nacional de Investigaciones Folklóricas, Comisión Nacional Ejecutiva del 150° aniversario de la Revolución de Mayo, Impr. Peuser, 1960.

_____. «El Martín Fierro y el folklore poético». *En: Cuadernos del Instituto Nacional de Investigaciones Folklóricas,* N° 3, Buenos Aires, 1962.

_____. «Un poeta glosador que vivió en Jachal (San Juan) en el siglo XIX: don Víctor José Capdevila». En: *Cuadernos del Instituto Nacional de* Antropología, N° 4, Buenos Aires, 1963.

Fernández Latour de Botas, Olga, «Una pieza olvidada de la primitiva poesía gauchesca», en: *La Nación*, Buenos Aires, domingo 2 de junio de 1968.

_____. *Folklore y poesía Argentina,* Buenos Aires, Ed. Guadalupe, 1969.

_____. «Poesía popular impresa de la colección Lehmann-Nitsche». En; *Cuadernos del Instituto Nacional de Antropología*, Nros. 5, 6 y 7, Buenos Aires, 1967 / 72.

_____. *Prehistoria de Martín Fierro*, Buenos Aires, Platero, 1977.

_____. «Cauces y lagunas de una investigación literaria. Sobre la "Graciosa y divertida conversación que tuvo Chano con el señor Ramón Contreras con respecto a las fiestas mayas de 1823". Impreso de Expósitos». En: *Logos, Revista de la Facultad de Filosofía y Letras de la Universidad de Buenos Aires*, N° de Homenaje al Dr. Augusto Raúl Cortazar, Buenos Aires, 1978.

_____. «Origen del chamamé» En: *La Nación,* Buenos Aires, 6 de mayo de 1979

Fernández Latour de Botas, Olga (Dir.), Alicia C. Quereilhac de Kussrow, Marta S.C. Ruiz, Susana Coluccio y Luis Panaiagua. *Atlas de la cultura tradicional argentina para la escuela*. Buenos Aires, Honorable Senado de la Nación, Imprenta del Congreso, 3° ed. 1994. /Vé. en esta obra y en los tomos de *Bibliografía del folklore argentino – BADAL-*, Buenos Aires, Fondo Nacional de las Artes, 1.- Libros 1965; 2.- Artículos de revistas, 1966, la **bibliografía fundamental del Folklore argentino** /

_____. «Gauchos» . En: *La Nación*, Buenos Aires, 25 de marzo de 1990.

_____. «El patriotismo de las Fiestas Mayas», en *La Nación,* Buenos Aires, 19 de mayo de 1996

_____. *El futuro del folklore como pasado presente*, Buenos Aires, Academia Nacional de la Historia, 1997 .

_____. «Mayo y la danza». En: *Los días de Mayo,* Coord. Alberto David Leiva, San Isidro (Buenos Aires) Academia de Ciencias y Artes de San Isidro, 1998.

_____. «Lo musical en la ficción gauchesca. Antecedentes y proyecciones». En: *Música e investigación. Revista del Instituto Nacional de Musicología «Carlos Vega»,* Nª 5, 1999.

_____. «El Canario: un baile con historia». En: Investigaciones y Ensayos 51, Buenos Aires, Academia Nacional de la Historia, 2001.

Fernández Saldaña, José M. *Diccionario uruguayo de biografías (1810-1940)*, Montevideo, Ed. Amerindia, 1945.

Floria, Carlos A. y César García Belsunce. *Historia de los argentinos*, Buenos Aires, Kapeluz, 2ª ed. 1983.

Furlong, Guillermo S.J. *Fray Francisco de Paula Castañeda. Un testigo de la naciente patria argentina. 1810-1830*. Buenos Aires, Ediciones Castañeda, 1992

Fusco Sansone, Nicolás. *Vida y obras de Bartolomé Hidalgo. Primer poeta uruguayo*. Montevideo, Ed. Liceo, 1944 (2ª ed. Buenos Aires, Tall. de Pellegrini Impresores, 1952).

Gallardo, Jorge Emilio. *El nacimiento del gaucho*, Buenos Aires, Idea Viva, 2000.

Galván Moreno, Carlos. *Los directores del Correo Argentino*. Buenos Aires, 1946.

Ghiano, Juan Carlos. «Bartolomé Hidalgo entre los poetas de Mayo». En: *Algunos aspectos de la cultura literaria de Mayo*, La Plata, Fac. de Humanidades y Ciencias de la Educación, Dto. De Letras, 1961.

Giménez Pastor, Arturo. *Estudios de literatura argentina*, Buenos Aires, Libr. de A. García Santos, 1917.

Guglielmino, Osvaldo. *Pantaleón Rivarola y las atrocidades inglesas. Buenos Aires, Corregidor, 1983*

Gutiérrez, Juan María. *América Poética. Colección escogida de composiciones en verso, escritas por americanas en el presente siglo*. Valparaíso, Imprenta del Mercurio, 1846.

_____. «La literatura de Mayo», en *Revista del Río de la Plata*, Buenos Aires, t. II, 1871.

_____. *Apuntes biográficos de escritores, oradores y hombres de estado de la República Argentina,* Buenos Aires, Imprenta de Mayo, 1860. Biblioteca Americana.

Hernández, José. *El gaucho Martín Fierro,* Buenos Aires, Imprenta de «La Pampa», 1872

_____. *La vuelta de Martín Fierro,* Buenos Aires, Imprenta de Pablo Coni, 1879.

Hidalgo, Bartolomé. *Cielitos y diálogos patrióticos. Con un estudio sobre el origen de la poesía gauchesca de Lázaro Flury*, Buenos Aires, Ciorda y Rodríguez, 1950.

———. *Cielitos y diálogos patrióticos*, introducción, notas y vocabulario por Horacio Jorge Becco, Buenos Aires, Huemul, 1963 (Col. Clásicos Huemul).

———. *Obra completa*. Prólogo y notas de Walter Rela., Montevideo, Editorial Ciencias. 1979.

———. *Obra completa*, Prólogo, Notas y Apéndice por Antonio Praderio, Montevideo, Ministerio de Educación y Cultura, Biblioteca Artigas, 1986.(Colección de Clásicos Uruguayos, volumen 170).

El Parnaso Oriental o Guirnalda Poética de la República Uruguaya, 1834-1838. Buenos Aires-Montevideo, Compil. Luciano Lira. Reimpresión facsimilar, Prólogo de Juan E Pivel Devoto, Montevideo, Biblioteca Artigas 1981. Tomos I, II y III, Col. Clásicos uruguayos, vol. 159, 160 y 161.

López, Vicente Fidel. *Manual de la Historia Argentina. Dedicado a los profesores y maestros que la enseñan*. Buenos Aires, Talleres Gráficos Argentinos de L.J. Rosso, 1935.

Lynch, Ventura Robustiano. *La provincia de Buenos Aires hasta la definición de la cuestión capital de la República. Costumbres de Indio y Gaucho*. Buenos Aires, 1883.

Jacovella, Bruno Cayetano. *Manuel-Guía para el Recolector. Encuesta folklórica del Magisterio de la Provincia de Buenos Aires,* La Plata, Instituto de la Tradición, 1951

Koselleck, Reinhart. *Futuro pasado. Una semántica de los tiempos históricos,* Francfort, 1979

La Lira Argentina o colección de las piezas poéticas dadas a luz en Buenos Ayres durante la guerra de su independencia, Compilada por Ramón Díaz, Impresa en París pero fechada en la portada: Buenos Ayres, 1824, Reproducción facsimilar -edición crítica- Biblioteca de Mayo, Colección de obras y documentos para la Historia Argentina, Buenos Aires, Senado de la Nación, 1960, Tomo VI, Literatura, pp. 4695-5219

La Lira Argentina o colección de las piezas poéticas dadas a luz en Buenos Aires durante la guerra de su independencia. Edición crítica, estudio y notas por Pedro Luis Barcia. Buenos Aires, Academia Argentina de Letras, 1982.

La Revolución de Mayo a través de los impresos de la época. Recopilación facsimilar de: ensayos constitucionales, estatutos, leyes, decretos, bandos, proclamas y disposiciones del gobierno. Discursos y noticias políticas, arengas, etc.. Compilados y concordados por Augusto E. Mallié. Buenos Aires, Comisión Nacional Ejecutiva del 150[a] aniversario de la Revolución de Mayo, 1965-1966.

Leguizamón, Martiniano. *De cepa criolla.* La Plata, 1908.

_____. *El primer poeta criollo del Río de la Plata, 1788-1822. Noticias sobre su vida y su obra,* Buenos Aires, Tall. del Ministerio de Agricultura de la Nación, 1917.

Lehmann-Nitsche, Robert. *Santos Vega.* Buenos Aires, Impr. Coni Hnos. 1917. (Hay otras ediciones)

Levillier, Roberto (Dir.) *Historia Argentina.* Buenos Aires, Plaza & Janés S.A. Editores Argentina, 1969. 6.t.

Malaret, Augusto, *Diccionario de americanismos,* Buenos Aires, Ed. Emecé, 1946.

Melo, Setembrino, Susana Guzmán y Azucena Gulli. *50 danzas argentinas.* Buenos Aires, Talleres Carollo, 1984.

_____. *Otras 40 danzas argentinas.* Buenos Aires, Ricordi, 1988.

Menéndez Pidal, Ramón. *Romancero hispánico (hispano-portugués, americano y sefardí). Teoría e historia.* Madrid, Espasa-Calpe, 1953, 2 vols (*Obras Completas* de Menéndez Pidal).

Menéndez y Pelayo, Marcelino. *Historia de la poesía hispano-americana.* Edición. preparada por Enrique Sánchez Reyes, Santander, 1948.

Moya, Ismael. *Romancero.* Buenos Aires, UBA. Facultad de Filosofía y Letras, Instituto de Literatura Argentina, 1941 (Sección Folklore, Estudios sobre materiales de la Colección de Folklore, 1)

Núñez, Ignacio. *Autobiografía,* Buenos Aires, 1996.

Olivera-Wiliams, María Rosa. *La poesía gauchesca de Hidalgo a Hernández* México, Universidad Veracruzana, 1986.

Oyuela, Calixto. *Antología poética hispano-americana.* Buenos Aires, 1919.

Pereda, Setembrino E. *Paysandú Patriótico*, Montevideo, 1926.

_____. *Artigas. 1764-1850,* Montevideo. Imp. «El Siglo Ilustrado», 1930-1931.

Pereda Valdés, Ildefonso. *El negro en el Uruguay. Pasado y presente.* Montevideo, Revista del Instituto Histórico y Geográfico del Uruguay, 1965

Piccirilli, Ricardo; Francisco L. Romay y Leoncio Gianello, *Diccionario Histórico Argentino*, Publicado bajo la dirección de /.../ Buenos Aires. Ediciones Históricas Argentinas. T. IV, pág. 345-348.

Pivel Devoto, Juan E. «Uruguay Independiente» En: *Historia de América dirigida por /.../* Barcelona, 1949. (Tomo XXI de la *Historia de América* dirigida por Antonio Ballesteros y Beretta).

_____. *Raíces coloniales de la revolución oriental de 1811*, Montevideo, 1957. Segunda edición.

_____. *El Escudo del pueblo oriental y la tradición nacional,* Montevideo, 1965

Praderio, Antonio. *Prólogo, Notas y Apéndice*. En: *Bartolomé Hidalgo. Obra completa*. Montevideo, Ministerio de Educación y Cultura, 1986. (Biblioteca Artigas. Colección de Clásicos Uruguayos, volumen. 170) /**Esta obra ha sido tomada como base de la presente edición crítica**/.

Puig, Juan de la Cruz. *Antología de poetas argentinos*. Buenos Aires, Editores Martín Biedma e hijo, 1910, 10 t.

Querreilhac de Kussrow, Alicia. *La fiesta de San Baltasar. Presencia de la cultura africana en el Plata*. Buenos Aires, ECA, 1980

Reynal O'Connor, Arturo. *Crítica literaria. Los poetas argentinos,* Buenos Aires, 1904

Rípodas Ardanaz, Daisy. «Textos satíricos en torno del Romane Heroico de la Reconquista de Buenos Aires de Pantaleón Rivarola». En: *Páginas sobre Hispanoamérica colonial. Sociedad y cultura. 3.-* Buenos Aires, PRHISCO, 1996.

Rivarola, Pantaleón /Atribución/ *Romance heroico en que se hace relación circunstanciada de la gloriosa reconquista de la ciudad de Buenos Aires, Capital del Virreinato de Río de la Plata, verificada el día 12 de Agosto de 1806, por un fiel vasallo de Su Majestad y amante de la Patria, quien lo dedica y lo ofrece a la Muy Noble y Muy Leal Ciudad, Cabildo y Regimiento de esta Capital,* Buenos Aires, Real Imprenta de los Niños Expósitos, 1807.

_____. / Atribución/ *La gloriosa defensa de la ciudad de Buenos Aires, capital del Virreinato del Río de la Plata, verificada del 2 al 5 de Julio de 1807, Brevemente delineada en verso suelto, con notas, por un fiel vasallo y amante de la Patria, quien lo dedica al Sr. D. Santiago Liniers y Bremont, Brigadier de la Real Armada, Gobernador y Capitán General de estas provincias, y General del Ejército Patriótico de la misma Capital,* Buenos Aires, Imprenta de los Niños Expósitos, 1807.

Rivera, Jorge B.. *La primitiva literatura gauchesca,* Buenos Aires, Ed. Jorge Álvarez, dic. 1968.

Rodó, José Enrique. /juicios sobre B. Hidalgo citados por Praderio/ en *Revista Nacional de Literatura y Ciencias Sociales*, Montevideo, 1890.

Rodríguez Molas, Ricardo. *La primitiva poesía gauchesca anterior a Bartolomé Hidalgo,* Buenos Aires, 1958.

_____. *Historia social del gaucho*. Buenos Aires, Ed. Marú, 1968.

_____. «Textos gauchescos desconocidos del ciclo de Chano y Contreras. 1823-1825», en: *Revista Historia,* Montevideo, 1969. Tomo XXXIX.

Rojas, Ricardo. *Historia de la Literatura Argentina. Ensayo filosófico sobre la evolución de la cultura en el Plata.* 5ta. ed., Buenos Aires, Kraft, 1957 (9 v.).

_____. *Orígenes del teatro nacional,* Buenos Aires, Instituto de Literatura Argentina de la Facultad de Filosofía y Letras de la UBA, 1925, t. I.

Romero Carranza, Ambrosio, Alberto Rodríguez Varela y Eduardo Ventura. *Manual de Historia política y constitucional argentina. 1776-1976.* Buenos Aires, AZ editora, 1983

Rosemberg, Fernando. «El indigenismo de Bartolomé Hidalgo». En: *La Prensa,* Buenos Aires, 1971

Rossiello Leonardo. «Retórica y discurso mimético: los "Diálogos" de Bartolomé Hidalgo en la prehistoria de la ciudadanía.» En: *Homenaje a Magnus Mörner,* Göteborg, 1999.

Saldías, Adolfo. *Vida y escritos del Padre Castañeda.* Buenos Aires, 1907.

Salterain y Herrera, Eduardo de. *Monterroso, iniciador de la Patria de Artigas,* Montevideo, 1948,

_____. *Hombres y faenas. Estudios uruguayos.* Montevideo, Palacio del Libro, 1960.

Sansone de Martínez, Eneida, *La imagen en la poesía gauchesca,* Montevideo, Universidad de la República, Fac. de Humanidades y Ciencias, 1962.

Sarmiento, Domingo Faustino. *Facundo.* Prólogo y notas de Alberto Palcos, Buenos Aires, ECA, 1961 (1° ed.: *Civilización y barbarie /... /,* Santiago de Chile, Imprenta del Progreso, 1845)

_____. *Viajes en Europa, África y América por /.../* Miembro de la Universidad de Chile, del Instituto Histórico de Francia y de otras corporaciones literarias, Santiago de Chile, Imprenta de Julio Belin y Cía., 1849.

_____. *Obras Completas.* Buenos Aires, Ed. Luz del Día, 1953.

Saubidet, Tito. *Vocabulario y refranero criollo,,* Buenos Aires, Guillermo Kraft, 1949

Segovia, Lisandro, *Diccionario de argentinismos /.../,* Buenos Aires, Ed. Coni, 1911.

Serra y Vall, José. *Colección de Versos (Buenos Aires, 1807-1810).* Estudio preliminar por Daisy Rípodas Ardanz. Buenos Aires, Academia Nacional de la Historia, 2000.

_____. *Colección de versos. Segunda parte (Buenos Aires, 1810-1816).* Estudio preliminar por Daisy Rípodas Ardanaz, Buenos Aires, Academia Nacional de la Historia- Universidad del Salvador, 2004.

Tabossi, Ricardo. *Historia de la Guardia de Luján durante el período hispano-indiano.* La Plata, Archivo histórico de Buenos Aires «Dr. Ricardo Levene», 1989.

Tiscornia, Eleuterio F. *Poetas gauchescos, Hidalgo, Ascasubi, Estanislao del Campo*, Buenos Aires, Ed. Losada. 1940.

_____. «Orígenes de la poesía gauchesca», En: *Boletín de la Academia Argentina de Letras,* Buenos Aires, número XII, 1943.

Verdevoye, Paul. «Costumbres y costumbrismo en la prensa argentina, desde 1801 hasta 1834». Buenos Aires: *Boletín de la Academia Argentina de Letras.* 1994.

Un inglés. *Cinco años en Buenos Aires, 1820-1825*, Buenos Aires, Ed. Solar, 1942.

Urquiza Almandoz, Oscar F.. *La cultura de Buenos Aires a través de la prensa periodística desde 1810 a 1820,* Buenos Aires, EUDEBA, 1972.

Vázquez Soto, José M. *Romances y coplas de ciegos en Andalucía*, Sevilla, Muñoz Moya y Montraveta, ed.; 1992.

Varela, Juan Cruz. *Colección de poesías patrióticas*. Buenos Aires, Imprenta del diario El Tiempo, 1827, (No se puso a la venta y carece de carátula y de índice, Vé. Zinny, A. 1879, p. 60)

Vega Carlos. *Las canciones folklóricas argentinas*, Separata. Buenos Aires, Honegger, 1964

_____. *El Himno Nacional Argentino. Creación, difusión, autores, texto, música.* Buenos Aires, EUDEBA, 1962 (Biblioteca de América. Libros del Tiempo Nuevo)

_____. *Panorama de la música popular argentina. Con un ensayo sobre la ciencia del Folklore* Buenos Aires, Ed. Losada, 1944.

Vega, Carlos y Aurora de Pietro. *El Cielito de la Independencia,* Buenos Aires, Ed. Tres Américas, 1966.

Vidal de Battini, Berta Elena, *El español en la Argentina. Estudio destinado a los maestros de las escuelas primarias*, Buenos Aires, Consejo Nacional de Educación, 1964.

Villanueva, Amaro. *El ingenioso Hidalgo, perfilado en un rasgo de su verso militante.* En: Revista Círculo, del Círculo de Profesores Diplomados, N° 2, Paraná, mayo de 1940.

Walton, Douglas. *Relevancia en argumentación,* New Jersey, Laurence Erlbaum Associates, 2004.

Weinberg, Félix. «Un primitivo poeta gauchesco», en: *La Nación*, Buenos Aires, domingo 21 de julio de 1968.

_____. *Un anónimo poema gauchesco de 1825 sobre la guerra de la Independencia*, Bahía Blanca, Universidad Nac. del Sur, Extensión Cultural, Imp. de la Universidad Nac. del Litoral, Santa Fe, 1968, 101 pp. Serie «El viento». Universidad Nacional del Litoral, 1968

Wilde, José Antonio, *Buenos Aires desde setenta años atrás*, Buenos Aires, Espasa-Calpe, 1944, (Colección

Yunque, Álvaro. *Poetas sociales de la Argentina (1810-1943)*, Buenos Aires, 1943.

Zeballos, Estanislao Severo, *Cancionero Popular de la « Revista de Derecho. Historia y LETRAS»*. Buenos Aires, Impr. Lit. y Encuadernación de Jacobo Peuser, 1905.

Zinny: Antonio. *Historia de los gobernadores de las Provincias Argentinas desde 1810 hasta la fecha. Precedida de la cronología de los adelantados, gobernadores y virreyes del Río de la Plata, desde 1538 hasta 1810*. Buenos Aires, Imprenta y Librería de Mayo, 1879

Thank you for acquiring

Un patriota de las dos Bandas
Obra Completa
de Bartolomé Hidalgo

from the
Stockcero collection of Spanish and Latin American significant books of the past and present.

This book is one of a large and ever-expanding list of titles Stockcero regards as classics of Spanish and Latin American literature, history, economics, and cultural studies. A series of important books are being brought back into print with modern readers and students in mind, and thus including updated footnotes, prefaces, and bibliographies.

We invite you to look for more complete information on our website, **www.stockcero.com**, where you can view a list of titles currently available, as well as those in preparation. On this website, you may register to receive desk copies, view additional information about the books, and suggest titles you would like to see brought back into print. We are most eager to receive these suggestions, and if possible, to discuss them with you. Any comments you wish to make about Stockcero books would be most helpful.

The Stockcero website will also provide access to an increasing number of links to critical articles, libraries, databanks, bibliographies and other materials relating to the texts we are publishing.

By registering on our website, you will allow us to inform you of services and connections that will enhance your reading and teaching of an expanding list of important books.

You may additionally help us improve the way we serve your needs by registering your purchase at:
http://www.stockcero.com/bookregister.ht

www.ingramcontent.com/pod-product-compliance
Lightning Source LLC
Chambersburg PA
CBHW032127010526
44111CB00033B/156